우리가 몰랐던 혁신의 비밀

우리가 몰랐던 혁신의 비밀

혁신의 비밀을 밝히는 25가지 이야기

에드워드 와서만 지음
박선영 옮김

상상스퀘어

오늘도 부딪히며 성장하는 우리,
이 책을 레이레에게 바친다.

지은이 소개

에드워드 와서만

Edward A. Wasserman

아이오와대학교의 실험심리학 교수이자 비교인지연구소 소장이다. 캘리포니아대학교 로스앤젤레스UCLA에서 심리학부 우등생 프로그램을 졸업하고 학사 학위를 받았다. 인디애나대학교에서 박사 학위를 취득하고, 영국 서식스대학교에서 박사 후 과정을 밟았다. 이후 영국, 러시아, 일본, 프랑스에서 객원 교수로 활동했다.

인간과 동물의 학습, 기억, 인지에 관한 연구를 진행해왔으며, 자연과학적 접근 방식을 활용해 학습과 인지 행동 메커니즘을 이해하는 데 관심을 갖고 있다. 그는 폭넓은 주제를 다루며 300편 이상의 논문을 발표했고, 아이오와 공영 라디오와 TEDx아이오와에서 강연을 진행했다.

동물 지능 연구로 세계적인 명성을 얻고 있으며, 2015년 비교인지학회 Comparative Cognition Society, CCS에서 동물 인지 분야에 크게 기여한 과학자에게 수여하는 상인 CCS 연구상을 받았다.

옮긴이 소개

박선영

영문학 학사, 영어 교육학 석사 과정을 마쳤다. 영국 복지단체 프로그램에서 1년간 활동하고 외국계 기업에서 7년간 근무했다. 외국어 교사, 기술 번역을 거쳐 현재 바른번역 소속 출판 전문번역가로 활동 중이다. 《깃털 도둑》, 《다윈의 실험실》, 《오래도록 젊음을 유지하고 건강하게 죽는 법》, 《니체의 삶》, 《혼자 살아도 괜찮아》, 《결혼학개론》, 《어른의 시간》, 《고통의 비밀》 등을 번역했다. 원서의 진가를 최대한 우려내는 번역가가 되려고 노력하고 있다.

차례

1부 서문

2부 혁신적 행위의 기원을 밝히는 스물다섯 가지 사례

1장 스포츠 관련 이야기

2장 의학 관련 이야기

3장 위생 관련 이야기

4장　예술, 오락, 문화 관련 이야기

5장　아이오와 관련 이야기

3부 결론을 종합하며

서문

1

들어가며

마이클 펠프스의 접영은 근육질의 긴 팔다리와 몸통에서 나오는 완벽하게 자연스러운 움직임으로 보는 이의 입을 다물지 못하게 한다. 접영은 모든 영법 중 가장 힘든 영법이다. 접영에서 이루어지는 폭발적인 몸동작은 시합에서 이기기 위해 처음부터 완벽하게 계획되어 나온 것처럼 보인다. 하지만 접영은 계획적으로 만들어진 영법이 아니었다. 심지어 처음 개발되고 수십 년이 지나도록 올림픽 정식 종목으로 채택되지 못했다.

이 책은 접영을 포함한 다양한 혁신적 행위의 기원과 발전에 관한 이야기를 다룬다. 이 책에서 소개할 혁신적 행위들은 그 행위가 쓰이는 상황에 매우 적절하게 만들어져서 천재적 아이디어나 철저한 계획 하에 만들어졌다고 생각하기 쉽다. 하지만 우리가 아는 수많은 창의적 행위는 모두 천재성이나 완벽한 계획에서 나온 것이 아니다. 창의적인 행위의 속성을 정확하게 이해하려면 그 행위가 나온 과정을 파헤쳐 보아야 한다. 그 과정에 복잡하게 얽힌 인과관계를 정리하면 세 가지 요소, 즉 상황, 결과, 우연이 거의 항상 존재한다.

나는 혁신적 행위의 결과보다 '과정'에 주목함으로써 창의성을 위한 노력의 핵심인 '행위'의 중요성을 강조하고자 한다. 수많은 사상가의 상상력을 사로잡은 혁신적 아이디어의 원동력은 행위 자체에 있다. 우리가 아는 위대한 이론과 생산물, 도구들은 그것을 창조한 사람들의 행위가 없었다면 절대 빛을 보지 못했을 것이다. 그런 의미에서 이 책은 천재성과 예지력으로 창의력을 논하는 대부분의 책과 결을 달리한다.

　물론 우리는 창의적인 행위들이 어떻게 발생하고 발전했는지 완벽하게 이해할 수 없을 것이다. 하지만 나는 천재성이나 예지력 같은 헛된 목표를 버리고, 관찰하고 조사할 수 있는 증거들에 집중하는 편이 훨씬 더 빠르게 앞으로 나아갈 수 있는 길이라고 믿는다. 이 책이 그 길로 안내하는 첫걸음이 되기를 희망한다.

이 책을 읽기 위한 준비 작업

모든 역사는 회고적이다. 우리는 이후에 이루어진 '발전'이라는 렌즈를 통해 과거를 본다. 어떻게 그러지 않겠는가? 우리는 이후의 그 발전들에 종속되어 존재하기 때문이다. 추측, 우연, 기회, 행운에 따른 상당한 정도의 결과물과 아무도 예측하지 못한 결과를 가져온 기술적, 인구통계학적 변화였던 사건들에 예술적, 사회적 발전에 관한 영웅적 서사를 부여하는 것은 자연스러운 일이다. 하지만 전설은 역사가 가지는 하나의 형태일 뿐이다.

– 2015년 〈뉴요커The New Yorker〉, 루이스 메넌드Louis Menand

천재성, 영감, 통찰력, 선견지명. 대부분 사람은 이런 것들이 세상의 위대한 발명과 혁신을 이룬 원동력이라고 믿는다. 그리고 그런 발명과 혁신은 모두 훌륭한 영웅이 이룬다고 생각한다. 그렇게 말하면 인류의 진보에 관여한 요인들을 힘들게 연구할 필요가 없어서 훨씬 편하다.

하지만 통찰력이나 유레카의 순간은 일종의 허구다. 인류의 발전을 너무 순진하고 낭만적으로 해석하는 말이기 때문이다. 미국의 평론가 루이스 메넌드가 로큰롤의 역사에 관한 위의 인용문에서 지적했듯이 혁신은 역사적, 상황적, 우연적 요소가 거미줄처럼 복잡하게 영향을 주고받는 가운데 일어난다.

인간의 창조 과정에는 행동에 관한 단순한 법칙이 활발하게 작동한다. 그 단순한 법칙이란 바로 '효과의 법칙'이다. 효과의 법칙은 어떤 행동의 결과가 바람직할 때 그 행동이 강화될 확률이 그렇지 않을 때보다 높아진다는 개념이다. 효과의 법칙은 어디든 적용할 수 있다. 운동, 예술, 정치, 과학, 의학, 기술 등 인간 활동의 모든 영역에 효과의 법칙이 작동한다.

20세기 심리과학에서 나온 효과의 법칙은 창의적 천재성의 허구를 해체한다. 사실상 찰스 다윈Charles Robert Darwin의 '자연 선택 법칙'과 닮은 부분이 많아 제2의 '선택론'으로 불리며 진화론만큼 논란이 많은 주제이기도 하다.

효과의 법칙은 자연주의 관점에서 인간의 창의력이 인간의 '내부'가 아니라 '외부'에서 온다고 주장한다. 엄밀히 말해서 우리는 앞을 내다보는 안목으로 이성적이고 의도적으로 자신의 행동을 설계하지 않는다. 오히려 과거의 경험과 우리가 놓인 특수한 환경의 영향으로 형성된다. 행동이 형성되는 과정은 종종 무계획적이고 끝이 보이지 않는 시행착오의 연속이다. 그러나 그 과정이 인류의 발전을 부른 수많은 혁신을 일으켰다. 하지만 역사가들은 그 혁신이 번뜩이는 통찰력이나 예지력에서 나왔다고 오해할 때가 많다.

효과의 법칙과 자연 선택 법칙 사이의 유사점은 영국인 저술가인 앤소니 고틀립Anthony Gottlieb의 진화심리학에 관한 글에서 잘 드러난다. 고틀립은 우리가 사고나 행동을 이야기할 때 설계, 계획, 목적 같은 용어를 주의해서 사용해야 한다고 지적한다.

> 자연 선택의 공로는 자연이 설계된 것처럼 보이지만 실제로는 그렇지 않은 이유를 설명했다는 것이다. 따라서 표범의 무늬를 설명하기 위해 신을 들먹일 필요가 없어졌다는 뜻이다. 보통 생물학자들이 비유적으로 말하는 자연의 설계나 어떤 것이 진화한 '목적'을 자연이 설계한 것처럼 말해도 문제가 되지 않는다. 앞으로의 계획이나 청사진이 관련되어 있지 않다면 유용한 표현이다. 하지만 우리의 사고나 행동의 '설계'를 이야기할 때 우리는 그 경고를 잊을 때가 많다. (Gottlieb, 2012)

너무 추상적인 말 같은가? 이 책을 읽다 보면 어려운 이야기가 아니라는 걸 알게 될 것이다. 이 책의 기본 논리는 기초 심리과학을 토대로 한다. 하지만 독자들에게 조금 더 친숙하게 다가가기 위해 우리가 잘 아는 스물다섯 가지 사례의 기원을 살펴보는 방식을 이용할 것이다. 일부 사례는 다소 내 이상적인 목표에 미치지 못하지만, 혁신적 사례가 사회 주류에 진입하지 못하는 이유를 보여줄 것이다.

나는 실험실에서 나온 연구 결과들을 단순하게 나열하기보다 그 결과들이 정말로 무엇을 의미하는지 독자들에게 더 효과적으로 전달하는 이야기를 구성하는 데 주력할 것이다. 그런 의미에서 스토리텔링의 중요성을 주장한 닉 엔필드Nick Enfield의 조언을 따르고자 한다.

> 과학은 이야기를 통하지 않고서는 존재할 수 없다. 문제는 '이야기를

사용해야 하는가'가 아니라 '어떻게 잘 사용하는가'이다. 사실은 오직 이야기를 통해 전달될 수 있고, 그래야만 과학 진보의 가능성에 다가가는 일반 지식에 속할 수 있다. (Enfield, 2018)

이 책에서 소개하는 스물다섯 가지 사례가 인간이 하는 창조적인 일에서 통찰력과 예지력이 중요하지 않다는 사실을 보여주는 확실한 증거가 될 것으로 확신한다. 위대한 발명과 창작은 대부분 계획되어 나온 것처럼 보이지만 사실은 그렇지 않다. 어쩌면 이제 우리는 계획과 작별 인사를 나누어야 할 수도 있다.

이 책에 등장하는 스물다섯 가지 사례는 인간의 모든 적응적 행위의 핵심에 창의력이 있다는 사실을 보여준다. 잘 깨닫지 못하지만, 우리는 인생의 어려움과 시련에 적응하며 매일매일 혁신한다. 우리가 개인이나 종species으로서 성장하고 진화할 수 있었던 것은 지금까지 이루어 낸 크고 작은 혁신이 있었기 때문이다.

그러나 우리가 일군 세상은 인구 과잉, 환경 오염, 정치 분열, 기후 변화와 같은 새로운 과제들에 직면해 있다. 인류는 기술 발달과 사회 발전에 따른 '의도하지 않은 결과'로 커다란 난관에 봉착해 있다. 과연 우리는 스스로 불러온 난관에서 벗어날 방법을 찾고 다시 혁신할 수 있을까?

인류가 존속하려면 그래야만 한다. 하지만 지나친 낙관론도 경계해야 한다. 인류가 직면한 난제들을 단번에 해결할 방법이 없다는 진실을 겸허하게 인정해야 한다. 인류는 지금의 모습에 이르기까지 거쳤던 수많은 시행착오를 또다시 거쳐야 할 것이다. 그 사실을 인정하지 않으면 인간의 능력을 맹신하는 또 다른 함정에 빠질 수 있다.

더 자세한 이야기는 역사상 최악의 환경 오염 사고로 기록되는 2010년 멕시코만 원유 유출 사고를 통해 알아보겠다.

✳ 궁극의 게임, 시행착오 ✳

영국 최대 기업이자 세계 2위 석유 기업으로 불리는 브리티시 페트롤리엄(이하 BP사)은 몇 번의 큰 사고 이력으로 이미 2010년 전부터 좋은 이미지가 아니었다. 따라서 역사에 기록될 만한 엄청난 원유 유출 사고를 내고, 그 사고를 수습하려는 BP사의 수많은 노력과 최종적인 사고 수습에도 불구하고 끝내 좋은 평을 듣지 못한 것은 어쩌면 당연한 일이었다.

BP사가 원유 유출 사고를 수습하려 시도한 '정크 샷junk shot', '톱 햇top hat', '소 앤 캡saw and cap', '톱 킬top kill', '스태틱 킬static kill', '바텀 킬bottom kill' 같은 다양한 기술 용어들을 기억하는 사람이 있을 것이다. BP사의 임무가 얼마나 막중한지에 대한 당시의 언론 보도도 많은 사람이 기억할 것이다.

딥워터 호라이즌호의 폭발 사고 이후 〈월스트리트저널The Wall Street Journal〉의 폴 오식Paul Ausick 편집장은 2010년 5월 11일 자 논평에서 "석유 업계의 원유 유출 사고를 예방하고 수습하는 기술은 전보다 나아졌지만, BP사가 직면한 재앙은 전례가 없는 일이다. 유출을 막으려는 시도는 더 얕은 곳에서 더 작은 규모의 유출 사고 때 얻은 경험을 바탕으로 이루어지는 시행착오의 과정이 되고 있다."라고 평했다. 〈더 스트리트TheStreet〉의 편집자 에릭 로젠바움Eric Rosenbaum은 2010년 5월 13일 보도에서 "BP사는 그저 시간을 벌고 있는 것인가? 아니면 어쩔 수 없이 시행착오를 통해 배우고 있는 것인가?"라고 질문했다. 미국 국토 안보국의 마이클 홀트만Michael Holtmann 조사관은 "BP사는 지금 시행착 오라는 궁극의 게임에 참여하고 있다."라고 평했고, 그 시기 누구보다 괴로워했을 BP사의 켄트 웰스Kent Wells 선임부사장은 2010년 5월 16일 〈MSNBC〉에 출연해 "우리는 시행착오 속에서 배우고 성장할 것입니 다."라는 말을 남겼다.

✻ 역경에서 얻는 교훈 ✻

물론 BP사의 문제는 매우 극단적인 사례다. 우리가 일상에서 겪는 문 제는 그보다 훨씬 덜 끔찍하다. 하지만 도전적인 상황은 대부분 해결 책을 찾기 어렵다. 그럴 때 우리는 어떻게 행동할까? 먼저 과거에 비슷 한 상황에서 성공했던 경험을 따라 해 볼 수 있다. 하지만 모든 상황이 똑같을 수는 없으므로 새로운 현실에 맞추어 과거의 경험을 조정해야 한다. 하지만 그런 노력도 통하지 않으면 어떻게 할까? 완전히 새로운 방법을 시도해 볼 수 있다. 대부분의 시도는 실패로 끝나겠지만, 그중 몇 가지는 가능성을 보일 수 있다. 그러면 그 가능성을 보이는 단서들 을 골라 성공적인 결과가 나올 때까지 조금씩 수정한다.

이렇게 좌충우돌과 시행착오를 거치는 과정이 우리가 무언가를 학습하는 방식이다. 미국의 저술가 필리스 서로우Phyllis Theroux의 주장처럼 실수는 '미숙함과 지혜를 잇는 일상의 다리'다. 우리는 시행착오를 통한 학습을 무시하거나 과소평가하지 말고 제대로 이해하고 적용해야 한다. 세상에서 손쉽게 얻을 수 있는 것들은 많지 않다. 결국, 좋은 결과를 내는 것은 노력과 인내, 끈기와 같은 덕목이다. 익숙한 방식으로 도전했다가 실패하면 새로운 방식을 적극적으로 받아들이려는 자세도 중요하다.

아일랜드의 소설가 제임스 조이스James Joyce는 "실패는 발명의 시작이다."라고 했고, 실패를 통한 학습을 가장 성공적으로 보여준 미국의 발명가 토머스 에디슨Thomas Edison은 "실패한 모든 시도는 전진을 위한 또 다른 발걸음이다."라고 했다. 조금 더 최근에는 전동휠을 발명한 미국인 사업가 딘 케이먼Dean Kamen이 "우리가 해결하고자 하는 대부분 문제는 수년, 때로는 수십 년의 시행착오가 필요하다."라는 말을 남겼다. 사회·정치 분야의 발전도 어려움이 따를 수 있다. 퓰리처상 수상자이자 대통령 전기작가인 존 미첨Jon Meacham은 "우리는 실패해도 다시 시도하고 또다시 시도해야 한다. 새로운 시도와 노력만이 발전의 가능성이 되기 때문이다."라고 역설했다. 아마도 실패와 관련된 가장 유명한 말은, 문법에는 맞지 않지만 스타워즈 여덟 번째 시리즈 〈스타워즈: 라스트 제다이〉에서 요다가 한 다음 말일 것이다. "실패는 가장 위대한 스승이다."

사람들은 잘 모르지만 행동과학 분야는 거의 한 세기 넘게 시행착오 학습을 꾸준히 연구해왔다. (Schwarts, Wasserman & Robbins, 2002) 19세기 말부터 시행착오 학습을 연구한 심리학자 에드워드 손다이크Edward

Thorndike는 배고픈 고양이를 퍼즐 상자에 가두고 상자 밖에 먹이를 놓아두면 일정 시간이 지난 후 고양이가 탈출하는 법을 학습한다는 것을 발견했다. (Lattal, 1998) 고양이는 상자 안을 이리저리 돌아다니다가 빗장을 툭툭 건드려 보고 할퀴어 보다 우연히 문이 열리는 것을 학습한다. 탈출에 걸리는 시간을 기준으로 학습 곡선을 그리면 처음에는 불규칙한 모양이지만 시간이 갈수록 문제를 해결하는 데 걸리는 시간이 단축된다. 이 실험을 토대로 손다이크는 인간의 행동이 선택 과정에 의해 형성된다는 개념을 제안했다. 환경에 적응하지 못한 유기체는 제거되고 적응한 유기체만 살아남는다는 다윈의 자연 선택 법칙과 유사하게, 불만족스러운 결과를 보이는 행동은 중단하고 만족스러운 결과를 보이는 행동은 계속한다는 것이다.

손다이크는 결과에 따라 행동의 선택이 이루어지는 이런 과정을 '효과의 법칙'이라고 이름 지었다. 그 후 효과의 법칙은 수많은 실증적 연구를 통해 인간과 동물에 똑같이 적용된다는 사실이 확인되었다. (Rosenbaum & Janczyk, 2019; Skinner, 1953) 효과의 법칙은 창의력에도 적용된다. 예를 들어 인간, 돌고래, 쥐는 기발한 행위를 했을 때 보상이 주어지면 더욱 기발한 행위를 시도한다. (Schwartz 외, 2002) 특히 효과의 법칙은 행동 치료, 컴퓨터 교육, 약물 중독 치료, 절단술을 받은 사람들이 뇌 자극을 통해 인공 팔다리를 제어하도록 돕는 뇌-컴퓨터 인터페이스 같은 실용적인 면에서도 도움을 주고 있다.

하지만 효과의 법칙을 기계적으로 적용하는 데는 함정이 있다. 특히 단기적 결과가 장기적 결과에 부정적인 영향을 미치는 경우가 그렇다. 버락 오바마Barack Obama 전 미국 대통령은 2010년 6월 〈래리 킹라이브〉쇼에 출연해서 멕시코만 원유 유출 사태와 관련해 바로 이 점을 지적했다. "전 이 모든 상황에 몹시 화가 납니다. 이런 사태가 벌어진 건 자신들이 한 행동의 결과를 충분히 깊게 생각하지 않는 사람들 때문입니다. 이번 사태는 일부 사람들에게만 영향을 주는 게 아닙니다. 잠재적으로 우리의 삶 전체, 지구 전체가 위태로워지고 있어요."

실제로 사람은 자신이 한 행동의 결과를 쉽게 과소평가한다. 안타깝게도 예지력은 근시안적일 때가 많다. 많은 연구 결과에 따르면 인간과 동물은 자제력이 부족하다. 인간과 동물은 지연된 큰 보상보다 즉각적인 작은 보상을 선택할 때가 많다. (Mischel, 2014) 이런 비합리적인 선택은 보상이 지연되면 보상의 효과가 감소한다는 효과의 법칙이 보여주는 주된 특성과 부합한다. (Rung & Madden, 2018) 비합리적인 선택과 일을 미루는 행동에는 보상 가치의 지연 효과가 작동한다. (Wasserman, 2019)

멕시코만 원유 유출 사건에서 우리는 어떤 교훈을 얻을 수 있을까? 효과의 법칙은 실험실의 동물뿐 아니라 인간의 일상적인 행위에도 적용된다. 우리의 행동은 결과에 따라 형성된다. 특히 행동 바로 다음에 이어지는 결과는 우리의 행동에 큰 영향을 준다. 효과의 법칙은 적응적 행위를 촉진하므로, 좋은 결과를 가져오는 행동은 유지되고 그렇지 않은 행동은 제거된다. 물론 그 과정에서 이루어지는 시행착오는 이성적이지도, 완전하지도 않다. 그러나 효과의 법칙은 냉혹하고 불확실한 세상에서 살아남는 최고의 수단이 될 수 있다.

효과의 법칙과 혁신적 행위에 관한 더 학구적인 논의는 스물다섯 가지 사례를 소개한 후 마지막 장에 제시될 것이다. 나는 실험 심리학을 연구하는 학자로서 지난 50년간 인간과 동물의 학습된 행동을 관찰했다. 그 결과 오늘날 심리학자들이 추구하는 연구 방식이 인간의 본성을 밝히고 다른 생명체와의 관계를 밝히는 데 꼭 필요한 작업이라고 확신한다. 마지막 장의 내용을 미리 고민할 필요는 없다. 2부에서 제시하는 스물다섯 가지 사례들을 보다 보면 내가 알리고자 하는 메시지가 잘 전달될 것이다.

스물다섯 가지 사례를 소개하며

지난 15년간 나는 혁신적 행위의 특성을 조명하는 흥미로운 사례들을 수집해왔다. 변화무쌍한 생존 환경에서 인간과 동물이 어떻게 적응하는지에 관심이 큰 연구자의 시각으로 보면, 인간의 많은 혁신적 행위는 기존에 알려진 학습 이론과 행동 이론에 큰 도전을 제기해왔다.

오래전 B. F. 스키너Burrhus Frederic Skinner와 그의 제자들은 '컬럼반 시뮬레이션 프로젝트'라는 일련의 연구를 시행한 후 비둘기 같은 동물들도 창의적이고 독창적인, 혹은 통찰력 있다고 여길 만한 행위를 한다고 주장했다. (Epstein, 1981; 1985) 더 최근에는 스카프와 콜롬보가 비둘기의 인지 능력을 더욱 확장해서 지구상에서 인간만이 유일하게 창의성을 지닌 생명체가 아닐 수 있다는 증거를 추가로 밝혔다. (Scarf & Colombo, 2020) 한편 콜린과 벨파메는 비둘기들이 '통찰력 있는' 문제 해결력을 학습하는지 실험하기 위해 딥러닝 알고리즘을 적용하고 일부 성공적인 결과를 얻었다. (Colin & Belpaeme, 2019)

이런 연구들의 기본 개념은 효과의 법칙이 창의적 행동을 일으키는 데 유일하지는 않지만 중요한 역할을 한다는 것이다. 이전에 없던 완전히 새로운 행위나 혁신적인 행위는 그 행위의 결과로 강화될 수 있다. 하지만 그러기 위해서는 먼저 그 행위가 일어나야 한다. 그러면 최초의 행위는 어떻게 일어나는가? 그리고 그 행위는 상황이 변할 때마다 어떻게 발전하고 진화하는가? 결정적으로 비둘기 같은 동물을 대상으로 통제된 실험실에서 나온 연구 결과를 인간의 삶에 적용하는 건 문제가 없을까?

나는 스키너와 엡스타인의 선구적인 업적과 그 뒤를 잇는 행동주의 과학자들의 연구를 높이 평가한다. 하지만 창조적 행위의 기원을 밝히려면 완전히 새로운 접근법이 필요하다고 생각한다. 이제 우리는 인간을 중심에 둔 이야기로 창조적 행위가 일어나는 '과정'을 더 자세히 들여다볼 필요가 있다.

따라서 창의적 행동에 객관적 접근이 가능하다는 것을 독자들에게 설득할 수 있고, 천재성과 예지력이라는 공허한 개념을 들먹이지 않으면서 창의력의 속성을 설명할 수 있는 스물다섯 가지 사례를 추렸다. 그 사례들을 토대로 더 명확하고 객관적으로 창조적 행위의 기원을 규명하는 요인들을 제안할 것이다.

이 책의 스물다섯 가지 사례는 인간의 다양한 노력을 다룬다. 우리가 만나게 될 사례의 주인공들은 대부분 잘 알려진 사람들이 아니다. 알려진 사람이라 해도 그들이 어떤 혁신적 행위를 이루었는지는 잘 알려지지 않았다. 하지만 그들의 업적은 여전히 중요한 의미가 있다. 말 그대로 수백만 명의 삶에 지대한 영향을 미쳤을 뿐 아니라, 과학, 스포츠, 문화, 예술 등의 분야에서 엄청난 발전을 이루었기 때문이다.

혁신적 행위에 영향을 미치는 요인은 여러 가지가 있다. 심지어 하나의 결과가 나오는 데도 여러 가지 요인이 영향을 미칠 수 있다. 이 책에 수록된 스물다섯 가지 사례를 분석해보면 공통적으로 세 가지 요인이 발견된다. 바로 상황 요인, 결과 요인, 우연 요인이다. 이 세 가지 요인은 혁신적 행위가 일어나는 데 각각 관여할 수 있지만, 사례마다 관여하는 정도는 다양하다. 즉, 모든 사례에 똑같이 적용되는 한 가지 방식은 없다. 각각의 요인을 조금 더 자세히 살펴보면 다음과 같다.

상황 요인

모든 일은 특정 시간, 특정 장소에서 일어난다. 특정 시간과 특정 장소를 포함하는 이런 전반적인 배경을 보통 시대 상황이라고 한다. 시대 상황은 주로 그 시대의 지배적인 생각과 신념이 반영된다. 하지만 개인이 처한 상황은 그보다 제한적인 개념으로 생각해야 한다. 게다가 개인은 자신이 속한 역사 속에서 자신만의 경험이 있다. 실험실의 연구는 그런 특수성을 최소화하려고 노력하지만, 역사가 그 특수성을 인정하고 존중하듯 이 책에서도 그럴 것이다.

결과 요인

과거에 없던 새로운 행위들이 자리를 잡으려면 반드시 결과가 따라야 한다. 이따금 있는 일들은 새로운 행위로 강화되기 어렵다. 미식축구의 전진 패스를 생각해 보라. 전진 패스 후에는 세 가지 결과가 나올 수 있다. 그 중 '패스 실패'나 '가로채기'는 바람직한 결과가 아니다. '패스 완성'만 바람직한 결과다. 새로운 행위도 마찬가지다. 아무 일도 일어나지 않거나 바람직하지 않은 결과가 나올 수도 있지만, 바람직한 결과가 나와야 그 행위가 강화될 수 있다. 따라서 사람들은 안정된 상황에서는 늘 하는 대로만 한다. 일상적이지 않은 상황이 발생해야만 원래 하던 방식이 설 자리를 잃고 새로운 행위가 나올 수 있다.

우연 요인

마지막은 우연에 관한 이야기다. 우연은 가능성을 기회로 만들 수 있다. 시도할 수 있는 모든 가능성을 최대한 활용할 때 행운도 따른다. 모든 문제를 운에 의존할 수는 없지만, 기회는 어려운 상황에 놓여 있을 때 찾아온다. 그 기회를 어떻게 활용하는가는 긍정적인 마음 자세에 달렸다.

☼   **이 책을 잘 활용하는 법**   ☼

이 책에서 소개할 스물다섯 가지 사례는 혁신적 행위에 관한 이야기를 다룬다. 모두 인간을 주제로 하는 인상 깊은 이야기이며, 개인의 성공과 실패에 관한 감동적인 이야기도 있다. 다루는 문제나 인물, 시대도 다양하다. 하지만 대부분 이야기에는 상황, 결과, 우연이라는 세 가지 요인이 빠지지 않고 등장한다. 일부러 강조하지는 않겠지만 이 책을 읽는 동안 그 세 가지 요인을 기억해두길 바란다. 스물다섯 가지 사례

를 관통하는 다른 공통점은 없는지, 천재성과 예지력이 창의력을 이해
하는 데 정말로 중요한 키워드인지 자신에게 계속 질문하며 읽기를 바
란다.

혁신적 행위의
기원을 밝히는
스물다섯 가지 사례

2

1장

＊

스포츠 관련 이야기

SPORTS

첫 번째 이야기.
모두가 비웃던 높이뛰기 기술, 표준이 되다!

뒤로 눕듯이 넘어가는 포스베리 플롭 뛰기는 ⋯ 기존 높이뛰기에서는 상상할 수 없던 명백한 혁명이다. 형태와 기술 면에서 완전히 새로운 시도다. 이렇게 좋은 도약 방식이 있다는 것을 그렇게 오랫동안 몰랐다는 것은 일종의 수치라 할 수 있다. 그런 방법이 존재했다 해도 무명의 십 대 선수가 아니라 코치, 운동학 교수, 생체역학 전문가에게서 나왔어야 했다. 하지만 그 어린 선수는 연습하는 과정에서 자연스럽게, 혹은 도전적인 자세로 자기만의 스타일을 창조했다.

- 2009년 〈스포츠 일러스트레이티드Sports Illustrated〉, 리처드 호퍼Richard Hopper

철저한 계획과 예지력 없이 탄생한 혁신적 행위 중 가장 확실하고 강력한 사례는 높이뛰기의 정석으로 불리는 포스베리 플롭, 즉 배면 뛰기가 될 것이다. 1968년 10월 20일, 나는 TV 앞에 앉은 수백만 명의 다른 관중처럼 오리건주립대학Oregon State University의 스물한 살 딕 포스베리Dick Fosbury 선수가 멕시코 올림픽에서 2.24m를 뛰어넘으며 금메달과 신기록을 동시에 달성하고 높이뛰기 역사에 한 획을 긋는 모습을 경이로운 눈으로 지켜보았다. (Olympic, n.d) 그날 포스베리는 머리를 뒤로

그림 1.1 '포스베리 플롭' 기술을 사용한 딕 포스베리 선수

젖혀 뒤로 눕듯이 넘어가는 신기한 동작으로 높이뛰기 바를 넘어갔다. (그림 1.1 참조) 〈로스앤젤레스타임스Los Angeles Times〉의 전설적인 스포츠 기자 짐 머레이Jim Murray는 포스베리의 활약상을 묘사하며 "30층 창문 밖으로 던져진 사람처럼 바를 넘어갔다."라고 표현했다.

당시로 보면 말도 안 되는 이 놀라운 동작은 어떻게 해서 만들어졌을까? 일반적으로 기원에 관한 이야기는 매우 증거를 찾기 어렵다. 기원에 관련된 사람이 고인이 된 경우가 많고, 관련 기록이 부족하거나 아예 없을 때도 많다. 다행히 포스베리는 그 경우에서 제외된다. 아직 건재하게 살아있기도 하고, 과거 여러 차례 자신의 이야기를 밝힌 적이 있다. (Burnton, 2012; Cummings, 1998; Hoffer, 2009; Spikes, 2014; Trower, 2018; Turnbull, 1998)

딕 포스베리는 뒤로 넘는 높이뛰기 기술을 어떻게 생각해 냈냐는 스포츠 기자들의 질문에 처음에는 우스갯소리로 대학에서 물리학과 공학을 공부한 덕분에 도면을 그려서 완성했다거나, 발을 헛디뎌 넘어지다가 우연히 알아냈다고 했다. (Hoffer, 2009) 그러나 나중에는 배면 뛰기가 나온 과정을 정확히 설명하며 끈질긴 노력과 수많은 시행착오가 있었다고 밝혔다.

배면 뛰기는 애초에 과학적 지식이나 분석, 사고, 설계의 도움으로 나온 게 아닙니다. 그런 것들과는 아무 상관이 없어요. 그냥 직감으로 찾은 거였죠. 자연스럽게 발전한 기술이었어요. 어떻게든 바를 넘으려고 노력하다 보니 그런 동작이 저절로 나오게 되었습니다. 어떻게 바꿔야겠다고 생각해본 적은 없어요. 코치님은 제 기술이 계속 발전하는 모습을 보고 어리둥절하셨죠. 제가 한 일은 기존 방식을 이용해서 더 좋은 결과가 나오도록 다듬은 게 다였다고 생각해요. 그 기술을 사용하는 다른 선수가 있는 줄 몰랐고 높이뛰기의 역사를 바꾸게 되리라고는 상상도 못 했습니다. 새로운 걸 창조하려던 건 아니지만 기술이 스스로 진화한 셈이었어요.

이어서 배면 뛰기의 탄생 배경에 관해 이렇게 밝혔다.

열 살 때쯤 높이뛰기를 처음 시작했습니다. 그때는 앞으로 넘어가는 '가위 뛰기' 기술을 이용했어요. (Anonymous, 1937) 계속 그 방식을 쓰다가 오리건주 메드퍼드의 고등학교에 들어갔는데, 딘 벤슨 코치님이 그 방식으로는 좋은 결과를 내지 못할 것 같다고 해서 엎드린 자세로 넘어가는 '벨리 롤 뛰기'를 배웠습니다. (Anonymous, 1952) 근데 전 그 방식이 정말 불편하더군요. 코치님에게 얘길 했더니 정 힘들면 그냥 가위 뛰기를 다시 하라고 하시더군요. 그래서 오리건주 그랜츠패스에서 열린 로터리 클럽 육상 대회에 출전하러 가는 길에 가위 뛰기로 다시 돌아가기로 마음을 정했었죠. 그날 시합을 뛸 때 바가 올라갈 때마다 엉덩이를 조금씩 들어 올렸고 그에 대한 반동으로 어깨가 조금씩 뒤로 젖혀졌어요. 신기하게도 그 시합에서 제 최고 기록을 15cm나 올려서 1.78m를 넘고 최종 3위의 성적을 받았지 뭡니까! 그때 이후로 어깨를 뒤로 젖히는 방식을 연습하다가 최종적으로 지금의 배면 뛰기처럼 머리부터 넘어가는 기술이 나오게 되었습니다.

이처럼 배면 뛰기는 철저한 계획과 설계로 만들어진 것이 아니라 193cm의 장신을 이용한 생체공학과 끝없는 연습, 수많은 시행착오가 합쳐진 결과였다. 2009년 〈스포츠 일러스트레이티드〉의 리처드 호퍼 기자는 도약 실력을 다듬기 위한 포스베리의 노력을 진화론에 빗대어 다음과 같이 설명했다.

"배면 뛰기는 바를 넘겠다는 단 하나의 목표 아래 온 힘을 다해 달려가며 수정에 수정을 거쳐 완성된 현장 공학의 산물이다. 팔다리가 공중에 아무렇게 늘어져 있는 것처럼 보이지만 사실 그 동작은 진화론적 행동의 결과였다. 즉, 팔다리에 힘을 빼고 허리를 한껏 제치는 동작처럼 도약에 1cm라도 도움이 되는 동작은 살아남았고 그렇지 않은 동작은 점점 사라졌다."

배면 뛰기가 나오게 된 과정을 '적자생존'에 비유한 진화론적 분석은 대단히 인상적인 시도였다.

포스베리는 그 후 훈련 과정과 올림픽 우승을 언급하며 "올림픽팀에서 훈련받은 건 1968년 올림픽에 출전한 그해부터였어요. 그전까진 순간순간 연습에 충실했을 뿐 올림픽 대표선수가 된다는 건 생각도 못해본 일이었죠. 그렇게 보면 제 모습은 늘 조금씩 발전해왔던 것 같아요."라는 말을 덧붙였다.

그렇다면 그는 배면 뛰기 동작이 낯설고 이상해 보이는 문제를 어떻게 생각했을까? 배면 뛰기를 처음 본 다른 선수들이나 관중들은 동작이 너무 이상하다고 생각했다.

"사실 제가 처음 알아냈을 뿐이지 그 기술이 더 자연스러운 방식이었다고 생각합니다. 저보다 몇 살 어린 캐나다의 데비 브릴Debbie Brill 선수도 저를 본 적이 없는데 몇 년 뒤에 같은 기술을 선보였으니까요."

실제로 브릴은 배면 뛰기와 유사한 방식인 일명 '브릴 벤드' 뛰기로, 높이뛰기 선수로서 훌륭한 성적을 기록한 적이 있다. (Kommer, 1972) 1970년, 1982년 영연방 경기대회와 1971년 범미주 경기대회, 1979년 세계육상선수권대회 같은 큰 국제 대회에서 우승을 차지했고, 1972년과 1984년 올림픽에서도 각각 8위와 5위의 기록을 달성했다. (Verschoth, 1971)

우연치고는 놀랍지 않은가? 1963년 5월 24일 〈미줄리언 센티널

Missoulan-Sentinel〉에 찍힌 사진은 더 충격적이다. 이 사진에는 브루스 콘데라는 몬태나 출신의 고등학생 선수가 몬태나 주립고등학교에서 열린 육상 대회에서 바를 뒤로 넘어가는 모습이 찍혀 있다. 포스베리 역시 바로 그해 그달, 오리건주 그랜츠패스에서 열린 로터리 클럽 육상 대회에서 처음으로 배면 뛰기를 시도했다고 기억한다.

엄밀히 말하면 배면 뛰기의 창시자는 콘데가 되어야 한다. 1963년 시합을 약 2년 앞서 뒤로 넘는 기술을 선보였기 때문이다. 하지만 콘데는 고등학교와 세인트올라프대학St. Olaf College 시절 크게 좋은 성적을 내지 못했다. 포스베리는 콘데에 관한 이야기를 듣고 난 후 "정말 흥미롭군요. 우리의 이야기는 닮은 데가 많아요. 역사에 남을 만한 흥미로운 사건이 되겠군요."라고 말했다. 정말 그랬다.

포스베리 플롭의 진화 과정에 기여한 중요한 요인이 하나 더 있다. 바로 착지대다. 2009년 호퍼는 이를 다음과 같이 설명했다. "포스베리 플롭 기술로 완벽하게 바를 넘었다 해도 절반의 성공을 달성했을 뿐이다. 땅으로 돌아가는 문제가 남아있기 때문이다. 맨땅에 목으로 착지할 수 있다는 것을 알고도 뒤로 넘는 기술을 시도하는 선수는 없을 것이다."

포스베리는 고등학교 2학년 때까지 톱밥이나 모래로 채워진 착지대를 사용했다. 그래서 연습 중에 나무 조각에 머리를 세게 부딪힌 적도 있고, 착지대를 벗어나 딱딱한 바닥에 떨어져 크게 다칠 뻔한 적도 있다. 하지만 3학년이 되던 해에 그가 다니던 고등학교에서 오리건주 최초로 스펀지 매트를 도입하면서 떨어질 때의 충격을 완화해 포스베리 플롭을 시도할 수 있게 되었다. 즉, 포스베리 플롭이 진화할 수 있었던 배경에는 상황적으로 그 시기에 푹신한 매트가 도입되었기 때문도 있다.

포스베리 플롭은 그 자체로 역사에 남을 만한 기술이다. 그래서 50년 전 포스베리의 금메달 수상 이후 거의 높이뛰기와 동의어로 사용되고 있는데, 그 명칭이 나오게 된 배경에도 재미난 이야기가 있다. (Trower, 2018)

포스베리 플롭이라는 명칭을 쓰고 있다는 사실이 자랑스럽습니다. 하지만 처음부터 그 이름을 썼던 건 아닙니다. 포스베리 플롭을 선보이고 나서 기자들이 그 기술의 이름이 뭐냐고 물었는데, 그때는 뭐라고 해야 할지 몰라서 그냥 저의 공학 지식을 동원해 '백 레이아웃'이라고 말해주었죠. 하지만 그 이름은 반응이 좋지 않았어요. 기자들이 받아적지도 않더군요. 그 모습이 생각나서 다음 인터뷰 때는 "글쎄요. 제 고향인 오리건주 메드퍼드에선 포스베리 플롭이라고 부릅니다."라고 했더니 그제야 기자들이 이름을 받아적더군요. 사실 이름을 말한 건 저였지만, 원래는 제가 사는 곳의 지역 신문인 〈메드포드 메일 트리뷴 Medford Mail Tribune〉에서 '포스베리 바를 펄쩍 넘다'라는 제목의 사진을 보고 떠올린 겁니다. 제가 사는 오리건주의 마을은 낚시로 유명한 곳이죠. 서쪽으로 태평양과 맞닿아 있어 마을로 흘러드는 강에 물고기가 많거든요. 제가 바를 뒤로 넘는 모습이 물고기가 펄떡거리는 모습과 닮았다며, 어떤 기자가 펄떡거린다는 뜻으로 '플롭flop'이라는 표현을 쓴 걸 보고 제가 그 이름을 쓰게 되었던 겁니다.

결국 '포스베리 플롭'이라는 명칭의 창시자도 딕 포스베리 자신이었다!

포스베리는 높이뛰기 바를 넘는다는 목표는 같았지만, 경쟁자들과 다른 길을 선택해 완전히 새로운 스타일을 창조해 냈다. 그런 의미에서 프랭크 시나트라Frank Sinatra의 대표곡인 〈마이 웨이My Way〉가 생각난다. 노래 제목처럼 포스베리는 '나는 내 방식대로 해냈다'라고 자신 있게 말할 수 있을 것이다. 그러나 〈마이 웨이〉의 가사처럼 "모든 길을 계획하고, 작은 길 하나하나를 조심스레 계획했다."라고 할 수는 없다. 포스베리 플롭이 나온 과정은 전혀 그렇지 않았다.

두 번째 이야기.

접영의 역사를 조명하다

팔과 다리가 만나는 건 시간문제일 뿐이지만 정확히 언제 만날지는 말
하기 어렵다.

- 2016년 〈뉴요커〉, 마리 도제마Marie Doezema

올림픽 역사상 가장 뛰어난 선수를 꼽으라면 단연 마이클 펠프스
Michael Phelps가 될 것이다. 역대 올림픽 출전 선수 중 가장 많은 메달
을 획득한 그는 총 다섯 번 올림픽에 출전해 금메달 23개, 은메달 3개,
동메달 2개를 받아 총 28개의 메달을 목에 걸었다. 특히 그의 시그니처
영법이자 가장 힘이 많이 드는 영법인 '접영'으로 100m와 200m 종목에
서 6개의 금메달과 6개의 은메달을 획득했다.

접영을 처음 배우는 사람은 허우적대는 모습을 연출하기 쉽다.
접영은 먼저 양팔을 동시에 앞으로 내밀었다가 뒤로 보낸 후 다시 위
로 올렸다가 물속으로 밀어 넣는 동작을 반복한다. 몸통은 파도와 같
은 움직임으로 자연스럽게 나아가야 하며 다리는 힘차게 물을 차고 나
가야 한다. 이 모든 동작이 율동처럼 연결되지 않으면 굉장히 혼란스
럽고 고된 움직임의 연속이 되고 만다. 접영은 모든 영법 중 가장 공격

적인 영법으로 통한다. 그래서 남자다움을 과시하기 좋아하는 러시아 대통령 블라디미르 푸틴Vladimir Putin이 가장 즐겨하는 영법으로 알려져 있다.

접영을 배우는 것만큼 접영의 기원을 밝히는 일도 약간의 고군분투가 필요하다. 기원에 관한 이야기가 대부분 그렇듯, 접영의 발전사는 설명하기 다소 어려운 부분이 있다. (Buchanan, 2017). 현재의 접영이 탄생하는 데 여러 사람이 관련되어 있고, 그중 사실로 확인되지 않은 이야기도 있으며, 아직 논란 중인 부분도 있어 최근의 한 논평가는 접영의 기원을 밝히기가 애매한 점을 안타까워했다. (Doezema, 2016) 게다가 접영의 기원이 복잡해지는 이유에는 팔을 물 밖으로 내미는 팔 스트로크와 돌고래처럼 발을 모아 차고 나가는 킥이 따로 발전한 이유도 있다. 마지막으로 접영은 갑자기 생겨난 것이 아니라 이미 익숙하게 사용되던 평영이 다듬어지고 수정되어 지금의 모습으로 발전되었다는 이야기도 있다. (Barney & Barney, 2008)

스트로크

물 위로 팔을 돌리는 접영의 팔 동작은 일반적으로 시드니 캐빌Sydney Cavill이 창시자로 알려진다. 호주 출신의 수영 선수인 캐빌은 미국으로 건너온 후 샌프란시스코 올림픽 클럽에서 여러 선수를 지도했다. 독일인 수영 선수인 에리히 라데마허Erich Rademacher 역시 팔을 물 위로 돌리는 스트로크를 사용했다. 라데마허는 1926년과 1927년 미국에서, 그리고 1928년 네덜란드 올림픽 대회에 나가 평영 종목에서 턴을 돌 때와 레이스를 끝낼 때 접영의 스트로크를 써서 주목을 받았다. 월리스Wallace Spence와 월터 스펜스Walter Spence 형제도 브루클린 YMCA에서 훈련을 받고 물 위로 팔을 돌리는 기술을 시도했다고 알려진다.

하지만 접영 스트로크의 창시자로 가장 자주 언급되는 사람은 브루클린 조지 드래곤 수영 클럽의 미국인 수영 선수 헨리 마이어스Henry Myers다. 마이어스는 1933년 브루클린에서 열린 YMCA 대회의 3종 혼합 릴레이에 출전해서 평영의 발차기와 접영의 스트로크를 혼합한 영법을 선보였다. 마이어스와 동료 선수들은 새로운 영법이 좋은 성적을 내는 모습을 보고 평영의 속도 개선에 기대감을 모았다.

한편 마이어스는 팔을 물 위로 돌리는 동작이 사람들의 관심을 얻는 데도 도움이 될 것 같다고 생각했다. 평영 시합을 하다 보면 단조로운 움직임 때문에 자신조차 시합이 지루하게 느껴질 때가 많은데, 팔을 물 위로 돌리는 격렬한 움직임이 추가되면 관객들에게 볼거리를 제공해 팬들의 호응을 더 많이 끌 수 있겠다고 생각했다.

❇ **킥** ❇

돌핀킥의 창시자로는 잭 스티븐스Jack Stephens라는 이름이 간혹 거론된다. 1907년경 북아일랜드 벨파스트의 공공 수영장에서 그가 처음 돌핀킥을 시도했다는 주장이 있지만, 이는 위키피디아의 오류로 보인다. (Bartlett, 2015)

일반적으로 수중 돌핀킥의 창시자는 미국인 볼니 윌슨Volney Wilson으로 알려진다. 윌슨은 맨해튼 프로젝트의 일원으로 핵분열과 원자폭탄을 연구한 물리학자였는데, 수영 실력이 뛰어나서 1932년 올림픽 수구팀에서 대체 선수로 활동한 경험이 있다. 시카고의 셰드 아쿠아리움에서 물고기의 추진력을 연구하다가 돌핀킥을 떠올리게 되었다고 전해진다.

 스트로크와 킥의 합체

이처럼 접영의 창시자가 누구인가에 대해서는 여러 이야기가 있지만, 팔을 물 위로 돌리는 스트로크와 돌핀킥을 합쳐 오늘날의 접영 동작을 완성한 것은 정확히 아이오와에서 시작된 일이다. 접영의 발전사에 아이오와가 어떤 공헌을 했는지는 1936년 10월 〈에스콰이어Esquire〉에 처음 소개되었다. 클리포드 라르콤 주니어Clifford Larcom Jr.는 '개구리, 나비, 그리고 돌고래Frog, Butterfly and Dolphin'라는 제목의 글에서 "공학자들이 영법을 조정함에 따라 전통 영법이 블루머 수영복과 같은 길을 걷고 있다."라는 재밌는 표현으로 독자들의 눈길을 사로잡았다. 그 후 수영 기술에 이루어진 몇 가지 변화를 언급했는데, 특히 당시 진행되고 있던 평영 기법의 변화가 주목할 만하다. 다음은 새로운 평영 기법에 관한 라르콤의 설명 중 일부다.

엄청난 근력을 요구하는 새로운 평영 기법은 아이오와대학 소속의 잭 시그 선수와 데이비드 암브러스터 코치의 합작으로 탄생한 돌고래 영법이다. 암브러스터 코치는 어느 날 시그 선수가 물속에서 다른 추진력 없이 물고기처럼 위아래로 웨이브를 타며 나아가는 모습을 보고 좋은 아이디어가 떠올랐다. 돌고래와 같은 모습으로 나아가는 킥과 물 위로 팔을 돌리는 스트로크를 합친 결과, 평영보다 훨씬 좋은 기록이 나왔다.

마치 1890대 블루머 수영복을 입은 아가씨를 데려와서 뻣뻣한 캔버스와 코르셋, 철사, 끈 등으로 이루어진 자그마치 5kg 안팎에 달하는 낡은 수영복을 벗기고 실크 수영복을 입혀준 것 같았다.

새로운 영법은 평영에서 이루어지는 기존의 발차기와 그 발차기에서 오는 저항력을 완전히 없앴다. … 이 영법이 허용된다면 평영의 가장 큰 문제인 속도 문제를 보완할 것이다.

아이오와대학The University of Iowa의 대학 간 육상부에서 제공한 기존 비공개 자료와 데이비드 바니David E. Barney 및 로버트 바니Robert K. Barney의 2008년 연구 덕분에 접영의 탄생에 관한 다소 비유적인 라르콤의 묘사를 좀 더 자세히 설명할 수 있게 되었다. 접영의 역사는 이제 애매함에서 벗어날 때가 되었다.

접영이 발전할 수 있었던 한 가지 요인은 아이오와 시티의 수영 선수들이 이용한 최신 설비 덕분이다. 이 설비에 관한 설명은 아이오와 시티 공식 역사가이자 1922년 150야드(약 137m) 배영 종목에서 아이오와 최초 미국 대표선수였던 어빙 B. 웨버Irving B. Weber가 자세히 기술했다. (Weber, 1970) 1925년 10월 25일 아이오와주 교육위원회의 승인으로 실내 수영장을 포함한 세계 최대 규모의 실내 경기장 건설이 추진되었고(그림 2.1 참조), 1925년 12월에서 1926년 12월까지 1년 만에 공사가 끝났다. 아르모리 캠퍼스에 있는 약 20m 길이의 수영장은 수중 사진 및 동영상 촬영 장비가 설치되어 새로운 수영 기법을 테스트하는 용도로 활용되었다. 이런 최신 시설과 장비는 그 자체로 아이오와 수영 선수들에게 좋은 훈련 환경이 되었고 더 많은 훌륭한 선수들을 불러 모으는 계기가 되었다. 그러나 그보다 더 확실하게 수영 역사에 전환점을 마련한 장본인은 아이오와대학의 수영 코치였다.

데이비드 암브러스터David A. Armbruster는 선수로 활동한 적은 없지만, 1916년부터 1958년까지 42년간 아이오와대학에서 초대 수영 코치로 100명 이상의 미국 대표급 수영 선수들을 배출했다. (그림 2.2 참조) 전미 대학선수권 대회 우승자 14명과 올림픽 금메달 선수 월리 리스Wally Ris, 은메달 선수 보웬 스타스포스Bowen Stassforth를 지도했고, 1938년 미국수영코치연맹 회장을 역임했으며, 1966년에는 국제 수영 명예의 전당에 이름을 올렸다. 무엇보다 플립턴과 자유형, 평영, 배영에 이어 경기용 영법으로 가장 마지막에 인정된 접영의 창시자로 잘 알려져 있다. 특히 수영 선수들을 위한 다양한 기술을 주도면밀하고 자세하게 연구한 공로 덕분에 1930년에서 1950년까지 경기용 수영을 가장 과학적으로 접근한 지도자로 널리 인정받고 있다.

때때로 생물학을 이용한 체육 교육과 운동의 선구자로 불리는 C. H. 맥클로이C. H. McCloy가 동료이자 협력자로서 좋은 자극제가 되어주었다. 맥클로이는 근력 강화 훈련의 중요성을 강조하는 쪽이었지만, 암브러스터는 과도한 근력 운동이 근육을 경직되게 만든다고 생각해

그림 2.1 1920년대 아이오와 실내 수영장

서 선수들에게 권하지 않았다.

　1911년 암브러스터는 자신의 수영 강사였던 조지 코르산이 고향인 캐나다 토론토의 수영 행사에서 물고기 꼬리 모양으로 발차기하는 모습을 보았다. 그 후 1916년 또 다른 수영 행사에 참석해서 동물의 모습을 흉내내는 수영 시범단의 공연을 보게 되었는데, 그때 코르산이 평영의 발차기와 함께 손을 수면 위가 아닌 수면과 나란한 위치에서 날갯짓하는 모양의 자세인, 일명 '나비 스트로크'를 보여주었다. 팔을 물 위에서 돌리는 오늘날의 접영과는 비슷하지 않았지만, 그때 '나비'라는 이름이 암브러스터의 머리에 각인되었던 것으로 보인다.

　가장 중요한 것은 그가 다음 수영 행사 때 '이탈리안 크롤Italian Crawl'이라는 자세로 수영하는 소년의 모습을 보았다는 것이다. 양팔을

그림 2.2 아이오와대학교 수영 코치 데이비드 암브러스터

위로 던지는 스트로크와 평영의 일반적인 개구리 킥을 결합한 자세였다. 그 자세는 아마추어 경기 연맹의 승인은 받지 못했지만 그 후 많은 공식 행사에서 사용되었고, 승인을 받은 이후로는 정식 경기에서 자주 사용되었다. 접영은 그때 이미 반은 시작되었던 셈이다.

　암브러스터는 아이오와대학에서 선수들을 지도하는 동안 나비 스트로크와 전통적인 개구리 킥을 결합한 평영이 역학적으로 좋지 못한 자세라고 판단했다. 개구리 킥은 팔을 내던지는 빠르고 힘 있는 상체 동작에 비해 속도가 너무 느렸다. 점점 인기를 얻고 있는 나비 스트로크의 장점을 최대한 활용하려면 변화가 필요했다.

　암브러스터는 1932년에 팔을 물 위로 돌리는 스트로크와 돌핀킥을 어떻게 연결하고 통합했는지 다음과 같이 설명한다. (Armbruster &

그림 2.3 접영의 발생지인 아이오와대학 수영 경기장에 걸린 현수막

Sieg, 1935)

어느 날 휴식 시간에 잭 시그가 물속에서 옆으로 누워 물고기를 흉내 내듯 머리를 위아래로 흔들며 나아가는 모습을 보았다. 어린 선수들 이 물속에서 이런 동작을 취하는 모습은 자주 보았지만 시그처럼 빠른

속도를 내는 모습은 본 적이 없었다. 시그에게 머리를 수면 아래로 보게 하고 같은 자세를 시켜보았더니 더 좋은 결과가 나왔다. 그래서 자유형 발차기로 성적이 좋은 선수들과 겨루어 보게 했는데 모든 선수를 앞서 나갔다. 아무리 봐도 신기했다. 그 후 시그는 그 자세와 나비 모양의 팔 동작을 합쳐보았다. 몇 번 연습했더니 다리 리듬이 자연스러워지고 팔 동작의 리듬과 완벽하게 맞아들어갔다. 우리는 100야드(약 91m)를 완주하기 위해 좀 더 긴 거리를 연습하면서 호흡 구간을 조절했다. 몇 주간의 연습으로 속도는 향상되었지만, 힘은 더 많이 들었다. 그 영법은 에너지 소모가 컸다.

암브러스터와 시그는 두 번의 돌핀킥과 한 번의 나비 모양 팔 동작을 합친 기술을 최종적으로 '돌핀 버터플라이 평영'이라고 이름 지었다. (그림 2.3 참조) 하지만 그들의 노력은 거기서 끝나지 않았다. 그때까지만 해도 발차기 전체가 물속에서 이루어졌기 때문에 암브러스터는 아르모리 수영장에서 찍은 슬로우 모션 수중 촬영을 토대로 역학적 분석을 시도했고 많은 실험 끝에 동작을 몇 차례 더 다듬은 후 속도를 높이고 힘은 더 절약하는 기술을 개발했다.

 정식 종목이 되기까지

안타깝게도 돌핀킥과 나비 모양의 팔 동작을 합친 새로운 영법은 지배적인 영법으로 자리 잡고 있던 평영의 규칙에 부합하지 않아 상당한 논란을 불러일으켰다. 그 때문에 정식 종목으로 인정되기까지 꽤 오랜 시간을 기다려야 했다.

완전한 형태의 접영은 1935년 2월 25일 위스콘신대학University of Wisconsin에서 열린 수영 대회의 혼합 릴레이에서 특별 허용으로 처음 사용되었다. 아이오와대학팀은 배영을 맡은 딕 웨스터필드와 자유형을 맡은 아돌프 제이콥스마이어 선수, 접영을 맡은 잭 시그 선수로 구성되었는데, 시합 결과 시그의 기록이 100야드의 이전 최고 기록보다 무려 5초나 빨랐다. 그 후 암브러스터는 공식 대회에서 접영을 승인받기 위해 더욱 노력했다. 데이비드 바니와 로버트 바니는 이를 다음과 같이 설명한다.

> 암브러스터 코치는 1935년 3월 하버드대학에서 열린 전미 대학선수권 대회에 참가해 규칙 위원회 앞에서 '돌핀 평영'을 선보였다. 물론 시연자는 잭 시그였다. 위원들은 깊은 인상을 받았지만 평영의 또 다른 변형을 인정하는 규칙에는 동의하지 않았다. 그러나 암브러스터는 물러서지 않고 한 달 뒤인 1935년 4월 〈건강과 체육〉 학회지에 수록한 장문의 글에서 접영을 시연하는 시그의 모습을 담은 사진 다섯 장과 함께 더 자세한 설명을 담았다. (Barney & Barney, 2008)

암브러스터의 집요한 노력에도 불구하고 접영은 오랜 시간 빛을 보지 못했다. 그러다 1952년 마침내 국제수영연맹의 승인을 받아 1956년 호주 멜버른 올림픽 때 독립 종목으로 채용되었다. 물론 그 후로도 접영은 계속 수정되고 다듬어져 현재는 자유형 다음으로 가장 빠른 영법이 되었고, 많은 팬들에게 가장 박진감 넘치는 영법으로 사랑받고 있다.

암브러스터는 시그는 접영을 다듬는 동안 '텀블턴' 혹은 '플립턴'으로 불리는 새로운 턴도 개발했다. 올림픽 역사가인 밥 바니Bob Barney는 플립턴이 "평영과 접영에 역학적으로 맞지 않다고 여겨졌지만, 결과적으로 자유형에 훌륭하게 통합되었다."고 말한다. (2020년 8월 28일 개인적인 대화에서 인용) 암브러스터와 시그의 노력으로 완벽하게 다듬어진 플립턴은 1938년 럿거스대학Rutgers University에서 개최된 전미 대학선수권 대회에서 첫선을 보였다. 플립턴은 그 후 지금까지 가장 빠른 턴으로 수영 선수들에게 널리 이용되고 있다.

암브러스터는 국제 수영 명예의 전당에 이름을 올린 후 명예의 전당 상임 이사인 벅 도슨Buck Dawson에게 다음과 같은 편지를 보냈다.

"감격스러운 마음으로 과거를 돌아보면 돌핀 버터플라이 스트로크와 플립턴을 만든 것이 제게 가장 큰 성취감을 주었다는 생각이 듭니다. 그 두 가지 기술은 제가 사는 시대를 넘어 수영의 역사에 오래 남을 것입니다."

암브러스터의 예상은 정확했다!

〈에스콰이어〉에 수록된 라르콤의 논평으로 돌아가보자. 그의 글에서는 한 가지 더 주목할 점을 발견할 수 있다. 라르콤은 수영의 역사에서 이루어진 이런 혁신적 변화들이 어떤 과정을 거쳐 이루어졌는지 이렇게 설명한다.

"최근의 새로운 스트로크들은 초기 단계를 벗어나 발전을 거듭하고 있다. 속도가 더 빨라진 것은 불필요한 동작을 제거하고 스트로크 동작을 더 정밀하게 다듬은 덕분이다. 다른 스트로크들도 발전해왔지만 가장 보편적인 발전이 이루어진 것은 평영이다."

　　인간의 노력으로 이루어지는 다른 수많은 영역이 그렇듯이 혁신적 행위의 핵심에는 반드시 시행착오가 존재한다. 누구도 암브러스터와 잭 시그가 물속에서 시도한 다양한 노력이 지금의 결과로 이어질 거라고 예상하지 못했다. 나비 모양의 팔 동작과 돌핀킥의 성공적인 결합은 공식적인 승인을 받는 데만도 20년의 세월이 걸렸다. 접영의 기원을 속속들이 아는 사람은 드물 것이다. 수영 선수조차 잘 모를 수 있다. 하지만 스포츠사에서 이루어진 이런 중대한 업적을 역사적으로 조명해 보는 작업은 중요한 의미가 있다. 그동안의 수영 역사를 고려했을 때 오늘날의 접영이 '요행의 산물'이 아닌 것만은 분명하다.

세 번째 이야기.

엉덩이를 들고 달리는 몽키 기승법의 탄생

배타적이고 편협한 생각일 수 있지만, 기수들이 말을 탈 때 아주 오랫동안 잘못된 위치에 앉아있었고, 안장이 놓이는 최적의 자리가 지금까지 사용되던 자리가 아니었으며, 19세기 말 경주에 적용되는 기마술의 이론과 실천이 혁신을 일으켰다는 사실을 믿을 수 없다.

– 1899년 〈배드민턴 매거진Badminton Magazine〉, 알프레드 왓슨Alfred E. T. Watson

우리는 현재의 모습을 당연시할 때가 많다. 지금 이루어지는 방식이 과거에도 항상 같은 방식이었다고 쉽게 생각한다. 하지만 알다시피 모든 것은 변화한다. 때로는 매우 극적인 방식으로 변화한다. 경마 기수의 자세가 그렇다. 우리가 익숙하게 생각하는 경마 자세는 엉덩이를 안장에서 살짝 떼고 상체를 앞으로 기울여 타는 자세다. 하지만 20세기 초만 해도 안장에 엉덩이를 대고 허리를 꼿꼿하게 편 자세가 일반적인 자세였다.

경마 자세의 현대화는 직립한 자세와 비교해 엎드린 자세의 우수성을 입증하는 기사가 〈사이언스Science〉에 보도되면서 갑자기 주목을 받았다. (Pfau 외, 2009) 일명 '몽키 기승법' 혹은 '원숭이 좌법'으로 불리는

이 자세는 공기의 저항을 줄여 말과 기수의 운동력을 크게 높이는 장점이 있다. (Holden, 2009)

1900년에서 1910년까지 영국 엡섬더비 경마대회에서 우승자들의 속도가 눈에 띄게 향상된 것은 이 새로운 경마 자세 덕분일 가능성이 크다. 이는 주도면밀하게 계산된 물리적 수치에 따른 해석이다. (Pfau 외, 2009) 물론 한 세기 전의 기수나 훈련사들이 그런 물리적 수치를 계산해서 엎드린 자세를 개발한 것은 아니다. 그렇다면 새로운 경마 자세는 어떻게 나왔을까? 그에 대한 답은 동시대에 살았던 두 기수의 이야기와 관련이 있다.

몽키 기승법의 원조는 일반적으로 토드 슬론Tod Sloan으로 알려진다. (Giles, 1899) 슬론은 대담한 성격의 소유자였다. 슬론의 파란만장한 삶은 그의 전기를 다룬 존 디지크스John Dizikes의《바보 신사 미국인: 토드 슬론의 삶과 시간Yankee Doodle Dandy: The Life and Times of Tod Sloan》(2000)에 상세히 기술되어 있다.

토드 슬론은 인디애나주 벙커힐에서 태어났다. 본명은 제임스 포먼 슬론인데, 어릴 때 불렸던 '토드(두꺼비)'라는 별명을 좋아해 나중에 '토드'로 개명했다. 토드 슬론의 어린 시절은 불행했다. 어머니가 겨우 다섯 살 때 돌아가셨고, 아버지가 어린 슬론을 돌보지 않아 이웃집을 전전하며 살았다. 열세 살 때부터는 거의 혼자 힘으로 살았다. 허드렛일, 유전 막노동, 서커스 호객꾼 생활도 했다. 특히 체구가 작아 일을 구할 때 어려움이 많았다. 성인이 되어서도 키는 겨우 150cm를 넘었고 체중은 40kg밖에 나가지 않았다. 하지만 마구간 관리원으로 일하며 형을 따라 경주마를 타게 되면서부터는 오히려 작은 체구가 그의 장점이 되었다.

처음 말을 탈 때는 공포심을 극복하지 못해 기수로서 큰 성과를 내지 못했다. 하지만 오랜 연습 끝에 1888년 시카고에서 첫 우승을 거둔 후로 1892년과 1893년 캘리포니아에서도 좋은 성적을 냈다. 샌프란시스코에서 연승을 이어가던 그는 더 명망 있는 뉴욕 대회에 출전하기로 했다. 자신감 넘치는 그의 태도를 좋아하지 않는 사람들도 있었지만 독특한 경마 자세로 실력을 인정받으며 1896년경 전국적인 유명 인사가 되었다.

1897년 경마의 종주국인 영국에 진출한 후로는 미국의 명성을 유럽으로 확장했다. 1898년 10월 2일 〈뉴욕타임스The New York Times〉는 '영국 경마대회를 휩쓴 토드 슬론, 유럽을 깜짝 놀라게 하다. 하루 만에 5승 달성'이라는 제목으로 다음과 같은 기사를 내보냈다.

미국인 기수 토드 슬론 선수는 지난 몇 년간 훌륭한 기량을 보여주었다. 기수 경력 초기에는 실력이 저조했지만, 이제는 영국의 왕족과 귀족, 의원들마저 그의 경기를 보려고 야단이다. 슬론 선수는 특유의 경마 자세와 뛰어난 실력으로 영국 경마광들과 기수들을 놀라게 했다. … 특히 말의 목에 상반신을 거의 엎드려 타는 자세가 그의 우승 비결인 듯하다. 이 자세는 수직으로 앉은 자세보다 공기 저항을 줄여줄 것이다.

슬론의 뛰어난 실력에 주목한 것은 영국 언론도 마찬가지였다. 1898년 10월 12일 주간지 〈더스케치The Sketch〉는 슬론에 관한 기사를 전면에

싣고 '당대 최고의 기수'라는 칭호를 선사하며 "미국인 선수 토드 슬론. 왔노라, 보았노라, 이겼노라!"라는 말로 슬론을 호평했다.

영국인들은 슬론의 경마 실력뿐 아니라 미국인 특유의 자신만 만한 태도에도 매력을 느꼈다. 하지만 그의 인기는 오래가지 않았다. 1900년경 그를 떠받들던 분위기가 가라앉고 냉랭한 시선이 감돌기 시작했다. 그의 거만한 태도와 과도한 베팅 행위가 화를 자초했다. 영국 최대 상업 경마 조직인 자키 클럽은 슬론의 행동이 경마계의 이해에 반한다는 이유로 이후 모든 경기 출전 금지라는 중징계를 내렸다. 이 결정은 미국에서도 효력이 인정되어 결국 슬론은 26세의 나이에 경마 선수로서의 삶을 끝낼 수밖에 없었다. 그 후로 목표를 잃은 그는 순탄하지 않은 삶을 살았다. 두 번의 결혼이 실패로 끝났고, 희극 배우, 마권 업자, 술집 업자, 배우 생활을 전전하다 59세 때 간 경변을 얻어 로스앤젤레스에서 안타깝게 생을 마감했다.

토드 슬론에 관해 많이 알려진 사실 중 하나는 1904년 조지 코핸 George M. Cohan의 〈리틀 조니 존스Little Johnny Jones〉라는 유명 뮤지컬이 슬론의 삶에서 영감을 받아 탄생했다는 것이다. 이 뮤지컬에 〈양키 두들 보이Yankee Doodle Boy〉라는 유명한 곡이 등장하는데, "런던에 왔어. 단지 조랑말을 타려고"라는 노랫말의 주인공이 슬론이었다.

이 책의 목적상 우리의 최대 관심사는 슬론이 '몽키 기승법을 어떻게 만들었는가?'이다. 그 답은 그의 자서전 《토드 슬론: 홀로 걸어온 길Tod Sloan: By Himself》(1915)에 정확히 언급되어 있다.

당시 잘 나가는 기수였던 휴이 페니와 경마 연습을 하는데, 갑자기 내

말이 정신없이 앞으로 달려 나갔다. 나는 말을 세우느라 안장에서 엉덩이를 떼고 말의 목으로 상체를 바짝 기울였다. 페니는 내 모습이 웃긴지 배꼽을 잡고 웃었고 나도 그를 따라 크게 웃었다. 그런데 나중에 생각해 보니 말의 목에 엎드리고 탈 때 말이 더 자유롭게 달리는 것 같았고, 나도 그 방식이 더 편하다고 느꼈다. 한때 이름을 날렸던 해리 그리핀이라는 기수가 등자를 짧게 하고 상체를 앞으로 기울여 타는 모습을 본 적이 있다. 나는 여러 가지를 종합적으로 고려해 본 결과 그 방식에 특별한 점이 있다고 생각했다. 그래서 내가 할 수 있는 모든 기술을 시험하면서 그 특별한 점이 무엇인지 알아내려고 노력했다. 그래서 찾게 된 것이 '웅크린 자세', '몽키 기승법' 등 수많은 이름으로 불리는 지금의 내 자세다. 오랜 연습 끝에 원숭이 자세를 다듬은 나는 마침내 내가 개발한 새로운 자세를 실전에서 사용해 보기로 했다. 그런데 막상 기회가 오니 용기가 나지 않아 자꾸만 날짜를 미루었다. 하지만 결국 용기를 내고 사람들 앞에서 내가 개발한 자세를 선보였다. 처음에는 모두 내 모습을 보고 비웃었다. 내가 코미디언이 되었다고 생각했다. 하지만 나는 굴하지 않았다. 그러기에는 이 방법에 대한 확신이 너무 컸다. 나는 내 방식이 옳다고 믿었고, 내 방식을 밀어붙였다. 그리고 마침내 우승하기 시작했다.

슬론의 말대로라면 몽키 기승법은 그가 연습 과정에서 우연히 발견한 우스꽝스러운 자세가 다른 실력 있는 기수가 사용하던 방식과 비슷했다는 것을 떠올리고, 많은 연습과 교정을 거쳐 완성도를 높인 후 실전에서 사용한 기술이다. 물론 그의 이야기는 대단히 흥미롭지만 윌리

심스Willie Simms라는 다른 미국인 기수에 관한 언급이 빠져있다. 심스는 슬론보다 몽키 기승법을 먼저 개발했을 것으로 추정되는 기수인데, 어떻게 개발했는지는 알려진 이야기가 없다. (Riess, 2011)

심스는 미국에서 활동한 기량이 뛰어난 기수였다. 5연승을 거둔 후 트리플 크라운을 달성하고 명예의 전당에도 이름을 올렸다. 슬론보다 2년 먼저 영국에 진출해 슬론처럼 사람들의 환대와 조롱을 모두 경험했다. 상체를 기울여 타는 자세로 여러 경기에서 우승했지만, 흑인 출신이라 영국 경마 조합의 배타적인 시선을 벗어날 수 없었고, 활동 기간도 길지 않았다. '원숭이 자세'라는 명칭 자체가 인종주의에 기인한다고 할 수 있다. 이에 관한 언급이 런던 주간지 〈그래픽Graphic〉에 등장한다.

미국에서 온 말보다 더 흥미로운 것은 심스라는 미국인 기수였다. 심스는 등자 가죽을 짧게 해서 무릎을 높이고 상체를 앞으로 매우 기울여 말을 탄다. 상체가 너무 앞으로 기울어져 있다 보니 흡사 나무에 매달린 원숭이의 모습을 연상시키는데, 흑인이라 더욱 그렇게 보인다. (1895년 5월 11일)

몽키 기승법이라는 표현은 인종 차별적 의미를 담고 있으므로 이 이름이 계속 쓰인다는 것은 안타까운 일이다. 더욱이 앞에서 슬론이 몽키 기승법이라는 명칭 외에 다른 표현이 존재했다고 언급했던 것을 고려하면 더욱 안타까운 일이다. 그중 '미국식 자세'는 지금부터 이야기할 두 번째 이야기로 미루어 짐작건대 일부러 사용하지 않았던 것 같다.

그 두 번째 이야기는 토드 슬론의 이야기와는 사뭇 다르다.

하딩 에드워드 드 폰블랑크 콕스Harding Edward de Fonglanque Cox는 20세기 초 영국의 문화, 예술, 출판계를 선도한 런던 블룸즈버리에서 태어났다. (Vanity Fair, 1909) 콕스의 아버지는 법률가, 출판업자, 지주, 치안 판사 등을 지내며 부와 지위가 상당했던 인물이다.

콕스는 어린 시절 특권층의 삶을 살았다. 그가 중등교육을 받은 해로우 스쿨은 남학생들을 위한 명문 사립 기숙학교로, 영국 시인 바이런George Gordon Byron과 전 영국 총리 윈스턴 처칠Winston Churchill, 전 인도 총리 자와할랄 네루Jawaharlal Nehru, 영화배우 베네딕트 컴버배치 Benedict Cumberbatch 등 수많은 유명 인사를 배출했다. 하딩은 해로우 스쿨을 졸업한 후 1873년에서 1877년까지 케임브리지대학University of Cambridge에서 문학사를 전공하고 변호사가 되기 위한 법률 교육을 받았다.

1879년 아버지가 돌아가신 후로 많은 재산을 물려받고 변호사업을 지속하며 문학, 연극, 언론 등 다양한 분야에 관심을 보였다. 특히 연극에 심취해 있어서 유명 배우이자 가수였던 헤베 거트루드 바로우의 공연을 보고 인연을 맺어 결혼까지 골인했다. 운동에도 관심이 많아서 사격, 크리켓, 조정, 사냥 등에 뛰어난 실력을 보였다. 사냥에 대한 열정은 승마로 이어졌다. 경주마를 여러 마리 소유하고 아마추어 기수로도 활동했는데, 조키 클럽과 전국 기수 선수권 대회에서 프로 기수와 동등하게 대회에 출전하도록 특별 허가도 받았다.

문학과 운동에 대한 높은 관심으로 《체이싱과 레이싱Chasing and Racing》(1922)이라는 회고록을 집필했다. 이 회고록에서 콕스는 몽키 기승법이 나오게 된 과정을 바로 잡으려고 시도한다.

많은 사람이 '몽키 기승법'을 토드 슬론이 개발했다고 알지만, 이는 잘
못된 사실이다. 토드 슬론보다 몽키 기승법을 먼저 선보인 사람은 토
드 슬론처럼 미국인 기수였던 윌리 심스라는 사람이다. 혼혈계 흑인
인 심스는 특이한 자세로 여러 차례 우승을 휩쓸며 당시 상당한 주목
을 받았다. 하지만 심스보다도 '엎드린' 자세를 먼저 쓴 아마추어 기수
가 있다. 1921년 한 유명 스포츠 신문에 다음과 같은 기사가 실렸다.

　한 경마 팬은 "하딩 콕스는 내가 본 기수 중 가장 이상한 자세로
말을 타는 가장 뛰어난 기수다. 콕스는 토드 슬론보다, 심지어 윌리 심
스보다 먼저 엎드린 자세를 사용했다는 말을 들은 적이 있다."라고 말
한다. 이 말은 틀림없는 사실이다.

정말일까? 심스나 슬론이 영국에 오기 전 이미 영국에서 원숭이 자세
를 쓰고 있던 아마추어 선수가 있었다는 말을 믿을 수 있을까? 콕스는
몽키 기승법의 원조가 자신이라는 주장을 계속 이어간다. 어떻게 몽키
기승법을 발견했는지, 그 자세에 어떤 장점이 있는지 다음과 같이 구체
적으로 설명했다.

나는 사냥할 때 상체를 앞으로 깊이 숙이고 고삐를 짧게 해서 말을 탄
다. 그래서 경마할 때도 그 자세를 이용해 보았더니 어느 정도 '바람의
저항'을 피할 수 있다는 것을 알게 되었다. … 말을 타는 사람은 그 점
을 분명히 느낄 수 있다. 이 자세를 다듬었더니 몸 뒷부분의 힘을 더

자유롭게 쓸 수 있었다. 아마 그래서 잡기 힘든 동물들을 내가 사냥에서 앞질러 나갈 수 있었던 것으로 생각한다.

하지만 아마추어 기수였던 콕스의 말을 어디까지 신뢰할 수 있을까? 그의 이야기를 조금 더 살펴보기로 하자.

내 생각을 뒷받침해 준 사람은 토드 슬론이다. 나는 그가 영국에 온 지 얼마 안 되었을 때 그와 만날 기회를 얻었고 그의 자세에 관심이 많았기에 친분을 쌓았다.

오! 두 사람이 만난 적이 있다니. 콕스는 엄청나게 다른 배경에도 불구하고 공통의 관심사로 토드 슬론을 만난 적이 있다고 말한다. 이어서 슬론을 '서구의 마법사'라고 칭하며 슬론과 나눈 긴 대화를 소개한다.

어느 날 몬테카를로 테라스에서 슬론과 '몽키 기승법'의 장점에 관해 이야기를 나누었다. 슬론은 해부학적으로 경주마를 그리며 자기 방식으로 말을 탈 때 체중 분포가 말의 움직임에 어떻게 도움이 되는지 멋지게 설명했다.

슬론은 계속해서 이렇게 말했다. "이 기승법은 상당한 장점이 있지만, 실력 없는 기수에게는 쉬운 자세가 아니라고 생각합니다. 정말이에요. 기술을 완전히 통달하지 않으면 쓸모가 없죠."

몽키 기승법이 우수한 기술인 것은 맞지만 아무에게나 통하는 기술이 아니라는 말은 다음 말에서 더욱 강조되고 있다.

> 슬론은 고양이 먹이로나 쓰였을 말로도 우승을 이루어 냈다. 자신이
> 개발한 기승법이 아니더라도 이미 최고 실력자였고, 말을 탈 때 가장
> 멋진 사람으로 보였다. 승리를 위해 최선을 다한 말의 마지막 숨까지
> 쥐어짜는 그 격렬한 움직임은 슬론에 관한 한 어차피 중요한 기술이
> 아니다. 슬론이야말로 진정한 선수기 때문이다.

지금까지 몽키 기승법의 창시자라고 주장하는 두 기수의 이야기를 살
펴보았다. 토드 슬론과 하딩 콕스, 두 사람은 우연히 몽키 기승법을 찾
아냈고, 뛰어난 관찰력과 시행착오를 통해 문제점을 보완했다. 두 사
람 모두 말의 운동 능력을 높여 더 거침없이 질주하게 하는 몽키 기승
법의 장점을 확신했고, 자신이 개발한 새로운 스타일로 다른 기수들보
다 유리한 위치를 선점했다. 그렇다면 두 사람 모두에게 몽키 기승법
의 창시자라는 타이틀을 붙여도 괜찮지 않을까?

내 생각을 말하자면 "그렇다."이다. 하지만 내 생각에 찬성하지
않는 사람들도 있다. 예를 들면 존 디지크스는 슬론에 관한 전기에서
"개인주의 문화에서는 언제나 독자적인 한 명의 창시자를 찾는 것이 중
요했다."라고 말하며 몽키 기승법의 창시자를 한 사람으로 두는 관점
에 회의적인 시각을 보였다. (Dizikes, 2000) 특히 슬론의 자서전을 토대로
추리해보면 몽키 기승법을 발견하는 과정에서 슬론이 심스를 제치고
자신의 역할을 과대포장 한 것은 아닌지 의문을 제기했다.

나아가 몽키 기승법을 개발한 한 사람의 창시자를 찾는 것이 과연

가능한 일인지 질문하며, 오히려 많은 개인이 포함된 '집단적 진화'로 이루어졌을 것으로 제안했다. 그 집단에는 제대로 된 승마 장비도 없이 말을 훈련했던 어린 마부들과, 안장 없이 말의 목에 매달려 탔던 아메리카 원주민들이 포함된다. 이런 진화 과정은 오랜 시간에 걸쳐 전개되므로 결정적인 역할을 하는 특정한 인물과 장소, 연대를 꼽기 어렵다.

특히 스포츠 같은 경쟁 분야에서는 혁신적인 발견의 참신함을 오래 유지하기가 쉽지 않다. 우수성이 인정되면 모든 사람이 경쟁에 뒤처지지 않으려고 그 방식을 채택하기 때문이다. 성공은 성공을 낳는다고 하지만 성공만큼 모방하기 쉬운 것도 없지 않은가?

몽키 기승법이 주된 경마 자세로 한 세기를 살아남았다는 것은 그만큼 우수성이 인정되었다는 의미일 것이다. 토드 슬론, 윌리 심스, 하딩 콕스, 혹은 무수히 많은 무명의 사람 중 누구에게 공이 돌아가든, 몽키 기승법이 예지력과 설계로 탄생하지 않은 것은 분명하다. 몽키 기승법이 발전해 온 과정도 다른 많은 혁신적 행위의 사례처럼 변화, 선택, 보존이라는 키워드가 중요한 역할을 했다고 할 수 있다.

네 번째 이야기.

코너 회전력을 높인 차등등자 기승법

그날 총 2467회 우승을 달성한 베테랑 기수 잭 웨스트로프Jack Westrope
는 무섭게 따라붙는 미드나이트 데이트Midnight Date와 너쉬를 아슬아
슬하게 따돌린 후, 자신의 애마 웰 어웨이와 함께 일곱 번째 최종 피처
레이스의 우승을 확신하며 할리우드 파크 경마장의 결승점을 향해 마
지막 직선 주로를 전속력으로 달렸다. 2468번째 우승을 60m 남겨둔 시
점, 잘 달리던 웨스트로프의 3년생 암말인 웰 어웨이가 발을 삐끗하며
경주로 펜스 쪽으로 갑자기 몸을 홱 기울였다. (Hovdey, 2002) 그 순간 웨
스트로프는 더 버텨볼 것도 없이 펜스 안으로 맥없이 고꾸라지고 말았
다. 1958년 6월 19일 오후 5시 17분에 벌어진 일이었다.

　큰 외상은 없어 보였다. 하지만 의식을 잃은 웨스트로프는 구급
차에 실려 인근 센티넬라 병원으로 호송되었다. 병원에 도착한 웨스트
로프는 잠시 의식을 회복한 듯했으나, 출혈과 내상이 심해 이미 손을
쓸 수 없었다. 미국 명예의 전당 기수인 웨스트로프는 병원에 도착한
지 2시간 만에 40세의 나이로 사망하고 말았다. 관람석에 있던 웨스트
로프의 부모님은 끔찍한 사고가 재현되는 모습을 고통스럽게 지켜볼
수밖에 없었다. 1932년 2월 27일 멕시코 티후아나의 아구아 칼리엔테

그림 4.1 차등등자 기승법의 자세

경마장에서 첫아들 토미 웨스트로프Tommy Westrope도 경기 중 목이 부러져 사망했다. (Simon, 2002; Smith, 1958)

현재 소파이 스타디움이 위치한 할리우드 파크 경마장은 내가 어릴 때 살던 캘리포니아 잉글우드 집에서 불과 1.6km 거리다. 할리우드 파크 경마장 근처에 살았지만, 경마에는 관심이 없어 당시 웨스트로프의 비극적인 죽음을 알지 못했다. 그때 열두 살 나이었던 나는 LA 다저스의 열렬한 팬이었다. LA 다저스는 그 시점 뉴욕 브루클린을 떠나 LA로 연고지를 옮긴 직후였고, 웨스트로프의 사고가 있기 두 달 전인

1958년 4월 18일 첫 경기를 치른 상태였기 때문에 내 관심은 온통 야구에 쏠려있었다.

웨스트로프에 관심을 두게 된 것은 내 사촌인 론 덕분이다. 웨스트로프의 사고 후 거의 50년이 지난 2009년 8월 14일, 혁신적 행위들의 기원을 연구하던 나는 론에게 아이디어를 구하고 싶어 메일 한 통을 보냈다. 열렬한 경마 팬인 론은 경마 지식이 상당하다. 그래서 내 메일을 받고 경마의 혁신으로 알려지는 차등등자 기승법이 내 연구 주제와 관련이 있을 것 같다고 했다. 그래, 그거다! 차등등자 기승법이 뭔지, 그게 잭 웨스트로프와 어떤 관련이 있는지는 몰랐지만 좋은 아이디어라고 생각했다.

차등등자 기승법을 확실히 이해하려면 말을 탄 기수의 모습을 정면이나 후면에서 보아야 한다. 차등등자 기승법은 개인에 따라 길이를 조절해서 왼쪽 등자를 오른쪽 등자보다 5~30cm 낮게 배치하는 방법이다. (그림 4.1 참조) 경마 전문가들은 왼쪽 등자를 낮게 배치하는 방식이 커브를 돌 때 큰 이점을 제공한다고 말한다.

미국 경마에서는 기수가 경기장을 반시계 방향으로 돌기 때문에 왼쪽 등자를 낮게 배치하면 코너를 돌 때 왼쪽 다리에 힘이 더 실린다. 반대로 영국 경마장은 시계 방향으로 돌기 때문에 오른쪽 등자를 더 길게 한다. 차등등자 기승법이 과학적으로 효과가 증명된 것은 아니지만, 전문가들의 말에 따르면 기수가 코너를 돌 때 원심력을 이용해 속도를 높일 수 있는 기술이라고 한다. (Harzmann, 2002)

일반적으로 스포츠 기자들은 1940년대에 차등등자 기승법을 완성해서 대중화에 기여한 인물로 두 번의 트리플 크라운을 달성한 에디 아카로Eddie Arcaro를 꼽는다. 아카로는 《경마의 기술The Art of Race Riding》 (1957)에서 차등등자 기승법에 대해 이렇게 설명했다. "오른쪽 등자를 짧게 하면 미는 힘이 더 좋다. 오른발을 뒤로 보내고 왼발을 앞으로 뻗으면 커브를 힘 있게 밀고 나아갈 수 있다. 오른발이 균형을 잡는 지지대가 되는 것이다."

마일스 네프Myles Neff라는 기수는 《잃어버린 경마 기술의 부활 Stylin': Reviving the Lost Art of Race Riding》(2015)이라는 자신의 책에서 차등등자 기승법의 장점을 더 상세히 기술했다.

말과 기수가 한 몸처럼 달릴 수 있는 가장 쉽고 효과적인 방식은 차등등자 기승법으로 균형을 잡는 것이다. 차등등자 기승법을 이용하면 기수는 말의 자세와 균형감에 동화되도록 자신의 자세를 쉽게 바꿀 수 있다. 기수가 그저 말 위에 앉아있는 것이 아니라 말과 '일심동체'가 될 수 있다.

하지만 실제로 아카로는 차등등자 기승법의 개발자가 자신이라고 말한 적이 없고 누가 그런 말을 시작했는지 모르겠다고 말한다. (Arcaro, 1957) 사실 차등등자 기승법을 개발한 사람은 아카로의 동료였던 잭 웨스트로프일 가능성이 매우 크다. 몇몇 기수가 왼쪽 등자를 오른쪽 등자보다 약간 낮게 해서 탄 적은 있지만 웨스트로프만큼 왼쪽 등자를 확 낮춘 사람은 없었다. 웨스트로프의 경마 자세를 본 어떤 사람은 "왼쪽 다리는 완전히 뻗어 있고 오른쪽 무릎은 거의 턱에 닿을 듯했다."라고 말한다. (Harzmann, 2002)

이 시점에서 질문을 던져보자. 웨스트로프는 과연 어떻게 차등등자 기승법을 떠올렸을까? 갑자기 아이디어가 떠올랐을까? 아니면 경쟁에서 이길 방법을 알아내려고 영상 기록을 분석하다가 찾게 되었을까? 혹은 여러 가지 정교한 실험 끝에 차등등자 기승법의 효과를 경험적으로 알아냈을까? 물론 답은 이 중에 없다. 그에 대한 답은 웨스트로프를 잘 알았던 동료 기수를 통해 찾을 수 있었다.

열한 번의 트리플 크라운을 달성한 빌 슈메이커Bill Shoemaker는 할리우드 파크 경마장에서 펜스 안쪽으로 추락한 웨스트로프를 뒤로하고 웰 어웨이의 옆을 스쳐지나 그 경기에서 우승을 거머쥔 기수다. 바로 그가 차등등자 기승법의 기원과 관련된 비밀을 밝힌 적이 있다. "웨스트로프는 다리를 다쳐서 왼쪽 무릎을 완전히 굽힐 수 없게 된 후로 그 방식을 사용했다. 그 후로 균형감이 더 좋아져서 다른 기수들도 그를 따라 하기 시작했다." (Hovdey, 2002)

설명하자면 차등등자 기승법은 웨스트로프가 경마장 출발대에서 생긴 불의의 사고로 왼쪽 다리가 절름발이가 되는 바람에 왼쪽 등자를 낮게 해서 탈 수밖에 없었고, 그렇게 말을 탔더니 우연히 왼쪽으로 도는 힘이 좋아져 나오게 된 방식이었다. 그런 의미에서 차등등자 기승법이라는 혁신은 두 번의 우연이 맞아떨어진 결과였다. 웨스트로프가 왼쪽 다리를 다치지 않았다면 왼쪽 등자를 그렇게 낮게 달지 않았을 것이고, 미국 경마장이 왼쪽으로 도는 방식이 아니었다면 그 방식으로 더 좋은 성적을 내지 못했을지도 모를 일이다. 그가 영국이 아닌 미국의 경마 선수였던 것이 다행이라면 다행이었다.

흥미롭게도 차등등자 기승법이라는 혁신적 행위의 기원을 다른 각도에서 조명하는 속담이 있다. 바로 '필요는 발명의 어머니'라는 속담이다. 즉, 차등등자 기승법은 결국 급커브를 돌 때 필요한 생체역학에 따라 언젠가는 자연스럽게 나왔을 것이라는 주장이 있다. 원심력을 제어하고 속도를 높여야 하는 기수의 필요가 어떤 식으로든 지금의 방식과 같은 창의적인 해법을 낳았을 수 있다. 어쩌면 웨스트로프 이전에도 그 방식을 시도해 본 기수가 있을지 모른다. 그러나 필요가 발명의 어머니라는 속담은 어떤 의미에서는 웨스트로프에게도 적용될 수 있다. 말을 탈 때 왼쪽 다리를 쭉 뻗어야 하는 필요 때문에 오늘날 거의 표준으로 이용되는 경마 자세가 나왔으니 말이다. (Hovdey, 2002)

차등등자 기승법의 탄생 과정같이 의도치 않게 우연히 얻은 뜻밖의 성과를 '세렌디피티serendipity'라고 한다. 하지만 차등등자 기승법이 웨스트로프의 경쟁자들에 의해 빠르게 채택된 것은 세렌디피티가 아니다. 기수 같은 특정 집단의 하위문화는 새로운 장점이 발견되면 그 장점을 빠르게 확산시키기 위해 맞춤식 제작이 이루어진다. 스포츠, 사업, 전쟁 같은 분야가 그렇다. 모든 상황을 종합해보면 차등등자 기승법은 예지력이나 설계, 혹은 계획에서 나왔다고 할 수 없다.

다섯 번째 이야기.

승리의 하이파이브는
언제부터 시작했을까?

글렌 버크는 손바닥을 마주치는 그 제스처 하나로 영원히 세상을 바꾸어놓았다.

- 영화배우 제이미 리 커티스Jamie Lee Curtis

 ## 어느 멋진 날
One Fine Day

1977년 10월 2일 일요일 오후, 메이저리그 시즌 마지막 경기 6이닝이 시작되었다. LA 다저스와 휴스턴 애스트로스가 2대2로 동점을 이룬 가운데 LA 다저스의 중견수 글렌 버크Glenn Burke가 다저스 스타디움 타석에 들어섰다. 버크는 상태 투수인 제임스 로드니 리차드James Rodney Richard의 첫 번째 투구를 멋지게 걸어 올려 홈런을 뽑아낸 후 다저스에 3대2의 승리를 안겼다. 버크로서는 메이저리그에 입성한 후 처음 기록한 홈런이자, 오랜 정체기를 끝내고 2시즌 108개 게임 215타수 만에 이룬 반가운 결과였다. (Newhan, 1977)

즐거운 시간을 기념해요, 어서
Celebrate Good Times ... Come On

버크의 홈런으로 다저스 홈구장은 축제 분위기가 되었다. 버크는 베이스를 돌고 홈플레이트를 밟으며 홈런을 확정 짓자마자 다저스의 더그아웃으로 달려갔다. 그때 같은 팀의 더스티 베이커Dusty Baker가 버크를 맞으러 달려 나와 역사상 '두 번째' 하이파이브를 나누었다. (Mooallem, 2011) 역사상 '첫 번째'로 기록되는 하이파이브를 나눈 지 몇 분 후의 일이었다.

카운트가 1볼 2스트라이크로 몰린 상황에서 좌익수 베이커가 리차드의 속구를 강타해 외야 담장을 넘어가는 비거리 120m짜리 홈런을 날렸다. 베이커의 시즌 30번째 홈런이자 야구 역사상 메이저리그 최초로 네 명의 선수(LA 다저스의 더스티 베이커, 론 케이, 스티브 가비, 레지 스미스)가 한 시즌에 홈런 30개 이상을 친 '30홈런 쿼텟'을 안긴 홈런이다.

그 순간을 간절히 기다려왔던 4만 5501명의 다저스 홈 팬은 일제히 환호를 터뜨렸다. 30홈런 쿼텟이라는 놀라운 기록을 달성한 네 명의 선수에게 슈퍼 군단이라는 의미로 '빅 블루 레킹 크루Big Blue Wrecking Crew'라는 애칭도 붙여주었다. 하지만 그날 팬들은 역사적으로 더 중요한 의미가 있는 또 다른 사건, 즉 역사상 최초로 이루어진 하이파이브를 목격하게 되리라고는 전혀 예상하지 못했다.

안타깝게도 그날 경기는 TV에 중계가 되지 않았다. 따라서 최초의 하이파이브가 등장하는 영상 기록은 남아 있지 않다. 심지어 사진 기록도 없다. 하지만 딱 하나, 버크와 베이커가 하이파이브를 나누기 직전인 듯한 흑백 사진이 한 장 있다. (Jacobs, 2014) 사진 속의 버크는 3루 더그아웃에서 달려 나와 베이커를 향해 오른손을 높이 치켜들고 있고, 베이커는 손바닥을 맞부딪힐 듯한 자세로 버크를 향해 오른손을 들고 있다.

그 사진이 찍힌 것은 LA 다저스가 30홈런 쿼텟을 기록하고 3일 뒤인 10월 5일, 베이커가 내셔널리그 챔피언십 시리즈 2차전에서 상대 팀인 필라델피아 필리스의 투수 짐 론보그Jim Lonborg를 상대로 만루 홈런을 쳐낸 직후였다. (Shirley, 1977) 그 사실을 어떻게 알았을까? 사진을 자세히 보면 버크 뒤로 보이는 전광판에 4이닝이라고 표시되어 있는데, 베이커가 30번째 홈런을 날린 날은 6이닝이었기 때문에 이 사진은 10월 2일 아니라 10월 5일이 분명하다. 더욱이 그 사진은 다음 날인 10월 6일 〈로스앤젤레스타임스〉에 그날 경기에 대한 평가와 함께 등장하므로 10월 5일 경기인 것이 확실하다. 따라서 버크와 베이커가 그날 하이파이브를 했다면 공식적으로 세 번째 하이파이브가 된다.

오, 놀라워요
Baby, What a Big Surprise

하이파이브가 처음 나오게 된 1977년 10월 2일 오후의 이야기로 돌아가 보자. 우리는 최초의 하이파이브가 계획된 것이 아니었다는 사실에 주목할 필요가 있다. 하이파이브는 완전히 즉흥적으로 자연스럽게 나오게 된 동작이었다. 베이커는 2014년 ESPN에서 제작한 다큐멘터리 프로인 〈더 하이파이브〉에 출연해서 다음과 같이 말했다. "그냥 그런 행동이 나오더군요. 왜 정말로 기쁠 때 자기도 모르게 어떤 행동을 하게 될 때가 있잖습니까. 그냥 서로 합이 맞았던 거예요." 베이커는 특히 버크가 자신에게 다가오던 모습을 인상적으로 기억했다. "버크가 한 손을 높이 들고 제게 뛰어오더군요. 팔을 살짝 구부린 채로 말입니다. 그래서 손바닥을 부딪쳐 주었어요. 왠지 그래야 할 것 같았거든요."

가는 정이 있으면 오는 정도 있는 법. 그래서 베이커도 버크가 첫 홈런을 기록하자 보답의 의미로 한걸음에 달려 나와 하이파이브를 건넸다고 한다.

감정 그 이상
More Than a Feeling

다저스팀은 새로운 인사법을 즉각적으로 받아들였다. 하이파이브를 나눌 때 생기는 좋은 감정을 적극적으로 이용하려고 다저스팀 시그니처 세리머니로 만들었다. 브루클린 다저스와 LA 다저스 전담 캐스터로 활약한 빈 스컬리Vin Scully는 하이파이브를 이렇게 묘사했다. "선수들이 다저스팀의 트레이드마크인 하이파이브를 하고 있군요. 선수들은 이제 악수 대신 손을 높이 뻗어 손바닥을 맞대는 하이파이브를 나눕니다."

다저스 구단은 하이파이브 홍보물도 제작했다. 1980년 시즌에는 다저스 티셔츠에 하이파이브가 그려진 특별 로고를 넣었고, 1981년에는 그해 연감 표지에 하이파이브 그림을 삽입했다. 대외적으로는 선수들이 홈런을 쳤을 때, 수비를 잘했을 때, 팀이 우승했을 때 하이파이브를 한다고 홍보했다.

하이파이브는 전 세계로 퍼져 나갔다. 몇 년이 지나자 하이파이브를 모르는 사람이 없을 정도가 되었다. 기쁨을 표현하고 싶을 때, 친구나 동료들과 즐거운 기분을 나누고 싶을 때 사람들은 하이파이브를 했다. 유명인의 에이전트이자 버크의 오랜 친구인 압둘 잘릴 알 하킴은 하이파이브의 사회적 중요성을 다음과 같이 말했다.

하이파이브가 우리 사회에 미친 영향을 보세요. 버크와 베이커, 두 사람 간에 이루어진 행동이 어디까지 이어졌나요? 행복한 기분에 휩싸였을 때, 순간의 기쁨, 행복, 만족, 성취감으로 "어때? 나 잘했지?"라고 말하고 싶을 때 하이파이브로 그 기분을 표현합니다. 이제 하이파이브를 모르는 사람은 없어요. 어떤 의미인지 세상 사람들이 다 압니다. 그런 기분을 표현하고 싶을 때 누구라도 할 수 있는 게 하이파이브예요. 하이파이브가 세상을 어떻게 변화시켰는지 보세요. 이제 모든 사람이 공유하는 상징이 되었죠. 거기엔 덧붙일 말이 없어요. 이제 설명이 필요 없는 행위가 된 겁니다. 하이파이브는 영혼을 맞부딪히는 행위라고 할 수 있죠.

하나는 너무 외로운 숫자라네
One Is the Loneliest Number

버크는 기쁨을 표현하는 독특한 방식을 개발한 사람이라고 하기에는 그 이후의 삶이 너무 슬프다. 1977년 10월 2일 기록한 홈런은 LA 다저스에서 달성한 첫 번째 홈런이자 마지막 홈런이 되었다. 1978년 5월 17일 버크는 다저스 구단의 결정으로 또 다른 외야수인 빌 노스와 트레이드되어 갑작스럽게 오클랜드 애슬레틱스로 보내졌다.

버크는 1977년 98승 64패를 기록한 내셔널리그 1위 팀에서 같은 해 63승 98패를 기록한 아메리칸리그 꼴찌 팀으로 한순간에 밀려났다. 그 결정으로 고등학교 때까지 농구 선수로 활약했던 고향으로 돌아갈 수 있게 되었지만, 일류 메이저리그 선수가 되겠다던 그의 간절한 꿈은 산산조각이 났다. 다저스 동료 선수들 사이에서 팀의 활력소로 불릴 만큼 인기도 좋았는데, 다저스 구단은 버크를 왜 그렇게 잔인하게 내쳤을까?

다저스 구단은 메이저리그의 오랜 금기를 깨고 최초로 흑인 선수 재키 로빈슨Jackie Robinson을 영입한 것으로 유명하다. 브루클린 다저스의 단장이던 브랜치 리키Branch Rickey는 1945년 마이너리그 선수로 로빈슨과 계약을 체결한 후 2년 만에 메이저리그로 올려보냈다. 야구계의 혁신가로 불린 리키 단장은 "다른 분야는 몰라도 적어도 야구에서만큼은 인종 차별을 없애겠다."라고 했을 정도로 흑인 선수 영입에 적극적인 태도를 보였다. 당시 다저스의 감독 레오 두로서Leo Durocher도 흑인 선수 영입을 반대하는 사람들에게 "피부색이 노랗든 까맣든, 얼룩

말처럼 줄무늬가 있든 그런 건 상관없다. 내가 감독인 이상 로빈슨이 필요하면 쓰겠다."라고 응수한 것으로 유명하다.

그러나 그로부터 30년이 지나 버크의 동성애 성향이 밝혀졌을 때 다저스 구단에서 버크를 지지해 준 사람은 아무도 없었다. 버크가 다저스에서 쫓겨난 데는 토미 라소다Tommy Lasorda 다저스 감독의 아들 문제도 영향을 미쳤을 것이다. 라소다의 아들 스펑키 라소다 역시 동성애자로 알려져 있었고, 에이즈 합병증으로 1991년 32세의 나이로 세상을 떠났다. 아들의 성향을 인정하지 않았던 라소다 감독에게는 버크를 애슬레틱스로 보내는 조치가 두 사람의 관계가 더 발전하지 못하게 막는 방법이었을 것이다.

오클랜드에서도 버크의 야구 인생은 녹록지 않았다. 잦은 부상과 동성애를 혐오하는 빌리 마틴Billy Martin 감독의 부당한 대우가 그를 내내 괴롭혔다. (Frey, 1994) 버크는 당시의 심정을 이렇게 표현했다.

편견이 이겼다. 다저스는 날 쫓아냈고 모든 선수가 이유를 알았다. 빌리 마틴 감독은 나를 원하지 않았다. 아무도 나와 계약하려 하지 않았다. 모두가 내게서 등을 돌렸다. 게이가 야구 선수를 한다고? 그런 일은 일어날 수 없다. 절대로!

버크의 불행한 삶은 에릭 서먼Erik Sherman과 공동 집필한 그의 자서전 《홈 밖에서Out at Home》에 더 자세히 묘사되어 있다. (Burke & Sherman, 1995) 버크는 사람들이 그 책을 읽을 용기를 냈으면 좋겠다고 말한다. "돈 때문이 아니다. 이 책이 세상에 나올 때쯤엔 내가 없을지도 모른다. 어차피 나는 그 돈을 보지 못할 것이다." 그의 말은 안타깝게 예언이 되고 말았다. 버크는 책이 출판되기 직전인 1995년 5월 30일 에이즈 합병증으로 사망했다.

✵   **여전히 너야**   ✶

Still the One

어떤 일의 최초를 밝히는 작업은 논쟁의 대상이 되곤 한다. 하이파이브도 마찬가지다. 하이파이브의 기원에 관해서도 많은 이야기가 있다. (Banks, 2016; Crockett, 2014; Mooallem, 2011). 고대 시대로 거슬러 올라가면 이집트의 기자 피라미드 벽화에는 두 사람이 서로 마주 보고 손을 들고 있는 그림이 있다. 1960년 프랑스 뉴웨이브 영화인 〈네 멋대로 해라 Breathless〉에는 두 사람이 손바닥을 부딪치는 장면이 짧게 등장한다. 재즈 연주자들 사이에서 한때 유행했던 'Give some skin'이나 'Low five' 같은 표현들도 하이파이브처럼 손바닥을 맞부딪치는 동작을 의미한다. 1977년 다저스 스타디움 대회가 있고 나서 몇 년 후에 대학 농구팀에서 처음 하이파이브를 시작했다는 이야기도 있다.

　하지만 확실한 증거를 바탕으로 일관성 있고 설득력 있게 하이파이브의 유래를 설명하는 사례는 글렌 버크와 더스티 베이커의 일화다. 따라서 버크가 하이파이브를 시작했다는 것이 거의 정설로 받아들여지고 있다.

누구도 내게서 그걸 뺏을 순 없어
They Can't Take That Away from Me

2011년 〈ESPN더매거진ESPN The Magazine〉의 기사 마지막에 오래전 은퇴한 버크의 인터뷰 내용이 소개되어 있다. 버크는 그 기사에서 하이파이브에 관한 생각을 이렇게 밝혔다.

"누군가에게 하이파이브를 건넸을 때 어떤 기분이 드는지 떠올려 보세요. 누구보다 먼저 그 기분을 느낀 사람이 저였습니다." (Mooallem, 2011)

하이파이브를 시작한 사람이 버크가 아니라고 주장하는 사람들도 있겠지만, 나는 앞으로도 그렇게 주장할 것이다. 그리고 많은 시련에도 꿋꿋이 신념을 지킨 그의 모습을 생각하며 용기를 낼 것이다. 누구도 그에게서 그 신념을 빼앗을 순 없다. 절대!

2장

---✶---

의학 관련 이야기

MEDICINE

여섯 번째 이야기.

수백만 명의 아기를 살린 아프가 점수

출산 직후 아기들의 건강을 진단하는 간단한 검사가 수많은 아기의 목숨을 구했다는 것은 의심의 여지가 없다. 버지니아 아프가가 점수 평가 방식을 떠올린 것은 놀라운 일이다.

- 2018년 컬럼비아대학교 마취학 의학박사 리처드 스마일리Richard M. Smiley

위 찬사는 컬럼비아대학Columbia University 메디컬센터 마취과 의학박사이자 뉴욕 프레스비테리안 컬럼비아대학 메디컬센터 산과 마취과장을 지낸 버지니아 아프가Virginia Apgar를 두고 한 말이다. 아프가 박사의 이름을 들어보지 못한 사람들도 많겠지만, 1953년 이후 출생자들은 태어난 직후 각각 1분과 5분에 그녀가 개발한 테스트를 받았을 확률이 거의 100퍼센트이다.

테스트를 통과한 사람들은 아프가 박사가 역사적으로 의학계에 얼마나 큰 공헌을 했는지 중요하지 않을 수 있다. 하지만 테스트를 통과하지 못한 사람들, 정확히 말해서 테스트에서 점수가 낮았던 사람들은 아프가가 개발한 테스트 덕분에 목숨을 건졌다고 할 수 있다.

스마일리에 따르면 아프가 점수 체계가 나오기 전에는 청색증이 있거나 호흡이 불규칙하고 약한 신생아들은 '사산아'로 분류되었다. 그리고 사산아로 분류되면 살 가능성이 없다고 판단되어 별다른 치료나 소생술을 시도하지 않고 죽게 내버려 두었다. 나의 삼촌도 그래서 죽었을 확률이 높다. 스마일리는 "아프가 점수가 나오기 전에는 아기가 태어나면 받아서 씻기는 일이 전부였다. 산소호흡기를 달거나 체온 유지만 했어도 수많은 아기가 살았을 것이다."라고 말한다. (Smiley, 2018)

아프가 점수는 신생아의 건강 상태를 평가하는 방법으로, 현재 전 세계에서 이용되고 있다. 한 의사의 말처럼 "현대식 병원에서 태어나는 아기들은 세계 어디서나 버지니아 아프가의 시각으로 첫 검사를 받는다." (Yount, 2008)

아프가는 1950년대 초 컬럼비아 의과대학 마취학 교수이자 뉴욕 프레스비테리안 병원 산과 마취과장으로 있을 당시 신생아의 건강 상태를 평가하는 점수 체계를 개발했다. 아프가 점수는 의료진이 산모뿐 아니라 태어난 아기에게도 관심을 두게 하여 출산 과정을 크게 개선했다는 평가를 받는다.

✧ 아프가 점수 체계가 도입되다 ✧

버지니아 아프가는 1953년 아프가 점수 체계를 소개하는 논문을 발표했다(이 논문은 2015년에 국제 마취학회 학술지인 〈마취와 진통Anesthesia & Analgesia〉 특집호에 다시 게재되었다). 아프가는 논문 서두에서 '산모를 위한 진통 완화와 갓 태어난 아기들을 위하여 소생술처럼 산과 진료 결과를 논의하고 비교하는 근거로 사용할 수 있는 쉽고 명확한, 혹은 점수화하는 방식을 수립하기 위해' 아프가 점수를 개발했다고 밝혔다. (Apgar 2015) 당시에는 의사들이 신생아의 건강 상태를 판별할 만한 명확한 기준이나 체계가 없었다. 아프가는 다음과 같은 방식으로 신생아의 건강 상태를 판별하는 점수 체계를 만들었다.

출생 시 아기의 건강 상태와 관련되는 모든 객관적 징후를 조사해 리스트로 작성했다. 그중 아기를 돌보는 데 지장을 주지 않고 쉽게 판단할 수 있는 다섯 가지 징후를 선정했다. 그 징후의 존재 여부에 따라 각각의 징후에 0점에서 2점까지 점수를 매겼다. 10점은 아기의 상태가 가장 좋다는 의미다. 다섯 가지 객관적인 징후를 판단하는 가장 실용적이고 유용한 시간대는 출생 후 1분이다.

아프가의 논문은 점수 체계를 자세히 설명할 뿐 아니라 타당성과 유용성을 입증하는 광범위한 경험적 증거를 제공했다는 점에서 매우 과학적이다. 특히 분만 형태와 산모의 마취 방법은 아프가 점수의 장점을 입증하는 두 가지 중요한 요소였다. 예를 들어 자연 분만으로 태어난 아기들은 둔위 분만이나 제왕절개로 태어난 아기들보다 점수가 높았고, 산모가 전신 마취를 했을 때보다 척추 마취를 하고 태어났을 때 점수가 더 높았다. 아프가는 다음과 같이 명료한 결론으로 논문을 마무리했다.

지금까지 출생 1분 후 아기들의 건강 상태를 평가하는 실제적인 방법을 소개했다. 혈색, 맥박, 호흡, 근긴장도, 자극에 대한 반응이 각각 2점으로 총 10점이 되면 가장 좋은 상태다. 그 외 다양한 응용법이 제시되어 있다.

✵ 아프가 점수 체계가 나오게 된 배경 ✵

일반적으로 학술 문헌은 그 연구가 나오게 된 뒷배경은 언급하지 않는다. 그래서 그 배경을 밝히는 작업은 주로 역사가들의 몫이 된다.

아프가 점수의 흥미로운 탄생 배경이 알려진 것은 셀마 해리슨 캄메스Selma Harrison Calmes의 연구 덕분이다. 캄메스 자신도 아프가의 조언을 따라 마취학을 전공한 의사였다. 지금은 은퇴했지만, 현역 시절 훌륭한 의사였을 뿐 아니라 버지니아 아프가를 포함해서 마취학 분야에서 뛰어난 업적을 남긴 여성 의사에 관해 여러 편의 전기를 집필했다. 1982년에는 로데릭 캘벌리Roderick Calverley와 마취역사협회를 공동 설립했다.

본론으로 돌아가서, 1950년대 초 아프가는 컬럼비아대학에서 의대생들에게 마취학을 지도했다. 아프가는 산과 마취학 중에서도 연구가 소홀했던 분야에 특히 관심이 많았다. 역사적으로 산과 마취학은 출산 과정 및 출산 전후의 산모들에게만 의료 지원을 집중했다. 산모에게 이루어지는 다양한 형태의 마취가 아기들에게 어떤 영향을 미치는지가 중요한 문제로 대두되고 있었지만, 체계적인 연구는 이루어지지 않았다.

어느 날 병원 식당에서 아프가의 수업을 듣는 학생들이 산모뿐 아니라 아기의 상태도 평가할 필요가 있다고 말했다. 그 말을 옆자리에서 우연히 들은 아프가는 학생들의 말이 일리 있다고 생각했다.

'그건 쉬운데…' 속으로 그렇게 말한 아프가는 옆에 있던 빈 종이를 가져와 5점으로 점수를 매기는 방식을 써 내려갔다. 그리고 그 방법이 맞는지 확인해 보기 위해 분만실로 달려갔다. (Calmes, 2015)

아프가는 그 작업을 확인하기 위해 말 그대로 정말로 많은 공을 들였다. 연구 간호사인 리타 루안과 함께 슬론 여성 병원에서 7개월 넘게 2096명의 아기를 관찰하며 점수 체계를 시험하고 다듬었다. 그중 1021명의 결과를 1952년 버지니아 비치에서 열린 국제마취학회 회의에서 발표하고 1953년 논문에 수록했다(아프가 점수 사용 방식은 소아마비 퇴치를 위한 자선 단체인 '마치 오브 다임스March of Dimes'의 1959년 문서 참조).

캄메스에 따르면 아프가 점수 체계는 초기에 몇 가지 문제점과 한계가 있었다. 그중 하나는 누가 점수를 매길지에 관한 문제였다. 아프가는 아기를 출산한 당사자는 무의식적으로 아기의 상태를 과대평가해서 점수가 부풀려질 수 있다고 생각했다. 때문에 편견 없이 아기의 상태를 관찰할 수 있는 사람이 점수를 매겨야 한다고 판단했다. 오늘날에는 산과 전문의와 간호사, 산파, 응급구조사 등 다양한 의료 전문가가 아프가 점수를 평가하기 위해 체계적인 훈련을 받는다.

원래 아프가는 응급 치료가 필요한 아기들을 신속하게 확인하기 위해 출생 1분 후에 테스트를 시행하게 정했다. 그러나 일부 의료진은 필요한 경우 조금 더 충분한 시간을 두고 소생술의 시행 여부를 판단할 필요가 있다고 생각해 5분 후에 테스트를 시행했다. 몇 년 후 1분과 5분 후에 각각 점수를 기록하는 것이 표준 절차가 되었다.

마지막으로 미구엘 콜론-모랄레스Miguel A. Colon-Morales라는 푸에르토리코 출신의 마취과 전문의가 아기 출생 후 1분과 5분에 울리도록 맞춰진 타이머와 점수 기록지가 부착된 클립보드를 개발해 점수 기록의 타이밍과 정확도가 크게 표준화되었다. (Colon-Morales, 1971)

아프가 점수가 널리 이용된 데는 아프가 점수의 이름과도 관련이 있다. '아프가(APGAR)'는 아프가 점수 체계를 개발한 사람의 이름도 되지만, 다섯 가지 평가 기준인 '피부색Appearance', '맥박Pulse', '반사 기능Grimace', '활동성Activity', '호흡Respiration'의 알파벳 첫 글자를 딴 약어이기도 하다. 이 이름은 평가 항목을 쉽게 기억하기 위한 장치로 1962년 처음 도입되었다. 실제로 아프가는 아프가라는 이름이 목적에 맞게 지어진 것도 좋았지만 '아프가'가 개발자의 이름이었다는 사실을 알고 놀라워하는 학생들을 볼 때마다 즐거워했다고 전해진다.

아프가라는 이름과 관련해 또 한 가지 재밌는 사실은 아프가의 1953년 논문 편집을 담당한 하워드 디트릭Howard Dietrich이 아프가 점수 체계를 쉽게 기억할 수 있는 이름이 필요하다고 생각했다는 것이다. 디트릭은 아프가의 논문에 열렬한 반응을 보였지만 "이 방식은 기억하기 쉬운 이름이 필요하다. 만약 그런 이름이 나온다면, 좋은 반응이 기대된다."라는 말을 남겼다. (Wong & Shafer, 2015) 디트릭의 바람은 그대로 이루어졌다. 비록 이름은 알려지지 않지만, 아프가의 논문이 나오고 10년 뒤 '아프가 점수'라는 이름이 지어졌다.

선구자다운 삶을 산 버지니아 아프가

"아프가의 인생 이야기는 역사가 삶을 어떻게 형성할 수 있는지 보여준다." (Calmes, 2015) 캄메스는 이 문장을 시작으로 아프가의 연구가 의학사에 미친 깊은 영향과 아프가의 독특한 삶에 영향을 준 요인들을 밝히고 있다.

버지니아 아프가는 1909년 7월 7일 뉴저지주 웨스트필드에서 삼남매 중 막내로 태어났다. 어머니 헬렌은 감리교 목사의 딸이었고, 아버지 찰스는 보험 회사 임원으로 일했다. 취미로 천문학을 연구하고 발명품도 만들었다. 덕분에 버지니아는 지하실에 마련된 간이 실험실에서 아버지의 일을 자주 도왔다. 아프가의 가족은 모든 일에 의욕적이고 음악에 관심이 많았다. 아프가는 어릴 때 배운 바이올린과 첼로를 성인이 되고도 꾸준히 즐겼다. 다른 취미도 많았지만, 특히 우표 수집과 운동을 좋아했다.

아프가는 웨스트필드 고등학교에 다니던 시절 특히 과학 성적이 우수했다. 하지만 유독 가정학을 어려워해 그녀의 친구들은 다른 건 몰라도 아프가가 요리는 잘하지 못할 거라고 놀리듯 말하기도 했다. 1925년 대학 진학을 앞두고 진로를 고민하던 아프가는 의학 분야를 선택하기로 마음을 정했다. 큰오빠가 결핵으로 일찍 세상을 떠났고, 작은오빠는 어릴 때부터 만성 질환을 앓았던 개인적인 이유가 영향을 미쳤을 것이다.

아프가는 같은 해 매사추세츠주 사우스 해들리에 있는 마운트 홀리오크 콜리지Mount Holyoke College라는 명문 여대에 입학했다. 집안 형

편이 좋지 않아 장학금과 시간제 일로 학비를 충당했다. 전공으로 동물학, 부전공으로 생리학과 화학을 공부했다.

사람들의 말을 종합해보면 그녀는 학업 능력도 뛰어났지만 대학에서 할 수 있는 모든 경험을 최대한 적극적으로 이용했다. 부모님에게 보낸 편지에서 "숨 쉴 틈도 없이 즐겁게 잘 지내고 있어요."라고 할 정도로 바쁘게 지냈다. (The Life and Legacy of Virginia Apgar '29, 2014). 미국 국립 의학도서관에 실린 그녀의 전기를 보면 빠른 말투와 멈추지 않는 에너지는 대학 시절 그녀의 트레이드마크였다.

> 아프가는 일곱 개의 운동부에 소속되어 있었고 학보사 기자로 활동했다. 연극부에서 활동했으며 오케스트라에서 바이올린도 연주했다. 그 모든 활동에 참여하면서 학업 역량도 뛰어났다. 4학년 때 동물학 교수이자 지도 교수였던 크리스티아나 스미스 교수는 "아프가만큼 자신의 전공에 깊이 몰두하고 폭넓은 지식을 갖춘 학생은 보기 드물다."라고 평가했다. (Virginia Apgar. Biographical Overview, n.d.).

아프가는 마운트 홀리오크 콜리지를 졸업한 후 1929년 10월 월스트리트 대폭락이 벌어지기 한 달 전 컬럼비아 의과대학원에 입학했다. 총 90명의 입학생 중 여학생은 그녀를 포함해 9명이 전부였다. 아프가는 계속되는 경제적 위기를 버텨내며 4년 뒤 의학박사 학위를 받았다. 졸업생 중 4등으로 졸업했고 알파 오메가 알파 의학 명예협회 회원이 되었다. (Changing the Face of Medicine. Dr. Virginia Apgar, n.d.)

아프가는 1933년부터 프레스비테리안 병원(현 뉴욕 프레스비테리안 컬럼비아대학 메디컬센터)에서 그녀가 가고 싶었던 외과 전공으로 인턴 생활을 시작했다. 그런데 의사로서 순조롭게 경력을 쌓아가던 중 예상치 못한 시련을 만났다. 제일 큰 두 가지 문제는 대공황으로 인한 경제적 위기와 의학계의 성차별 문제였다.

인턴 1년 차가 끝나기 전 그녀의 지도 교수였던 앨런 휘플Allen O. Whipple은 여성의 몸으로 외과를 선택하는 것은 직업적으로나 경제적으로 불리할 수밖에 없으니 전공을 바꾸는 게 좋겠다고 조언했다. 당시에는 마취 교육을 주로 간호사나 내과에서 담당했다. 휘플은 앞으로 외과가 더 성장하려면 마취법이 더 혁신하고 발전해야 한다고 생각했고, 아프가에게 마취 분야의 발전에 도움이 될 만한 행동력과 이해력이 있다고 판단했다.

아프가는 휘플의 조언을 따르기로 했다. 하지만 마취학이 전문분야로 인식되지 않던 상황이라 1935년 외과 인턴십을 마친 후 갈 수 있는 적당한 교육 프로그램을 찾기가 어려웠다. 그래서 1년간 프레스비테리안 병원에서 간호사를 대상으로 하는 마취 교육을 받았다.

그 후 위스콘신대학 매디슨캠퍼스 마취과의 랄프 워터스Ralph M. Waters 박사 밑에서 6개월간 방문 학생 자격으로 마취학을 더 공부했다. 워터스는 미국에서 최초로 마취과를 설립한 공로와 더불어 마취학 교육의 선구자로 인정된다. 그곳에서 받은 훈련 과정은 유익했지만, 호의적인 환경이었다고는 할 수 없다. 아프가는 여의사들이 흔히 겪는 문제들에 직면했다. 여자 인턴생들이 지낼 거처가 마땅치 않아 2주 동안 워터스의 연구실에서 지냈고, 그 후로는 가정부 숙소에서 지냈다. 부서 행사로 열린 저녁 정찬 모임에 남자들만 참가할 수 있다는 사실을

알고 분개하기도 했다. (Calmes, 2015)

위스콘신에서 6개월간의 짧은 수련 생활을 마친 아프가는 뉴욕 벨뷰 병원의 에머리 로벤스틴Emery A. Rovenstine 박사 밑에서 다시 6개월간 교육을 받았다. 로벤스틴은 워터스와 함께 수학한 사이였는데, 벨뷰 병원 최초로 마취학 교육 과정을 설립한 것으로 유명하다.

아프가는 1938년 프레스비테리안 병원으로 복귀해 외과 부서 안에 설립된 마취과 과장이 되었다. 비록 독립된 과는 아니지만 프레스비테리안 병원 최초로 여성이 과장이 된 사례여서 매우 획기적인 인사였다. 아프가는 마취과의 관리자로서 레지던트와 의사 모집 및 훈련, 마취 지원과 연구, 의대생 교육 등의 다양한 책임을 맡았다. 11년 동안 마취과 발전에 많은 성과를 이루어 냈지만, 당시에는 여자 관리자 밑에서 일할 남자 레지던트를 뽑는 일이 쉽지 않았다.

결국, 1949년 아프가와 같이 로벤스틴 밑에서 수학했던 엠마뉴엘 M. 패퍼가 아프가를 대신해 마취과 교수로 임용되어 과장을 맡았고, 1952년부터 독립된 마취과의 과장이 되었다. 캄메스는 로벤스틴의 결정이 아프가에게 갑작스럽고 실망스러웠을 것이라고 말한다. 하지만 어떻게 보면 그 결정으로 그녀의 삶은 '전환점'을 맞았다.

그 후 아프가는 컬럼비아 의과대학 최초로 여성 정교수의 자리에 올랐다. 이를 계기로 1년간 안식년을 보낸 후 전공을 산과 마취로 전향했다. 이때부터 진료와 연구는 대부분 부속 병원인 슬론 여성 병원에서 이루어졌다. 아프가는 산모들이 분만할 때 받는 마취가 신생아에게 어떤 영향을 미치는지 집중적으로 연구하기 시작했고, 아프가 점수라는 체계적인 시스템이 나오는 토대를 마련했다.

아프가는 1950년대에 아프가 점수 체계에 관한 연구를 수행하느라 1만 7천 건에 달하는 분만에 참여했다. 그 과정에서 선천성 기형아로 태어나는 안타까운 사례들을 많이 목격했다. 그러면서 자연스럽게 자신이 개발한 점수 체계와 기형아 출산의 관련성을 들여다보기 시작했다. 통계적 방법으로 그 관련성을 더 깊이 들여다보기 위해 1958년 안식년 휴가를 내고 존스 홉킨스 공중보건대학의 공중 보건 석사 과정을 등록하고 1년 만에 학위를 땄다.

원래는 석사 과정을 마친 후 컬럼비아 의과대학의 정교수로 복귀할 예정이었지만, 뜻밖의 기회가 찾아왔다. 오늘날 '마치 오브 다임스'의 전신인 미국 소아마비 재단이 아프가에게 소아마비 외에 다른 어린이 장애를 포함하는 프로젝트를 진행하면서 조산의 부정적인 영향을 연구하기 위해 신설된 선천성 기형 부서를 맡아 달라고 요청한 것이다. 아프가는 흔쾌히 제안을 받아들였다. 그리고 특유의 실천력과 넘치는 에너지로 전국을 돌며 다양한 청중들을 상대로 설득력 있는 연설을 전달해 재단의 기금 확보에 큰 도움을 주었다. 1967년에서 1968년까지 기초 의학 연구 부서 이사를 역임했고, 1971년에서 1974년까지 의학부 부회장을 역임했다.

아프가는 마치 오브 다임스에 재임하는 동안 다른 분야에서도 적극적으로 역량을 발휘했다. 1965년부터 1971년까지 뉴욕시 코넬 의과대학에서 소아과 강사로, 1971년에서 1974년까지 임상 교수를 역임하며 기형학이라는 새로운 분야를 가르쳤다. 1973년에는 존스 홉킨스 공중보건대학에서 의학 유전학을 가르쳤다.

아프가는 의학계에 기여한 공로로 많은 상을 받았다. 미국 국립 의학도서관 자료에 따르면 1964년 펜실베이니아 여성 의대와 1965년 마운트 홀리오크 콜리지에서 명예박사 학위를 받았고, 1966년 미국 여성 의학 협회에서 엘리자베스 블렉웰 상, 1966년 미국 마취학회에서 공로상, 1973년 컬럼비아 의과대학에서 공로 부문 동문 금메달을 받았다. 1973년에는 미국 마취학회에서 아프가에게 특히 개인적으로 중요한 의미가 있는 랄프 워터스 상을 받았다. 1973년에는 미국에서 가장 오래된 여성 잡지인 〈레이디스 홈 저널Ladies' Home Journal〉이 선정한 과학 부문 올해의 여성으로 뽑혔다.

아프가는 헌신적인 의학자이자 과학자의 삶을 보여준 좋은 본보기였다. 주어진 기회를 놓치지 않고 수많은 장애와 시련을 극복했으며, 그 과정에서 신생아학이라는 새로운 분야를 개척하고 여러 의학 분야에서 유례없는 업적을 이루어 냈다. 무엇보다 아프가는 몸소 본보기가 되어 성 평등이라는 대의에도 크게 기여했다. 개인적으로는 성차별에 불만을 표하면서, 공적으로는 "여성은 자궁을 떠날 때부터 해방된다."라는 말을 남겼다.

모든 것을 빨리빨리 해내는 스타일로 유명했던 아프가의 삶은 말년에 생긴 간 질환으로 속도가 조금씩 느려졌다. 그래도 마지막까지 일을 쉬지 않았다. 1974년 8월 7일 버지니아 아프가는 의사이자 연구자로서 거의 일생을 보낸 컬럼비아 프레스비테리안 메디컬센터에서 65세의 나이로 세상을 떠났다.

아프가를 향한 찬사는 사후에도 이어졌다. 1995년 미국 여성 명예의 전당에 이름을 올렸고, 1994년에는 위대한 미국인 시리즈 기념우표에 얼굴이 실리는 영광을 안았다. 20센트짜리 우표에는 '의사-버지니아 아프가'라는 문구와 함께 그녀의 초상화가 담겨 있다. 그녀가 살아있었다면 우표 수집가의 한 사람으로서 누구보다 기뻐했을 것이다.

아프가의 기념우표 발행일 봉투에는 "신생아를 위한 아프가 점수 창조", "의사 아프가 신생아들에 대한 즉각적인 관심을 강조하다."라는 글도 적혀있다. 버지니아 아프가의 인생과 업적을 담기에는 두 문장으로는 많이 부족한 듯하다. 그래서 마지막 말은 아프가의 전기작가인 셀마 캄메스의 평가로 대신한다.

아프가의 삶은 의학계 여성들의 역사적 상황, 1900년대 초 경제적 상황, 마취학의 역사, 소아마비 연구의 역사를 바탕으로 형성되었다. 버지니아 아프가는 미국 의학계에 영원히 기억될 독특한 캐릭터였다. 그녀가 보여준 생명을 향한 열정, 사람을 향한 열정, 마취학을 향한 열정, 신생아를 향한 열정, 연구를 향한 열정, 음악을 향한 열정은 그녀가 만난 모든 사람에게 지울 수 없는 기억을 남겼다. 우리에게는 신생아를 위한 아프가 점수라는 영원한 평가 도구를 남겨주었다. 아프가 점수는 신생아를 돌보는 다양한 전문분야의 공통어로 통한다. 신생아 치료와 산모 마취 분야에 커다란 발전을 가져왔으며, 마취학, 모자 보건, 신생아 건강 연구에 전념하는 연구자들을 위한 위대한 업적을 남겼다.

2400년을 거슬러 재발견된 치료법, 폰세티 방식

내반족 혹은 클럽풋clubfoot이라는 질환은 발목이 굽어 안쪽으로 꺾인 선천성 장애를 말한다. 일반적으로 다른 변형을 동반하지 않는 독립된 장애다. 내반족이 있는 아이들은 다리 근육과 연결되는 뒤꿈치 힘줄이 짧으며, 아킬레스건이 지나치게 수축해 있다. 신생아 1000명 중 한 명 꼴로 발생하고, 남자가 여자보다 두 배 이상 많이 발생한다. 선천성 내반족의 절반은 양쪽 발에 나타난다. 정확히 원인은 아직 밝혀지지 않았지만, 유전적 요인이 중요한 역할은 한다고 알려져 있다. 산모의 나이, 흡연, 임신 중 약물 복용, 당뇨 등이 원인이 될 수 있다.

내반족은 치료 없이 저절로 좋아지지 않는다. 아이가 자라면서 발목이나 발 날로 걸어 심각한 보행 장애가 올 수 있고, 피부 조직이 단단하게 굳는 피부 경결과 관절염 같은 합병증이 나타날 수 있다.

유명인 중에도 내반족을 지닌 사람들이 있다. 역사적 인물로는 로마 황제 클라우디우스, 영국 낭만파 시인 조지 고든 바이런, 노예제를 반대한 19세기 미국 정치가 새디어스 스티븐스에게 내반족이 있었다고 알려진다. 운동선수 중에는 여자 축구계의 전설 미아 햄, 슈퍼볼 우승을 이루어 낸 미식축구 선수 찰스 우드슨, 여자 피겨 스케이팅 세계 챔피언 크리스티 야마구치가 어릴 때 내반족을 앓았다. 물론 내반족을 앓고도 세계적인 운동선수가 될 정도가 되려면 효과적인 치료가 제때 이루어져야 한다.

내반족 치료의 역사는 현대 의학의 아버지로 불리는 고대 그리스의 히포크라테스Hippocrates(기원전 460-기원전 377) 시대로 거슬러 올라간다. (Dobbs 외, 2000 & Sanzarello 외, 2017) 히포크라테스는 종교나 주술에 의지하던 기존 치료 방식과 달리 정확한 검사와 합리적 추론을 토대로 환자들을 치료해 오늘날 행해지는 임상 의학의 기본을 확립했다고 할 수 있다. (Yapijakis, 2009) 환자의 증상을 체계적으로 검사하고, 논리적 근거를 토대로 진단을 내렸고, 그에 따른 세심한 치료법을 제시했다. 내반족의 치료법 역시 그런 경험적 접근을 바탕으로 이루어졌다. 그리고 2400년이 흘러 최근에 와서야 이그나시오 폰세티Ignacio Ponseti 박사에 의해 더 정교하게 부활했다.

히포크라테스는 2300년 전에 어떻게 내반족을 치료했을까? 히포크라테스는 손으로 발을 꾸준히 마사지해서 발의 모양을 잡아준 후 붕대로 단단히 고정하는 교정술을 이용했다. 교정술은 최대한 어릴 때 시작하는 것이 좋고, 천천히 부드럽게 수행해서 성장하는 아이의 뼈와 근육에 너무 부담이 가지 않도록 했다. 재발을 방지하기 위해 과잉 교정을 권고했고 치료가 끝난 후에는 발 모양을 잡아주는 특수한 신발(데니스 브라운 보조기)을 신겼다.

내반족 치료의 출발은 이렇게 순조로웠다. 하지만 그 후의 치료법들은 히포크라테스의 혁신적인 전례를 따라가지 못했다. 이후 몇 세기 동안 내반족을 치료하는 다양한 교정술과 보조기가 개발되었다. 공기 압박대와 보조기 같은 여러 기계적 장치가 뼈와 근육의 위치를 비트는 데 사용되었지만 이런 강제적인 치료법은 별로 도움이 되지 않았고, 때로는 득보다 실이 많았다.

다음으로 나온 치료법은 수술이다. 하지만 그동안 시도된 다양한 외과술은 대체로 좋은 효과를 거두지 못했다. 매년 내반족을 가지고 태어나는 20만 명의 아기들은 폰세티 방식이 개발되기 전까지 좋은 예후를 얻지 못했다. 그렇다면 폰세티 방식은 무엇이고 이 혁명적인 치료법은 어떻게 나오게 되었을까?

이그나시오 폰세티는 1914년 6월 3일 스페인 동해안 지중해 메노르카섬의 작은 마을인 시우타델라에서 태어났다. (Luttikhuizen, 2011) 폰세티의 아버지는 뛰어난 시계 기술자였지만 사업 수단은 그다지 뛰어나지 못했다. 아버지의 사업 실패로 폰세티는 어린 시절 여러 지역을 옮겨 살았다. 처음 두 번의 이사는 메노르카섬보다 큰 마요르카섬에 있는 마을이었고, 마지막은 스페인 본토에 있는 바르셀로나였다. 어릴 때부터 아버지 밑에서 시계 수리에 필요한 복잡한 기술들을 익혔다. 태엽, 평형 바퀴, 유사, 탈진기, 톱니바퀴 열, 와인딩 스템, 다이얼 트레인 등의 부품을 손보며 자란 경험이 나중에 다른 분야에서 도움이 될 줄은 몰랐을 것이다.

폰세티는 바르셀로나대학University of Barcelona에 입학해 5년 동안 의학을 공부했다. 고등학교 때 성적이 높아 1931년 입학 당시 입학금을 면제받았다. 순수 학문을 이해하는 능력도 뛰어났지만, 생물학 시간에 동식물의 조직을 해부하고, 개구리의 뇌를 잘라서 염색하고 현미경으로 분석하는 법도 누구보다 능숙했다. 1906년 노벨 생리의학상 수상자이자 뇌과학의 아버지로 불리는 산티아고 라몬 이 카할Santiago Ramon y Cajal이 1887년에서 1892년까지 바르셀로나대학에서 학생들을 가르쳤는데, 나중에 폰세티가 정통하게 될 조직학적 방법은 이 시기 라몬이 발전시킨 것이다. 이때 쌓은 생물학적 지식은 이후 폰세티의 의학적 업적과 내반족을 포함한 골격 성장 장애 병리학 발전에 기여하는 토대가 되었다.

1936년 7월 17일 의과대학 졸업 시험을 치른 폰세티는 다음날 스페인 내전이 터지는 바람에 원래 세워 두었던 계획을 갑자기 변경해야 했다. 1938년부터 1939년까지 전투에서 다친 사람들을 돌보는 일을 하게 되었는데, 처음에는 스페인 병원에 있다가 나중에는 프랑스에 있는 병원으로 옮겼다. 그가 치료한 환자들은 항상 결과가 좋았다. 항생제가 나오기 전이었는데도 거의 감염으로 발전하지 않았다. 골절상은 견인 치료와 석고 붕대로 훌륭하게 치료했고, 노련한 기술이 필요한 신경 봉합, 힘줄 전이, 심지어 뇌 수술도 잘 해냈다.

스페인의 혼란스러운 상황이 계속되고 임박한 전쟁으로 프랑스에서도 더 체류하기 곤란해지자 폰세티는 다른 거주지를 찾아 나섰다. 다행히 멕시코 대통령 라사로 카르데나스Lázaro Cárdenas del Río가 모든 스페인 난민에게 시민권을 제공하겠다고 결정해, 1939년 7월 멕시코 베라크루스로 향하는 배에 올랐다. 그 후 멕시코시티에서 유명한 정형외과 의사인 후안 파릴Juan Farill을 만났는데, 알고 보니 그도 내반족을 앓은 적이 있었다. 하지만 폰세티는 멕시코시티에서 일자리를 찾을 수 없어 인구 5천의 작은 지방 도시인 후치테펙으로 이사했다. 가끔 멕시코시티를 방문하는 날에는 파릴의 스승인 아이오와대학의 아서 스타인들러Arthur Steindler 박사가 연구하는 정형외과학에 관심이 불타올랐다.

파릴의 추천서로 1941년 6월 1일 미국 아이오와에 도착한 폰세티는 스타인들러 밑에서 진료와 연구를 병행하며 경력을 쌓기 시작했다. 스타인들러는 첫 번째 프로젝트로 1920년대에 내반족 교정술을 받은 환자 24명을 추적해 경과를 확인하는 일을 폰세티에게 맡겼다. 확인 결과 환자들의 발이 뻣뻣하게 경직되거나 약해져 있었고, 통증도 심했다. 방사선 사진을 관찰했더니 뼈와 관절이 대부분 정상이 아니었다. 스타인들러는 수술 방법을 개선하면 더 좋은 결과를 얻을 수 있다고 생각했지만 폰세티의 생각은 달랐다.

폰세티의 아내 헬레나 페르카스-폰세티는 폰세티는 2007년 《아이오와에 경의를 표하며Homage to Iowa》(2007)라는 책에서 남편의 혁신적인 치료법이 나오게 된 과정을 밝혔다.

폰세티는 인대와 관절 주머니를 잘라 발뼈와 맞추는 내반족 수술은 아무리 새로운 방식이 나오고 수술 방식이 개선되어도 발의 경화 및 악화, 통증 유발 등의 심각한 손상을 남길 것으로 생각했다. 그래서 수술을 하지 않고 치료하는 안전한 방법을 찾아보기로 했다.

폰세티는 이런 목적에 따라 내반족의 병세와 생체역학을 이해하기 위해 내반족이 있는 유산된 태아의 조직 단면을 연구하고 사산아의 내반족을 해부학적으로 분석했다. 발목 관절의 기능적 구조에 대한 이해를 바탕으로 수축된 인대의 점진적 이완을 돕는 교정 방식을 고안했

2부 혁신적 행위의 기원을 밝히는 스물다섯 가지 사례

다. 1948년부터 이런 방식으로 아기들을 치료해서 1963년 〈골관절외과학회지〉에 후속 연구 결과를 발표했다.

폰세티의 교정술은 왜 효과가 좋았을까? 게다가 교정 상태를 어떻게 계속 유지할 수 있었을까? 폰세티의 아내는 그 질문을 예상한 듯 이렇게 답했다.

아기 발의 골격을 형성하는 초기 세포는 대부분 연골질로 되어 있어 매우 유연하므로 발의 기능적 구조에 따라 도수 조작을 했을 때 올바른 형태로 쉽게 변형될 수 있다. 관절 표면은 도수 조작 후에 적절한 모양으로 재형성된다. 교정 상태를 유지하기 위해 발가락에서 넓적다리 위까지 4~5일간 깁스를 했다. (그림 7.1 참조) 도수 조작과 깁스를 5~6회 반복하면 치료가 끝났다. 재발을 방지하기 위해 아기들은 막대로 양 끝이 연결된 보조기 신발을 3개월 동안 신었다. 이 보조기는 약 3~4년간 아기가 수면하는 시간에 신겨 놓았다. (Dolmanrg, 2008 사진 참고) 그 후로는 거의 재발이 일어나지 않았다. 이 치료는 내반족 아기의 발도 정상적인 아기의 발과 똑같이 발달한다는 것을 입증했다.

경이에 가까웠던 폰세티의 새로운 치료법은 당연히 박수를 받고 널리 전파되어야 했을 것이다. 하지만 처음에는 확실하지 않은 방법으로 치부되거나 완전히 무시당했다.

1900년대 초중반에 다른 의사들도 도수 치료를 시도해 본 적이 있지만 결과가 좋지 않았다. 왜였을까? 폰세티는 "다른 의사들은 뼈를 거

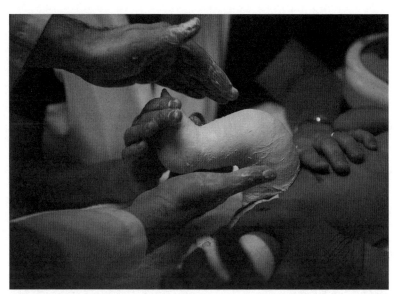

그림 7.1 호세 모르쿠엔데 박사가 아기의 오른발에 석고 붕대를 감는 모습

의 부러뜨려서 맞추려고 했기 때문이다."라고 말한다. 마이클 호크와 조셉 카이트 같은 의사들은 지나친 도수 조작이 아기의 발에 손상을 줄 수 있다는 것을 알았다. 그래서 더 조심스러운 방식으로 시도해 보았지만, 결과는 크게 만족스럽지 못했다.

폰세티는 다른 의사들이 도수 조작으로 좋은 결과를 보지 못하는 것은 간단히 말해서 관절이 움직이는 방식을 모르기 때문이라고 생각했다. 그들은 폰세티만큼 공들여 해부학을 연구하지 않았고, 폰세티만큼 수많은 시행착오를 거치며 도수 조작의 다양한 요소를 통제하지 못했다. 결정적으로 폰세티만큼 노련한 손재주가 없었다. 시계 기술자의 아들이었던 폰세티는 "손으로 뼈마디를 하나하나 느낄 수 있어야 해요. 어떤 의미에서 피아노 연주와도 같다고 할 수 있죠."라고 한다. (그

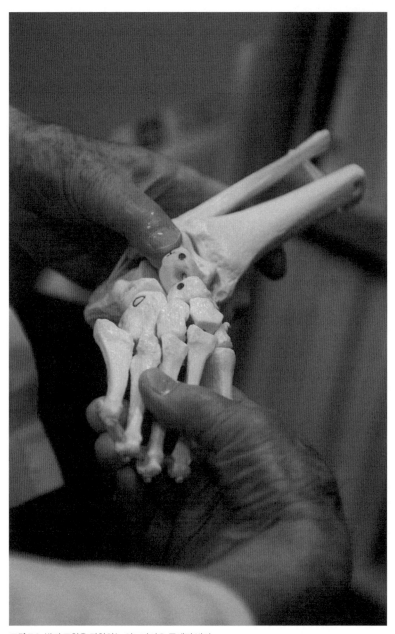

그림 7.2 발뼈 모형을 관찰하는 이그나시오 폰세티 박사

림 7.2 참조)

의사들의 보수적인 성향도 이유가 될 수 있다. 의사들은 기존 지식과 상충한다고 생각되는 혁신적인 아이디어에 대체로 회의적인 시각을 보인다. 따라서 폰세티로서는 의료계의 보수주의와 회의적인 시각을 극복하기 위해 더 광범위한 후속 연구의 필요성을 느꼈을 것이다.

폰세티는 이런 배경에 따라 아내의 권유와 도움으로 광범위한 후속 연구 결과를 모아 《선천성 내반족 치료의 원리Congenital Clubfoot: Fundamentals of Treatment》(1996)라는 책을 출간했다. 일부 의사들이 그 책을 보고 자극을 받아 폰세티의 치료 방식을 배우기 위해 아이오와로 왔다. 하지만 확고한 의료 기술로 입지를 다지기에는 여전히 한계가 있었다. 폰세티는 의료계의 현실에 실망한 나머지 "외과 의사들은 칼을 너무 좋아한다."라고 비꼬아 말하기도 했다.

하지만 이런 상황을 크게 변화시킨 중요한 요인이 등장했다. 바로 인터넷이다! 비수술적 방식으로 아이의 내반족을 치료하고 싶었던 부모들이 치료 성공담을 인터넷에 올리기 시작한 것이다. (Morcuende, Egbert & Ponseti, 2003)

1998년 아이오와 대학병원은 폰세티 방식을 이용한 내반족의 치료 정보를 홈페이지에 올렸다. 그로부터 얼마 후 환자 의뢰 형태에 큰 변화가 생겼다. 1998년 전에는 폰세티 클리닉을 방문하는 환자 수가 연평균 5명에 불과했고 그마저 대부분 아이오와 출신이었다. 그런데 2001년에는 이 숫자가 60명으로 급증했을 뿐 아니라 대부분 다른 주에서 찾아오는 사람들이었다. 게다가 환자의 75퍼센트가 환자 스스로 특정 전문의를 찾는 '자가 의뢰'였다. 폰세티 방식의 성공적인 치료 결과가 확실히 입소문을 탄 것이다.

사람들의 전폭적인 관심과 지지로 2006년 8월 미국소아과학회는 마침내 폰세티 방식을 가장 성공적인 비수술적 치료이자 비용 효율이 높은 내반족의 치료법으로 승인했고, 내반족 치료에 폰세티 방식을 이용하도록 전 세계에 권고했다. 그리고 미국 정형외과학회를 포함한 전 세계 50개 이상의 정형외과협회가 그 뒤를 따랐다. 아이오와대학의 폰세티국제협회는 2006년부터 내반족을 가지고 태어나는 전 세계 모든 아기가 폰세티 방식의 치료 효과를 볼 수 있도록 힘쓰고 있다. 그 일은 현재 폰세티의 후계자인 호세 모르쿠엔데가 맡고 있다.

폰세티 방식을 개발하는 것과 그 방식을 다른 사람에게 가르치는 것은 완전히 별개의 문제였다. 내반족을 교정하는 데 필요한 발목 관절의 복잡한 생체역학을 가르치는 것은 쉬운 일이 아니었다. 그래서 폰세티는 지역 공예가의 도움을 받아 내반족 모형을 제작했다. 몇 번의 수정 끝에 플라스틱으로 된 뼈와 고무로 인대를 본뜬 발 모형이 완성되었다. 이 모형은 교정 과정을 시연하는 데 매우 귀중한 자료로 쓰였다. 그 후 교정 단계별로 성공적인 결과를 예시하는 발 모형이 더 제작되었다.

폰세티 방식이라는 치료법이 나오게 된 과정은 놀라움의 연속이다. 지중해 서부의 작은 스페인 섬에서 태어난 폰세티는 전쟁으로 여러 나라를 전전하다가 우여곡절 끝에 미국 아이오와까지 오게 되었고, 풍부한 개인적, 의학적 경험을 토대로 2천 년 전 히포크라테스가 개발한 방식과 유사한 치료법으로 오늘날 내반족 치료의 표준을 정립했다.

그림 7.3 환자 발의 엑스레이 사진을 살펴보는 폰세티 박사

우리는 폰세티의 다양한 인생 경험이 어떻게 그런 훌륭한 결과로 이어졌는지 완벽하게 이해할 수 없지만 '통찰력'이나 '천재성' 덕분이 아닌 것만은 분명히 알 수 있다.

폰세티는 자신의 혁신적인 치료법이 나오게 된 과정을 직접 언급한 적이 있다. (Wilcox, 2003) 그는 사산한 태아의 발을 관찰하고 이렇게 설명했다. "만곡증 태아의 발은 임신 초기 몇 주 동안 정상적으로 자라다가 우리가 알지 못하는 어떤 이유로 비틀어진다. 현미경으로 인대를 관찰했더니 물결무늬인 것을 확인할 수 있었다. 그래서 인대에 손상을 주지 않고 부드럽게 늘릴 수 있다는 확신이 들었다." 폰세티는 히포크

2부 혁신적 행위의 기원을 밝히는 스물다섯 가지 사례

라테스의 아이디어에 착안해 인대를 늘리고 고정하는 과정을 반복하면 내반족을 더 효과적으로 치료할 수 있을 것이라고 예상했다. 그 후 다양한 기술을 시도하며 그 아이디어를 테스트했다.

말은 쉬워 보이지만 다른 의사들에게는 쉬운 과정이 아니었다. 내반족 치료 과정에서 가장 중요한 일은 아기 발의 조그만 뼈들을 정확한 위치에 맞추는 것이다. 그러기 위해서는 발의 해부학적 구조뿐만이 아니라 애초에 내반족이 어떻게 생기는지를 정확히 이해해야 한다. 폰세티는 그 방면에서 누구보다 지식이 풍부했다. "발이 원래 위치로 돌아오게 유인해야 한다. 임신 기간의 절반은 그 자리에 있었으므로 발은 이미 원래 위치를 안다. 다시 말해, 발은 그때까지 정상이었다." 폰세티 방식의 핵심은 그 과정을 되돌리는 것이다. 시곗바늘을 돌리는 일에 익숙한 그에게는 충분히 자연스러운 발상이었을 것이다.

이그나시오 폰세티는 2009년 10월 18일 우리 곁을 떠났다. 하지만 한 사람의 인생을 바꾸는 치료법을 우리 곁에 남겨 두었다.

여덟 번째 이야기.

질식사를 막는 응급처치법

미국에서 가장 많은 희곡을 발표한 20세기 대표 극작가로 알려지는 테네시 윌리엄스Tennessee Williams는 1983년 2월 25일 뉴욕시 이스트 54번가 60번지에 있는 엘리제 호텔 스위트룸에서 안타깝게 세상을 떠났다. 71세의 나이였던 그는 비염 스프레이의 플라스틱 뚜껑을 실수로 삼키는 바람에 질식사로 사망했다.

미국생물공학정보센터에 따르면 어린이들은 성인보다 동전, 플라스틱 조각, 장난감 같은 이물질로 인한 질식사의 확률이 높고, 노인의 경우 음식으로 인한 질식사 확률이 가장 높다. (Duckett, Velasquez & Roten, 2020) 실제로 몇 년 전 호주 퀸즐랜드에서 그런 일이 발생해 국제 뉴스를 뜨겁게 달군 사례가 있다.

불행의 발단은 2020년 1월 26일 호주 국경일 기념행사에서 시작되었다. 호주는 1788년 영국 제1함대가 시드니항에 도착하여 호주 대륙에 유럽인이 정착한 후 호주라는 국가가 세워진 것을 기념해, 매년 1월 26일 전국적으로 거리 행렬과 불꽃놀이, 음식 축제가 열린다. 퀸즐랜드 남동부에 있는 비치하우스 호텔에서도 래밍턴 빨리 먹기 대회라는 행사가 열렸다. 래밍턴은 코코넛 가루가 뿌려진 큐브 모양의 작은 초콜

릿 케이크인데, 퀸즐랜드의 여덟 번째 주지사로 역임한 래밍턴 경의 요리사가 처음 개발했다고 알려진다. (Wong, 2019)

하지만 그날의 축하 행사는 한 60세 여성의 목에 래밍턴 케이크가 걸려 갑작스럽게 쓰러지면서 비극의 현장이 되고 말았다. 목격자들에 따르면 행사장의 보안 요원과 관리자가 달려와 심폐소생술을 실시하고 급히 구급차를 불렀다. 그리고 구급대원들이 도착하자마자 허비베이 병원으로 옮겼다. 하지만 그녀는 끝내 살아 돌아오지 못했다. (Yeung, 2020)

여성의 목숨을 구하려 했던 사람들의 노력을 비난하는 것은 아니지만, 언론 보도에서 하임리히법을 시도했다는 이야기가 언급되지 않은 점은 충격이다. 하임리히법 혹은 복부 압박법이라는 응급 요법은 이물질로 기도가 막혔을 때 효과적으로 이물질을 제거해 주는 방법이다. 하임리히법을 시행하는 순서는 이렇다. 먼저 뒤에서 환자를 양팔로 감싸 안은 후 한 손은 주먹을 쥐고 다른 한 손으로 그 주먹 쥔 손을 감싼다. 그리고 주먹 쥔 손을 환자의 배꼽과 흉곽 사이에 대고 위로 쓸어올리듯 강하게 밀어 올린다. 기도를 막은 이물질이 빠져나올 때까지 이 동작을 반복해서 실시한다.

하임리히법은 1974년 대중화된 이래로 질식사의 위기에서 수많은 사람의 목숨을 구했다. 미국의학협회, 미국심장협회, 미국적십자와 존스홉킨스병원을 포함한 미국 주요 의료 기관은 이물질로 기도가 막혔을 때 이를 제거하는 응급 요법으로 하임리히법을 추천한다. 그러나 미국 질병예방통제센터에 따르면 음식이나 이물질 흡입으로 인한 질식사는 아직도 미국 내 예방 가능한 죽음의 원인 중 네 번째로 많다. 호주에서 벌어진 사고와 이런 통계치를 고려한다면 위급 상황은 언제 어떻게 발생할지 모르니 모든 사람이 평소에 하임리히법을 정확히 알아 둘 필요가 있다.

하임리히법의 탄생

헨리 주다 하임리히Henry Judah Heimlich는 흉부외과 의사이자 의학 연구자였다. 1943년 뉴욕시 코넬 의과대학에서 의학박사 과정을 마친 후 신시내티에 있는 유대교 병원에서 외과 전문의로 근무했다. 1977년 자비에르대학Universitas Xaveriana에서 상급 임상학 교수로 학생들을 가르쳤고, 1984년 복부 압박법에 관한 연구로 앨버트 래스커 공공 서비스 상을 받았다. 명예의 전당에는 두 번이나 입성하는 영광을 안았다. 1985년에는 과학과 공학 부문에, 1993년에는 안전과 보건 부문에 각각 이름을 올렸다.

하임리히는 의과대학에 다니던 시절 생명을 구하는 일에 커다란 매력을 느꼈다. (Heimlich, 2016) 실제로 1941년 철도사고 현장에서 한 생명을 구한 적이 있다. 철도 전복 사고로 기관사인 오토 클룩이 다리를 심하게 다친 채로 열차 밑에 깔렸고, 설상가상으로 기차가 호수로 가라앉는 상황이었다. 그때 하임리히가 클룩이 물속으로 가라앉지 않게 도움을 주었고 다른 응급 요원들이 올 때까지 클룩의 통증과 긴장을 덜어 주었다.

그의 영웅적 행위는 〈뉴욕타임스〉와 〈뉴욕데일리뉴스〉의 특집

기사로 다루어졌다. 하임리히는 그 사건으로 자신의 의학적 지식과 상식이 생명을 살릴 수 있다는 교훈을 얻었고, 생명을 살리는 일에 큰 보람을 느꼈다. 침착하고 용기 있는 행동으로 코네티컷주 사우스 켄트 철도사고 때 인명을 구조한 대가로 대뉴욕 안전위원회에서 받은 금시계만큼 사람들로부터 인정받는 일이 좋았다.

그 후 하임리히는 의학 지식을 연구하고 발전시켜 다양한 방식으로 더 많은 사람의 목숨을 구했다. 그중 가장 혁신적인 성과는 하임리히법으로 알려진 복부 압박법을 개발한 것이다. 하임리히법을 적극적으로 홍보할 때 개발한 과정을 직접 언급한 적이 있는데, 미국기관식도학회 역사 보고서에서 밝혔듯이 그 과정은 간단하지도 순탄하지도 않았다.

1972년 어느 날 하임리히는 〈뉴욕타임스〉를 읽다가 질식이 여섯 번째로 흔한 사고사의 원인이라는 기사를 보았다. 20년간 식도 문제들을 연구했고 식도 치환술을 개발한 사람으로서 질식사를 줄일 방법을 찾고 싶었다.

먼저 시작한 일은 자료 조사였다. 의학 학술지와 여러 문헌을 찾아보니 1933년부터 미국적십자에서 환자의 등을 쳐서 기도를 막은 음식을 토해내는 방법을 추천하고 있었다. 적십자의 조언은 당황스러웠다. 과학적 근거가 부족해 보였고 그렇게 등을 때리면 음식물이 오히려 기도 아래로 내려가 더 위험할 수 있다고 생각했다.

하임리히는 다음과 같은 이유로 폐를 이용하는 것이 답이라고 생각했다. "등을 때리는 방식은 기도를 막은 물체를 더 아래로 내려보내서 오히려 치명적인 결과를 초래할 수 있다. 더 좋은 방법은 폐 속에 남은 공기를 이용해 위로 밀어내는 방식이라고 생각했다. 불을 피울 때 바람을 일으키는 기구인 풀무처럼 폐를 이용하는 것이다. 그러려면 공기의 힘으로 물체를 밀어낼 만큼 세게 폐를 압박할 방법을 찾아야 했다." 하지만 그 방법을 찾는 데만도 상당한 시행착오가 필요했다.

1973년 하임리히는 신시내티에 있는 유대교 병원의 실험실에서 다양한 방법을 테스트했다. 그가 선택한 실험 대상은 비글 네 마리였다. 먼저 기관 내 튜브(기관에 삽입되는 카테터로 호흡 보조 치료에 흔히 사용한다) 아래쪽에 작은 풍선을 부착한 후 마취된 개의 기도에 삽입했다. 그런 다음 튜브로 풍선에 바람을 넣어 기도를 막는 이물질 같은 역할을 하도록 했다. 그가 세운 가설은 "일시적으로 폐를 압박해 폐에 있는 공기를 밖으로 빼낼 수 있다면 튜브가 기도 위쪽으로 올라올 것이다."였다. 그 방법이라면 기도에 낀 이물질을 제거할 수 있을 것 같았다.

하지만 그의 첫 번째 실험은 실패로 끝났다. 개의 가슴을 누르기만 해서는 튜브가 빠져나오지 않았다. 왜였을까? 개의 폐를 보호하는 갈비뼈가 너무 튼튼해서 폐로 힘이 전해지지 않았던 것이다.

그래서 다른 방법을 시도했다. "횡격막을 흉곽 쪽으로 밀어 올리면 흉강의 부피가 일시적으로 줄면서 폐를 압박할 것으로 생각했다. 그래서 개의 배꼽과 흉곽 가운데 부분을 주먹으로 눌러 횡격막을 흉곽 쪽으로 밀어 올렸다. 그랬더니 튜브가 개의 입 밖으로 빠져나오는 것이 아닌가! 여러 번 반복했는데도 같은 결과가 나왔다."

이 실험이 성공했던 것은 하임리히가 기관 내 튜브와 풍선을 이용했기 때문일 수 있었다. 좀 더 실제에 가까운 물체라면 어땠을까? 하임리히는 조수를 시켜 병원 식당에서 고기 조각을 가져오게 했다. 더 엄격한 실험 결과를 얻기 위해 가슴을 압박하는 방법과 복부를 밀어 올리는 방법을 각각 다시 시도해 보았다. "개의 후두나 기관에 고기 조각을 넣고 가슴을 눌렀을 땐 아무 일도 일어나지 않았다. 하지만 횡격막을 위로 밀어 올렸더니 고기 조각이 튀어나왔다! 여러 번 반복해도 결과는 같았다."

그렇다면 개가 아닌 사람은 어땠을까? 어쨌든 이 구명법은 개가 아니라 사람을 살리기 위한 수단이었다. 하임리히는 열 명의 동료 의사와 함께 횡격막을 주먹으로 밀어 올려 입 밖으로 공기가 충분히 배출되는지 서로 실험해 보았다. 결과는 기도를 막고 있는 물체를 밀어낼 만큼 충분하다는 것이 확인되었다.

여기까지는 좋았다. 복부를 강하게 밀어 올리는 방법이 효과가 있다는 것을 알아냈다. 이제 그 방법을 어떻게 간단하면서도 효과적으로 수행할 것인가가 문제였다. 이 방법의 주된 이용자는 의료 전문가가 아니라 일반인이었기 때문에 이 질문은 중요한 문제였다. 하임리히는 여러 가지 방법을 고려해 보았다.

환자를 벽에 세워 두고 주먹으로 상복부를 밀거나 바닥에 눕혀서 손이나 발로 상복부를 미는 방법이 있을 수 있다. 하지만 많은 실험과 실패 끝에 환자 뒤에서 시행하는 방법이 가장 좋은 방법임을 알아냈다. 양팔로 환자 뒤에서 허리를 감싸 안은 채 한 손은 주먹을 만들어 배꼽과 흉곽 사이에 두고, 다른 한 손으로 반대 손의 주먹을 쥔 채로 복부를 강하게 눌러 밀어 올리는 것이다. 물체가 기도 밖으로 빠져나올 때까지 반복해서 복부를 밀어 올리는 것이 중요하다. 대부분 실험에서 물체가 입 밖으로 튀어나왔고 벽이나 천장까지 튀어 오르기도 했다. 이 방법은 긴 교육도 필요 없고 설명대로만 하면 누구나 쉽게 따라 할 수 있다.

하임리히는 모든 실험을 끝내고 체구가 매우 크거나 작은 환자, 혹은 쓰러지거나 의식을 잃은 환자에게 사용할 수 있는 여러 응용 버전까지 완성했다. 마지막 과제는 홍보 문제였다. 어쨌든 사람들이 이 방법을 모르면 그동안의 노력은 쓸모가 없었다. 이때는 주목받기 좋아하는 그의 성격이 도움이 되었다.

하임리히는 자신의 이전 연구들에 익숙하고 호의적이었던 〈응급 의학〉의 편집자를 찾아갔다. 편집자는 하임리히의 논문을 게재하는 데 동의했을 뿐 아니라 〈시카고데일리뉴스Chicago Daily News〉의 아서 스나이더Arthur Snider 기자에게도 그 내용을 알렸다. 스나이더 기자는 특약 칼럼으로 1974년 6월 9일 하임리히법에 관한 기사를 여러 신문에 실리도록 조치했다.

기사는 많은 주목을 받았다. 하지만 적극적인 홍보에도 불구하고 하임리히법이 실제 상황에서 사용되었다는 이야기가 들리지 않았다. 그러다 얼마 후 하임리히법으로 목숨을 구한 첫 번째 사례가 발생했다. 다음은 하임리히가 밝힌 그 사건에 관한 기록이다.

6월 16일 〈시애틀타임스The Seattle Times〉 1면에 '뉴스 기사가 질식사를 예방하다'라는 제목으로 다음과 같은 기사가 실렸다.

〈시애틀타임스〉 일요일 자 기사 덕분에 후드 캐널에 사는 한 여성이 오늘 목숨을 구했다. 하임리히 박사가 개발한 '음식 조각이 기도에 끼었을 때 빼내는 방법'에 관한 기사였다. 아이작 피하는 토요일 저녁에 그 기사를 두 번 읽었다고 했다.

식당 운영 경험이 있던 피하는 손님들의 목에 고기 조각이 걸려 질식사하는 사례를 본 적이 있어 그 기사를 관심 있게 보았다. 그날 피하는 아버지의 날인 토요일 오후에 가족들과 함께 식사를 즐기고 있었는데, 옆 테이블에 있던 에드워드 보가쿠스가 갑자기 도와달라고 외쳐대는 말을 들었다. 피하는 보가쿠스의 아내 아이린이 있는 곳으로 달려갔다. 아이린은 식탁 밑에 쓰러져 얼굴이 파랗게 변해 갔다. "달려가는 동안 어제 본 신문 기사가 떠올랐어요. 심장마비이거나 질식이 아닐까 생각했는데, 도착해서 보니 저녁을 먹고 있었던 거로 보아 질식이라고 판단했죠." 피하는 이렇게 말했다.

피하는 '하임리히법'으로 사람을 살린 첫 주인공이 되었다. 아이린은 피하의 빠른 조치로 목에 걸린 닭고기 조각을 뱉어내고 바로 회복했다.

이로써 아이린 보가쿠스는 하임리히가 개발한 구명법의 첫 번째 수혜자가 되었다. 그녀는 하임리히법으로 그날 목숨을 건지고, 22년 뒤인 1996년에 86세의 나이로 사망했다. 하임리히법으로 살아난 사람은 그녀가 끝이 아니었다. 그 후로 미국 전 대통령 로널드 레이건Ronald Reagan, 영화배우 엘리자베스 테일러Elizabeth Rosemond Taylor, 골디 혼Goldie Hawn, 잭 레먼Jack Lemmon, 월터 매소Walter Matthau, 셰어Cher, 캐리 피셔Carrie Fisher, 앨런 바킨Alan Arkin, 니콜 키드먼Nicole Kidman, 할리베리Halle Berry, 농구 해설가 딕 바이텔Dick Vitale, 전 뉴욕 시장 에드 코흐Ed Koch 등 수많은 사람이 하임리히법으로 목숨을 건졌다.

에필로그

헨리 하임리히는 하임리히법으로 상당한 의학적 공헌을 제공한 사람으로서 생전에 많은 찬사를 받았지만, 말년에 여러 차례 무리한 제안과 실험으로 비난도 많이 받았다. 특히 그 사실이 그의 아들 피터에 의해 밝혀졌다는 사실은 당혹감을 안겨준다. (Heimlich, P.M., 2019)

전복된 열차 밑에서 사람을 구한 첫 영웅적 행위로 생명을 구하는 일이 매력을 느껴 오랫동안 의료계에 헌신해 온 그였기에 "언제나 명성을 갈망하던 하임리히, 이제 악명으로 유명해졌다."라는 한 비평가의 말이 더욱 아이러니하다. (Francis, 2004)

하지만 우리는 이 책의 목적상 하임리히가 보여준 선구적인 노력의 끈기와 전략에 더 비중을 두는 것이 좋겠다. 그의 삶은 혁신적인 솔루션을 도출하는 데 필요한 시행착오의 힘을 보여주는 너무나 훌륭한 예시다. 하임리히는 어떤 방법이 효과가 있을지 전혀 알지 못하는 상황에서 성공적인 결과물을 얻을 때까지 있었던 수많은 실패에도 굴하지 않았다. 그를 이끈 동기가 무엇이었든 하임리히법의 효과는 설명이 필요 없을 만큼 분명하다.

정맥을 통한 영양 공급의 발견

우리 아버지는 대장암으로 오랜 투병 생활을 한 끝에 깊은 깨우침을 얻고 이렇게 말했다. 항상 대식가로 살아왔던 아버지는 "생각해 보니 나는 그동안 먹기 위해 살았더구나. 이젠 살기 위해 먹는다."라고 했다.

우리는 음식을 쾌락으로 받아들인다. TV만 틀면 먼 이국땅의 온갖 산해진미가 끝없이 우리의 침샘을 자극한다. 2018년 세계 인구의 10.8퍼센트에 달했던 영양실조 같은 문제를 고민할 때를 제외하면 일반적으로 음식에 대해 깊이 생각하지 않는다. (Food and Agriculture Organization of the United Nations, 2019)

하지만 세상에는 정상적인 식사가 불가능한 사람들도 많다. 만성 소화기 질환, 중증 화상, 대수술 후 회복기에 있는 환자들은 음식을 먹는 것이 곤욕스러운 일이다. 신생아와 어린아이들도 음식을 먹기 힘들어하는 경우가 많다.

스탠리 두드릭Stanley J. Dudrick은 영양실조로 사망 위기에 처한 환자들에게 효과적으로 영양을 공급하는 방법을 찾은 최초의 의사다. 2013년 미세리코르디아대학Misericordia University에서 인터뷰를 할 때 1961년 그가 수술을 집도한 환자 셋이 죽은 일을 떠올리며 그 시기 느겪던 힘든 심경을 이렇게 밝혔다. "환자들이 사망하면 정말 죽을 만큼 힘들었습니다. 그때는 수술을 아무리 잘해도 죽는 환자가 많았어요." 펜실베이니아 대학병원에서 외과 의사로 근무했던 젊은 시절의 두드릭은 환자들을 위한 생명 유지 자원이 의사들의 기술 자원을 따라가지 못한다는 것을 인식했다. "영양학적 관점에서 환자에게 비축분이 없으면 치료가 이루어질 수 없어요. 에너지를 공급할 연료가 없으니 감염과 싸울 수도, 체력을 회복할 수도 없죠." 이 문제를 해결하기 위해 두드릭은 어떤 일을 했을까?

두드릭은 스승 조나단 로즈Jonathan E. Rose 박사의 권유로 영양 결핍이 예상되는 환자에게 위와 소장을 거치지 않고 정맥 카테터로 영양분을 혈액에 직접 공급하는 완전 비경구 영양법을 개발하는 프로젝트에 착수했다. 당연히 처음부터 어려움이 예견된 일이었다. 두드릭은 완전 비경구 영양법이 나오기 전 의학계의 현실을 다음과 같이 설명한다. (Dudrick, 2003)

"1960년대 임상의들은 정맥만으로 영양을 공급하는 것이 불가능하다고 믿었다. 만약 가능하다고 해도 실용적이지 못할 것이고, 실용적이라면 비용을 감당하기 힘들 것으로 생각했다. 대부분 내과 의사와 외과 의사에게 완전 비경구 영양은 풀기 힘든 '고르디아스의 매듭(복잡한 매듭처럼 풀기 힘들지만, 허점을 찾아내거나 발상을 전환함으로써 쉽게 풀 수 있는 문제를 비유하는 말—옮긴이 주)'이자 누구나 얻고 싶은 '성배'로 여겨졌다."

그 문제를 해결하려면 넘어야 할 산이 많았다. 영양분 주입에 가장 알맞은 정맥은 어디일까? 환자가 안전하게 영양 공급을 받아들일 수 있는 일일 적정량은 얼마일까? 환자의 생명 유지에 필요한 적절한 영양소를 어떻게 구성해야 할까? 그 영양소들을 어떻게 잘 결합하고 저장해야 환자들에게 효과적으로 공급할 수 있을까? 이 외에도 어려운 문제가 수두룩했다.

"무엇보다 장기적인 완전 비경구 영양은 불가능하고, 비현실적이며, 비실용적이고, 어리석은 행위라는 의학계의 오랜 믿음을 깨는 것이 중요했다. 회의적인 시각과 선입견을 극복하고 광범위한 임상적 수용을 달성하려면 반대되는 타당한 증거가 나와야 했다." (Dudrick, 2003)

두드릭은 열정과 불굴의 정신으로 과제에 도전했다. "동물을 대상으로 얻은 기본 지식과 기술을 환자에게 임상적으로 적용한다는 목표에 따라 완전 비경구 영양의 효과와 안전성을 탐색하고 검증하기 위한 실험을 설계하려고 노력했다."

두드릭 연구팀은 먼저 잡종 성견과 강아지로 연구를 시작했다. 몇 달간의 끈질긴 시행착오 끝에 단백질, 탄수화물, 지방, 비타민, 미네랄 등 필요 영양소를 적절히 혼합해 개의 정맥계로 공급하는 영양 배합을 개발했다. 광범위하게 진행된 이 예비 프로젝트는 일정 비율의 강아지들을 유전적으로 더욱 정밀하게 비교하는 핵심 실험의 밑거름이 되었다.

1965년부터 1966년까지 수컷 비글 순종 강아지 여섯 마리를 대상으로 72~256일 동안 머리, 목, 등 상반신의 혈액이 심장으로 되돌아가는 큰 정맥인 상대정맥을 통한 외부 주입으로만 영양분을 공급했다. (그림 9.1 참조) 대조군으로 한배에서 난 크기와 몸무게가 비슷한 강아지 여섯 마리에 경구로 영양을 공급한 다음 정맥으로 영양을 공급한 실

그림 9.1 완전 비경구 영양법을 발견한 스탠리 두드릭 박사

험군과 종합적으로 비교했다. 두드릭이 발표한 실험 결과는 다음과 같다. "정맥으로 영양을 공급한 여섯 마리 강아지는 경구로 영양을 공급한 대조군 강아지들보다 체중 증가 면에서 앞서 나갔고, 골격 성장 및 발육, 활동성은 매우 비슷한 결과를 보였다." 실험은 대성공이었다!

다음은 실험 대상을 개에서 인간으로 옮겨올 차례였다. 동물을 대상으로 장기간 정맥으로만 영양을 공급하는 것이 성장 및 발달 과정의 안정성을 해치지 않고 현실적으로 실현될 수 있다는 것을 확실히 증명한 후에 그 결과를 수술 환자 치료에 적용할 수 있는지에 관심을 집중했다. 이 연구에서는 만성 위장 장애로 영양실조가 심각한 환자 여섯 명에게 카테터를 꽂고 15~48일 동안 정맥으로만 영양을 공급했다. 물론 그들에게 처방된 영양 배합은 강아지들에게 처방한 영양 배합을 적절히 수정해서 만들었다. 원래 그 환자들은 극심한 영양실조로 생사를 장담할 수 없던 환자들이었지만 그 실험으로 모두 건강한 몸을 되찾아 집으로 돌아갈 수 있었다.

인간을 대상으로 한 정맥 영양 연구는 그로부터 몇 달 후 또 다른 시험대에 올랐다. 강아지와 성인을 대상으로 이루어진 실험 결과를 아기들에게도 적용할 수 있을까? 1967년 7월 필라델피아 아동병원에서 한 여자 아기가 장폐색증으로 수술을 받았다. 하지만 수술 후 음식을 섭취할 수 없어 영양실조로 서서히 죽어갔다. 의료진은 다방면에 걸친 의학적, 윤리적 논의 끝에 아기를 살릴 방법은 정맥 영양 치료밖에 없다고 결론을 내렸다. 아기는 정맥 영양 치료를 받는 22개월 동안 몸무게가 늘고 키와 머리둘레가 커졌다. 활동성도 개월 수 평균에 가까웠다. 하지만 안타깝게도 더 이상의 진전은 없었다.

두드릭은 그 일에 관해 다음과 같이 기록했다. "결국 아기는 죽었지만 우리는 아기를 치료하는 동안 지식적으로나 기술적으로 엄청난 경험을 얻었다. 아기가 남긴 유산은 비할 데 없이 값진 선물이었다." 2013년 미세리코르디아대학교와 나눈 인터뷰에서는 이렇게 이야기했다. "우리는 그때까지 얻은 모든 지식보다 그 아기를 통해 얻은 지식이 더 많았습니다. 처음 우리의 지식은 아주 기초적인 것에 불과했지만 그 지식을 연구하고 응용해서 더 많은 아이디어를 냈고 그 아이디어들을 적용해서 발전시켰죠." 그 후로 영유아 대상 비경구 영양 치료는 계속 발전해왔고 지금도 발전하고 있다.

하지만 시간이 흐르면서 일부 사람들이 아무리 일정 기간이라도 영양 공급을 외부 장치에만 의존해야 한다면 아기를 살아있게 하는 것이 윤리적으로 옳으냐는 문제점을 지적했다. 완전 비경구 영양법의 사용 여부에 대한 우려는 1983년까지 이어졌다. (Kleiman, 1983) 두드릭은 이런 비판에 대해 다음과 같이 응답했다. "의학은 진화한다. 우리는 새로운 방법들을 시도하는 과정에서 기존 지식을 수정하고 새로운 배움을 얻는다. 희망이 전혀 없는 상황이 아니라면 완전 비경구 영양법을 쓰지 않는 것은 아이들이 굶어 죽도록 내버려 두는 것이나 다름없으므로 훨씬 더 비윤리적인 행위다." (Kleiman, 1983)

오늘날 완전 비경구 영양법은 두드릭의 열정을 대표하는 결과물이자 생명을 살리는 필수적인 치료법으로 이용되고 있다. 과거 40~60퍼센트에 이르렀던 수술 후 사망률은 이제 5퍼센트에 그치고 있으며, 그 과정에서 1천만 명 이상의 목숨을 구했다. (Smith, 2020) 많은 동료 연구자와 의료 전문가, 환자들이 그에게 박수갈채와 찬사를 보낸다. (Tappenden 외, 2020) 그에게 쏟아진 찬사들을 종합해보면 완전 비경구 영양법이 나오게 된 배경에 대한 인간적 관점을 엿볼 수 있다.

인간의 삶에 미친 두드릭 박사의 영향은 엄청났다. 완전 비경구 영양법은 수백만 명의 환자들에게 말 그대로 생명줄을 제공하고 무균법 및 항생제 요법과 더불어 외과의 3대 업적 중 하나로 인정된다. 완전 비경구 영양법의 발견은 신생아부터 노인에 이르기까지 영양실조로 죽어가던 삶이 완전히 건강한 삶을 되찾는 기적을 의미했다. 두드릭은 자신이 이룬 가장 큰 업적은 영양실조로 고통받는 환자들에게 영양학적으로 도움을 주어 수술을 한 몸을 회복해 집으로 돌려보낸 것이라고 믿었다.

두드릭 박사는 많은 어려움을 이겨내고 완전 비경구 영양법이라는 생명 치료법을 발견한 자신의 투지를 형성한 가치들을 절대 부끄러워하지 않았다. 두드릭은 폴란드에서 이주해 광부로 살았던 할아버지와 아버지의 직업관과 용기에 관해 자주 언급했다. 두드릭의 아버지는 나중에 집을 짓고 차를 수리하는 기술직에서 일했는데, 손재주가 좋은 아들의 도움을 종종 받았다. 1930년대 펜실베이니아의 작은 탄광촌에서 시작된 그의 삶이 그의 인생 전반에 얼마나 많은 영향을 주었는지 생각해보자.

여기서 그의 전기를 조금 더 자세히 살펴볼 필요가 있다. 스탠리 두드릭은 1935년 4월 9일 펜실베이니아 낸티코크에서 사 남매 중 첫째로 태어났다. 고등학교를 졸업 후 펜실베이니아 랭커스터의 프랭클린마샬대학Franklin & Marshall College에 진학해 1957년 생물학 학사 학위를 받고 우수한 성적으로 학교를 졸업했다. 대학 시절 과대표로 선출되었고 졸업 동기들을 대표해 윌리엄슨 메달을 받았다. 한 의사의 세심한 치료로 어머니가 생사를 넘나드는 열병에서 회복되는 모습을 보고 깊은 깨달음을 얻어 펜실베이니아 의과대학Perelman School of Medicine at the

University of Pennsylvania 진학을 결심했다. 거기서도 졸업반 대표로 선출
되어 1961년 의학 학위를 받았다. 펜실베이니아 대학병원에서 올해의
인턴으로 선정되기도 했다. 로즈 박사 밑에서 외과 레지던트를 수련하
는 동안 당시 가능성이 거의 없어 보였던 완전 비경구 영양법을 연구하
기 시작했다. (Sanchez & Daly, 2010) 완전 비경구 영양법의 탄생 배경은 최
근 증언에서도 찾을 수 있다.

> 두드릭 박사는 힘든 일을 만나도 쉽게 물러서거나 타협하는 법이 없었
> 다! 정맥으로 영양을 공급하는 법을 찾는 일이 아무리 힘들어도 연구
> 를 멈추지 않았다. 1960년대 연구 환경을 생각해보자. 그때는 적당한
> 카테터도, 연구 절차도, 주입 펌프도 없었다! 그러나 어린 시절 형성된
> 그의 분석적이고 실천적인 성격이 힘을 발휘했다. 집요하고 끈질긴
> 그의 연구는 동물 보호소에서 강아지 2마리를 2달러에 사 오는 것부터
> 시작된다. 그 후 12마리가 더 추가되었고 자동차 부품점에서 연구에
> 필요한 물품을 직접 조달해 오기도 했다. 결정적으로 그의 선구적인
> 업적이 나올 수 있었던 데는 어린 여자아이를 살리려는 그의 인상적인
> 노력을 빼놓을 수 없다. 50년이 넘은 일이지만 두드릭은 여전히 그 일
> 을 안타까운 마음으로 이야기한다.

두드릭은 반세기 이상 의학계에 몸담고 있으면서 수많은 의대생을 지
도했다. 휴스턴의 텍사스 의과대학University of Texas Southwestern Medical
School, 펜실베이니아대학, 예일대학 부속 병원에서 외과 과장을 역임
했고, 1975년 설립 이후 6500명의 회원을 보유하고 있는 미국정맥경장

영약학회의 설립자이자 초대회장을 지냈다.

"오늘날의 의학계는 성인과 소아 환자들이 겪는 다양한 난치 질환 치료의 일부로 비경구 영양법을 당연하게 받아들인다. 이제 많은 시설에서 영양 전담 지원팀을 보유하고 있고 이를 지원하는 산업도 생겼다." (Sanchez & Daly, 2010) 지루한 시행착오로 수많은 장애물을 넘은 한 외과 레지던트의 우직한 연구가 없었다면 지금의 모습은 존재하지 못했을 것이다.

자신을 '고집 센 폴란드인'이라고 부르던 스탠리 두드릭에게 우리는 감사한 마음을 가져야 한다. 그는 연구에 전념하는 동안 결과를 확신한 적이 한 번도 없었다. 〈뉴욕타임스〉와 나눈 인터뷰에서 밝혔듯이 정맥 영양 공급을 시험하던 연구 초기에는 "어떤 결론에 도달할지 전혀 알지 못했고 아무리 상상력을 펼쳐도 현재 완전 비경구 영양법이 사용되는 방식을 알 방법이 없었다." (Brody, 1977) 하지만 1977년 무렵에 완전 비경구 영양법이 지금처럼 일상적인 치료 과정이 된다는 것은 예상할 수 있었다. 두드릭의 말을 빌려 말하자면 "의술은 기본을 챙기는 것이 중요하고, 기본 중의 기본이 영양 섭취이기 때문이다." 쾌락이 있든 없든 우리는 먹어야 한다. 살려면 그래야 한다. 입으로 먹지 못한다면 정맥으로라도 그래야 한다.

시장 경쟁력을 높이는 약명에 주목하라

이름이란 무엇일까요? 우리가 장미라고 부르는 것은
어떤 이름으로 불러도 똑같이 향기롭잖아요.

《로미오와 줄리엣》에 등장하는 이 유명한 대사는 기호와 의미의 자의
적 관계를 잘 보여주는 문장이다. 물론 한 단어의 소리가 그 단어가 지
칭하는 대상과 매우 유사한 단어들도 있다. 멍멍, 꼬끼오, 찰싹, 덜컹덜
컹, 똑딱똑딱 같은 의성어가 그렇다. 흔하지는 않지만 이름을 짓는 과
정에 특정 단어를 넣어서 통일성을 유지하는 사례도 있긴 하다. 어렸
을 때 우리 동네에 살았던 버크 부부는 아기가 태어날 때마다 작은 나
무판에 이름을 새겨 문 앞에 걸어두었는데, 아이들의 이름은 보니, 코
니, 도니, 조니, 로니였다. 그 뒤로 토니, 포니 등이 더 태어났는지는 확
실치 않다.

작명과 관련해 흥미로운 분야 중 하나는 제약업이다. 우리가 흔
히 먹는 약인 아스피린을 생각해보자. 아스피린Aspirin이라는 이름은
1899년 독일 제약 기업인 바이엘사에서 아세틸살리실산의 상품명으로
지은 것이다. 첫 글자 '아'는 아세틸살리실산의 '아'를 의미하고, '스피

르'는 살리신을 추출하는 데 쓰이는 조팝나무의 속명인 '스피라에아 울마리아Spiraea ulmaria'에서 왔으며, 마지막의 '인in'은 바이엘사 제품에 공통으로 쓴 접미사였다.

아스피린의 탄생 이후 우리는 긴 시간을 지나왔다. 시장에 나오는 신약은 갈수록 늘고 있다. 새로운 약품이 판매 승인을 받을 때마다 새로운 약명을 붙여야 하는데, 이 작업은 꽤 힘들고 복잡한 과정을 거친다. 모든 약은 이름이 세 개다. (Smith Marsh, 2018) 첫 번째는 약의 화학명이다. 화학명은 국제순수·응용화학연합에서 정한 세부 규칙에 따라 제약회사에서 만든다. 두 번째는 약효 물질의 이름인 성분명이다. 미국 의약품 성분명 회의에서 제공하고 WHO 국제 일반명 절차의 평가와 승인을 받아야 한다. 세 번째는 약의 상품명이다. 상품명은 제약회사에서 정하고 FDA의 승인을 받는다.

약사가 아니면 화학명은 알 필요가 없고 성분명도 너무 길고 복잡해 일반 사람은 발음하기도, 기억하기도 어렵다. 대부분 소비자에 해당하는 우리에게는 상품명이 중요하다. 물론 수백억 달러의 이익이 달린 제약회사의 마케팅에도 상품명을 잘 짓는 것이 중요한 문제다. 그러면 제약회사는 새로운 약의 상품명을 어떻게 지을까?

2019년 6월 기준으로 FDA에서 승인한 미국의 처방약은 1만 9000개가 넘는다. 2018년에는 FDA의 약물평가연구센터에서 59개의 신약을 승인했는데, 이는 1996년 53개였던 이전 최고 기록을 깬 수치였다. 그중에는 발음하기도 힘든 독특한 상품명도 많다. 예를 들면 에이즈약 빅타비Biktarvy, 전립선암 치료제 얼리다Erleada, 판상 건선 치료제 일루미아Ilumya, 오피오이드 금단 증상 완화제 루세미라Lucemyra, 편두

통약 에이모빅Aimovig, 류머티즘 관절염약 올루미언트Olumiant, 중증 여드름약 세이사라Seysara, 설사 치료제 엠콜로Aemcolo 등이 그렇다.

새로 개발되는 약은 왜 특이한 이름이 많을까? 새로운 약의 상품명을 짓는 것이 어떤 의미에서 숫자놀음에 가깝기 때문이다. (Collier, 2014) 이미 상표화된 약은 너무 많고, 매년 더 많은 약이 승인되고 있다. 제약회사로서는 새로운 이름을 짓기가 여간 힘든 일이 아니다. 17만 1476개에 달하는 기존 이름을 피해 알파벳 26자만으로 새로운 이름을 짓는다고 생각하면 기이한 이름이 많은 것은 놀랄 일이 아니다.

게다가 새로운 상표명을 선택할 때는 상당한 주의가 필요하다. 기존 이름과 너무 비슷해서도 안 된다. 즉, 발음과 형태가 비슷한 이름은 반드시 피해야 한다. (Cheng, 2018) 대표적으로 악토넬Actonel과 악토스Actos, 셀레록스Celebrex와 셀렉사Celexa, 케플렉스Keflex와 케프라Keppra, 루네스타Lunesta와 뉴라스타Neulasta, 넥시움Nexium과 넥사바Nexavar, 팍실Paxil과 플라빅스Plavix, 프로작Prozac과 프릴로섹Prilosec, 자낙스Xanax와 잔탁Zantac, 자이프렉사Zyprexa와 지르텍Zyrtec 등은 형태와 발음이 비슷해 혼동하기 쉬운 상품명으로 꼽힌다.

약물의 상품명이 유사하면 어떤 문제가 생길까? 의학연구소의 통계에 따르면 미국인의 거의 절반이 매달 약을 처방받는데, 매년 150만 명 이상이 약물 처방 및 조제, 복용 실수로 병이 심해지거나 사망한다. (Scutti, 2016) 적어도 처방전 1000개 중 1개는 약 처방 오류와 관련이 있고, 주요 원인이 약품명 혼동으로 지목된다. 대부분 처방 오류 사고는 큰 문제가 되지 않지만, 일부는 전문적인 치료를 요구하고 드물게 사망 사례도 존재한다. 2009~2013년 약물의 상품명 혼동 사고 약 174건이

FDA에 보고되었는데, 그중 9건이 중대한 질병을 일으켰고 16건은 사망에 이르렀다. (Schultz, 2013)

이런 사실을 고려하여 이제 많은 제약회사가 상품명 개발을 전문 업체에 위탁한다. 상품명 작명을 전문으로 하는 기업들은 매우 전문화된 임무를 수행한다. 제약업체가 개발한 새로운 약의 마케팅에도 도움이 되고 FDA의 최종 승인을 얻는 데 필요한 모든 규제를 통과할 수 있는 상품명을 찾아야 하기 때문이다. 특히 미국의 경우 FDA뿐 아니라 유럽 의약청과 캐나다 보건부의 승인도 받아야 한다. 업계 전문가들의 말에 따르면 이제 우리는 '약물 명칭을 통제받는 시대'에 접어들었다.

✧ ## 약명의 생성과 선택 ✧

제약회사에서 약의 상품명을 짓는 과정은 어떻게 이루어질까? 스위스 제네바에 본사를 둔 약명 컨설팅 회사인 익세오 헬스케어의 CEO 데니스 에징거드Denis Ezingeard는 한 가지 주목할 만한 방식을 제안했다. (Scutti, 2016) 에징거드에 따르면 익세오 헬스케어사의 '작명 공학' 모델은 세계 제약 시장에서 최고의 성장 잠재력을 지닌 상품명을 짓기 위해 작명 과정에 과학을 응용한다. 특히 이 모델은 생물학적 진화에서 영감을 얻은 것이 특징이다.

익세오 헬스케어의 홍보 자료는 회사의 작명 모델과 다윈의 진화론 간의 유사점을 강조한 마케팅 방식을 이렇게 소개한다. (ixxéo, 2010) "갈라파고스 제도의 척박한 조건에서 오랜 시간 적응해 온 다윈의 핀

치처럼 조류 종의 진화와 존속을 가능하게 하는 독특한 메커니즘이 있다. 우리의 창의적이고 적응적인 작명 공학을 이끄는 동력도 그와 유사한 메커니즘으로 작동된다." 더 구체적으로 보면, "유전 변이, 적응 방식, 자연 선택, 종의 분화와 같은 진화적 원리는 우리가 추구하는 다양한 방향에 영감을 주었다. 이런 원칙들이 우리의 작명 모델과 절차에 자연스러운 틀과 강력한 동력을 제공한다."

물론 약의 이름을 짓는 일은 종의 진화와 거리가 멀다. 그러나 익세오 헬스케어는 진화라는 아이디어를 하나의 도전으로 받아들였다. 그들은 새로운 약의 이름을 지을 때 먼저 가능성 있는 후보 명을 수천 개 이상 '생성'한다. 그 과정은 재즈 즉흥곡이나 현대 미술 창작과 유사하다. "우리는 여러 언어에 걸쳐 어원과 단어 패턴에서 추출한 형태적 요소의 원형을 혼합하여 약의 이름이 될 수 있는 방대한 후보군과 후보군의 변이 형태를 생성한다. 그리고 시각과 청각을 자극하는 '작명 유전자'를 만들고, 이런 미묘한 고리들을 이름에 스며들게 하여 대중의 관심을 사로잡는다." 물론 더 자세한 사항은 익세오 헬스케어의 영업 비밀이라 공개되지 않는다.

다음은 부적절한 이름을 골라내는 절차가 시작된다. 이 작업은 앞에서 언급한 많은 규제와 제약을 고려해 이루어진다. 하지만 이름을 선택하는 마지막 과정은 사람에 의해 이루어지는 숙련된 기술과 미적 감성이 요구된다. "추상화나 사물의 명칭은 모두 실체적 내용이 거의 없거나 아예 없다. 하지만 예술적으로 만들어진 추상화와 명칭은 맥락적 관계에서 자유로운 감정적 호소로 우리에게 많은 방면에 걸쳐 영향을 미친다." 비아그라Viagra, 안젤릭Angeliq, 엔비아주Enviage, 써티칸

Certican 등은 이 회사가 브랜드 시장에서 두각을 나타내는 이유를 보여주는 대표적인 약명들이다.

익세오 헬스케어사가 약명 컨설팅 사업의 더 큰 독창성을 위해 길을 터 주었다면, 일부 제약회사는 여전히 컴퓨터 알고리즘에 의지하는 정도에 만족한다. 발음하기 힘든 이상한 약명이 많아진 것은 그래서일 것이다. 컴퓨터 알고리즘에 의한 약명 생성은 기억하기 쉽고 특징 있는 이름을 찾기 위한 충분한 선별 작업이 이루어지지 않는다. 하지만 발음하기 힘든 이름 중 하나로 알려지는 잴코리Xalkori는 비용 투자가 많이 들어간 엄격한 선별 과정을 거쳤다. (Schultz, 2013)

지금까지 언급한 내용을 종합해보면 약명을 짓는 일이 대단히 큰 사업이다. 새로운 약이 개발되어 상품화되기까지는 비용이 많이 들고 시간도 오래 걸린다. 약에 따라 최소 수억이 소요되고 시장에 나오기까지 최대 5년도 걸릴 수 있다. 게다가 FDA가 출시 예정일 3개월 전까지 최종 승인을 하지 않을 수도 있다. 이 시점의 실패는 시간과 비용 면에서 엄청난 손해가 된다.

변화와 선택이라는 키워드는 이제 갈라파고스의 새들만을 위한 것이 아니다. 약 이름을 짓는 분야에서도 열심히 영향력을 발휘하고 있다.

✵   **덧붙이며**   ✵

우리는 이제 처방약에 들어가는 비용의 상당 부분이 약효와 전혀 관련

이 없는 작명 때문이라는 사실을 알았다. 따라서 약값이 비싸다는 생각이 든다면 적어도 일부는 우리에게 책임이 있다.

각종 매체에서 넘쳐나는 의약품 광고는 소비자인 우리를 타깃으로 한다. 우리는 새로 나온 약이 좋아 보이면 그 약을 처방해 달라고 하거나 약국에서 직접 산다. 특히 이름이 기억하기 쉽고 효과가 좋아 보일수록 약을 찾는 사람도 많아진다. 약을 찾는 사람이 많아지면 제약회사의 이윤이 증가한다. 그런 의미에서 보면 이번 이야기를 시작할 때 했던 질문인 '이름은 무엇인가?'에 대한 답은 '돈'이 될 것 같다.

열한 번째 이야기.

동물의 자가 치유력

구글 집계에 따르면 구글 상에서 매일 10억 건의 건강 관련 정보 검색이 이루어진다. 구글 헬스 사업부 책임자인 데이비드 파인버그David Feinberg는 2019년 하루 구글 검색의 7퍼센트가 건강 관련 문제라고 밝혔다. "사람들은 질병, 약물, 증상, 보험에 관해 우리에게 질문하고 있다. 따라서 우리도 전 세계의 건강 정보를 정리해서 모든 사람이 이용할 수 있게 만들고 있다." (Murphy, 2019)

사람들은 당연히 건강에 관심이 많다. 하지만 햄릿의 유명한 독백에도 나오듯이 '육신이 물려받은 수천 가지 괴로움'은 치료법을 찾아 헤매는 과정에서 우리를 혼란에서 절망으로 이끌 수 있다.

물론 인터넷이 항상 모든 문제에 답을 주는 것은 아니다. 하지만 구글은 이제 우리가 편의상, 필요상, 혹은 비용상의 이유로 자가 치료를 시작할 때 제일 먼저 찾는 수단이 되었다. (Kopp, 2019) 인터넷에서 찾은 정보는 출처가 너무 다양해 신뢰하기 어렵고 유용하지 않은 내용도 많다. 하지만 햄릿이 적들과 싸울지를 고민하며 괴로워하는 모습에서 드러나듯이 불확실성은 그 자체로 불편하다. 따라서 정보의 유효성과 관계없이 적어도 아픈 사람의 불안한 마음을 해소하는 데 인터넷상의 정보가 도움이 된다.

의학의 역사

의학에 관한 역사 기록은 아주 오래전으로 거슬러 올라간다. (Hajar, 2015) 역사상 최초 의사로 기록되는 사람은 기원전 2686년에서 2613년 경 이집트에 살았던 임호텝Imhotep이다. 임호텝은 약 200가지 질병을 진단하고 치료했다고 알려진다. 임호텝이 썼다고 추정되는 고대 문헌은 상처, 골절, 탈구, 종양 등 40여 사례의 치료법을 기술하고 있다. (Barton, 2016) 하지만 많은 연구자가 임호텝이 실제로 의술을 행했는지 확실치 않다고 주장하며, 그보다는 장례 절차를 집행한 사제였을 것으로 추측한다. (Risse, 1986)

문헌 사료가 남아있지 않는 선사시대의 의학은 추측이 주가 될 수밖에 없다. 따라서 학자들은 유골과 유물에 의존해 주장을 펼친다. 물론 선사시대에는 지금과 같이 발달한 과학적 이론이나 수단이 없었으므로 자연적, 초자연적 요인에 근거해 다양한 질병의 원인과 치료 방법을 찾았을 것으로 추측된다. 그렇다고 선사시대에 과학적 치료법이 아예 없었다고 할 수는 없다. 선사시대 사람들은 시행착오를 거치며 약초 같은 식물에서 약의 효능을 발견했으리라는 추측이 가능하다. (Applequist & Moerman, 2011) 이런 추측은 동물의 자가 치료를 관찰한 결과 많은 지지를 얻고 있다.

                    2부 혁신적 행위의 기원을 밝히는 스물다섯 가지 사례

동물도 자가 치료를 하는가?

"새도 하고 벌도 하고 경험 많은 벼룩도 하는데" 콜 포터Cole Porter의 〈렛츠 두 잇Let's do it〉이라는 노래 가사의 일부다. 새도 하고 벌도 하고 벼룩도 하는 '그것'의 원래 의미를 모르는 바는 아니지만 여기서 내가 말하고 싶은 것은 '자가 치료'다.

동물도 인간 못지않게 사고나 질병의 고통에 시달린다. 그렇다면 동물은 기본적인 신체 치유력, 즉 미국의 저명한 생리학자 월터 캐넌Walter Cannon이 말하는 '생체항상성'을 떠나서 자가 치료를 하는지도 궁금하다. 실제로 동물의 자가 치료 행동을 연구하는 학문을 '동물약학zoopharmacognosy'이라고 하는데, 그리스 어원의 동물zoo, 약pharma, 지식gnosy을 합친 '약을 아는 동물'이라는 의미다. (Shurkin, 2014)

동물의 자가 치료 사례를 정확히 판단하려면 몇 가지 기본 원칙을 알 필요가 있다. 이 분야의 세계적 권위자로 알려진 교토대학교 영장류 연구소의 마이클 허프만Michael Huffman 교수는 30년 이상 동물의 행동을 연구한 결과, 특히 식물 섭취와 관련해 동물의 자가 치료 행위를 판단하는 몇 가지 기준을 제시했다.

허프만에 따르면 동물의 자가 치료 행위를 입증하기 위해서는 다음 네 가지 기준을 만족해야 한다. (Huffman, 2016) 첫째, 치료 중인 질병이나 증상이 명시되어야 한다. 둘째, 치료용 먹이와 주된 먹이가 구별되어야 한다. 셋째, 자가 치료 행위가 이루어진 후 건강상의 뚜렷한 긍정적 변화가 입증되어야 한다. 넷째, 치료제에 담긴 유효 화합물을 밝히는 약리적 증거가 제시되어야 한다. 하지만 이 네 가지 기준을 모두 만족시키는 사례를 찾기는 매우 어려우므로 논란의 여지를 남길 때가 많다. 그보다 더 힘든 작업은 인간과 동물이 어떻게 맨 처음 자가 치료 행위를 시작했는가를 밝히는 문제인데, 이는 많은 부분 추측에 의존할 수밖에 없다.

동물약학은 신생학문임에도 불구하고 매우 활발한 연구가 이루어지고 있다. 자세한 내용은 이 책의 목적을 벗어나므로 여기서는 우리에게 시사점을 주는 몇 가지 사례만 살펴보겠다. 동물의 자가 치료와 관련해 가장 쉽게 볼 수 있는 사례는 풀을 먹는 행위다. 개나 고양이를 기르다보면 풀을 먹는 모습을 간혹 볼 수 있는데, 육식동물이 왜 풀을 먹는지 많은 사람이 궁금해했고 그동안 여러 가설이 나왔다. (Shultz, 2019)

첫째, 풀에는 비타민 B군인 엽산이 함유되어 있다. 엽산은 성장을 촉진하고 혈액 내 산소 수치를 늘리는 데 필수적인 역할을 한다. 붉은 고기 내에도 엽산이 존재하지만 부족할 경우 풀을 먹는 것이 필수 비타민 보충에 도움이 된다. 둘째, 배변에 도움을 준다. 특히 털이 긴 동물은 털이 소화관을 막아 소화 장애를 일으킬 수 있어서 풀을 먹는 것일 수 있다. 셋째, 동물은 뼈와 기생충 같은 이물질을 제거하려고 일부러 구토하기도 하는데, 구토를 도와주는 방법으로 풀을 먹는 것일 수 있다. 넷째, 인후통 완화를 위해 풀을 먹는다는 가설도 있다. 다섯째, 가능성이 낮은 간접적인 이유이지만 개와 고양이는 풀을 먹이로 하는 다른 동물들을 먹기 때문에 오랜 시간 진화하면서 풀을 좋아하게 되었다는 의견도 있다.

풀을 먹는 행위 외에 자가 치료와 관련된 많은 사례가 다양한 종에 걸쳐 보고되어 왔다. 질병을 물리치는 능력은 어떤 종이라도 생명 유지에 꼭 필요한 일이므로 많은 동물이 자가 치료를 하는 것으로 추측된다.

가령 개미를 예로 들어보겠다. (Bos 외, 2015) 개미는 병원균에 쉽게 감염된다. 백강균에 감염된 개미들은 감염되지 않은 개미들이 먹지 않는 독성 물질을 섭취한다. 독성 물질을 먹는 것이 오히려 생존율을 높여주기 때문이다. 이 연구를 수행한 학자들에 따르면 자가 치료 행위는 사회성 곤충에서 많이 발견된다. 자가 치료의 기원과 메커니즘은 아직 밝혀지지 않았지만 사회성 곤충의 진화 역사가 중요한 단서를 쥐고 있는 것 같다.

소, 양, 염소 같은 반추 동물의 자가 치료 행위는 좀 더 많은 정보가 알려져 있다. 유타주립대학Utah State University의 후안 빌랄바Juan Villalba 교수는 광범위한 연구 결과, 반추 동물이 기초과학실험과 유사하게 시행착오 학습을 한다는 것을 발견했다. (Villalba 외, 2014) 반추 동물은 개미처럼 소화 질환을 완화하는 물질이 풍부한 음식을 먹는다. 하지만 개미와 달리 반추 동물의 시행착오 학습에는 '개개 동물의 이전 경험'이 포함된다. 즉, 약효가 있는 먹이의 선호도를 높이는 학습 과정이 있다. (Velasquez-Manoff, 2017)

반추 동물은 선충 같은 위장 기생충에 자주 감염된다. 선충은 식물에 기생하는 작은 벌레인데 선충에 감염된 동물의 건강, 영양 및 활동 전반에 부정적인 영향을 미친다. 그런데 신기하게도 양은 선충에 감염되었을 때 구충제 효과가 있는 물질이 함유된 먹이를 먹는다. 빌랄바 연구진은 이 흥미로운 모습을 관찰한 후 객관적 설명을 제공할 실험적 증거를 찾아보았다.

일반적으로 양은 타닌 성분이 든 식물은 쓴맛이 나서 먹지 않는다. 하지만 타닌 성분은 구충 효과가 있어 기생충을 죽이고 감염 증상을 완화한다. 이에 빌랄바 연구진은 양을 대상으로 한 가지 실험을 했다. 우선 양 여러 마리를 선충 애벌레에 감염시킨 다음 두 그룹으로 나누어 첫 번째 그룹에는 타닌이 풍부한 자주개자리를 먹이로 주었고, 두 번째 그룹에는 타닌 성분이 없는 일반적인 먹이를 주었다. (Villalba 외, 2010) 그리고 대변 표본을 채취해 선충의 개수를 확인한 결과, 자주개자리를 먹은 양은 그렇지 않은 양에 비해 선충의 수가 줄어있었다. 타닌 성분의 의학적 가치가 확인된 것이다.

다음으로 연구진은 선충에 감염시킨 양을 재감염시킨 후 타닌이 풍부한 먹이와 일반 먹이를 똑같이 주었는데, 이전에 타닌이 풍부한 먹이를 먹고 구충 효과를 본 양들만 타닌이 풍부한 먹이를 먹었다. 반면 타닌 함유량이 높은 먹이를 먹지 않아 구충 효과를 보지 못한 양들은 계속해서 일반 먹이만 먹고 선충에 감염된 채로 남아있었다. 즉, 개별 동물은 치유 효과가 있는 적절한 먹이를 선택하는 학습 능력이 있다고 볼 수 있었다.

양이 어떻게 그런 행동을 스스로 학습하는가는 더 자세한 연구가 필요했다. 한 가지 유력한 가설은 위 질환 때문에 양이 먹이를 바꾼다는 것이다. 그래서 원래는 좋아하지 않지만, 잠재적으로 치료에 도움이 되는 먹이를 먹을 가능성이 커진다는 것이다.

한편 아프리카에서 영장류 연구를 시작한 마이클 허프만 교수는 야생 침팬지가 자가 치료와 관련된 행위를 한다는 이야기를 그곳 원주민들에게 들었다. 예를 들면 기생충에 감염된 침팬지는 베로노니아 아미그달리나Vernonia amygdalina라는 데이지과의 잎이 넓은 나뭇잎을 먹었다. 베로노니아 아미그달리나는 침팬지 서식지 내에서 비교적 보기 힘든 식물인데, 침팬지들은 주식으로 먹기보다는 가끔 약으로 먹는 것으로 보였다.

> 침팬지들은 베로노니아 아미그달리나의 어린 순을 먹을 때 잎과 껍질을 조심스레 제거한 후 안쪽 고갱이를 씹어 쓴 즙과 소량의 섬유질을 섭취한다. 영양학적 관점에서 보면 침팬지가 한 번에 먹는 고갱이의 양은 매우 적다. 섭취하는 잎의 수에 따라 고갱이를 씹는 시간은 1~8분 정도가 소요되고 한 번의 섭취가 1회분의 치료로 보인다. 한 번 고갱이를 섭취하고 나면 같은 날, 혹은 같은 주에는 고갱이를 섭취하는 모습이 목격되지 않았다. 아마도 독성 때문에 그런 것 같다. 아픈 침팬지가 베로노니아를 씹고 있을 때 근처에 있는 다른 성인 침팬지들은 거의 관심을 보이지 않았다. 하지만 새끼 침팬지는 아픈 어미가 씹고 버린 고갱이를 맛본다. 베로노니아 아미그달리나는 일 년 내내 볼 수 있는 식물이지만 침팬지가 섭취하는 시기는 계절에 따라 극히 가끔, 즉 기생충 감염이 가장 많이 일어나는 우기 절정 기간이다.
> (Huffman, 2016)

허프만 교수는 급격한 식욕 저하, 무기력, 설사나 변비 증상을 보이는 병든 침팬지만 베로노니아 아미그달리나를 먹는 모습을 관찰했다. 베로노니아 아미그달리나를 먹고 난 침팬지들은 보통 20~24시간 만에 몸을 회복했다.

대단히 놀라운 발견이었다. 더 놀라운 사실은 아프리카 원주민 부족이 자신들의 병을 치료하기 위해 침팬지의 행동을 모방했다는 점이다. 실제로 아프리카의 수많은 종족이 기생충 감염, 말라리아, 이질, 설사병을 치료할 목적으로 베로노니아 아미그달리나 잎이나 껍질로 약을 만든다. 어쩌면 인간은 우리가 생각하듯 그렇게 대단한 혁신가가 아니라 모방자에 불과한지도 모른다.

또 한 가지 가설도 주목할 만하다. 최근의 고고학적 증거와 생화학적 증거는 멸종된 인류의 조상인 호모 네안데르탈인이 현대 인류처럼 질병 치료를 위해 식물을 이용했을 수 있다는 것을 암시한다. 연구 자료에 따르면 "네안데르탈인은 30만 년 동안 살아남아 다양한 환경에 적응했고 따라서 진화에 성공한 종이 될 수 있었다. 독성 물질을 피하면서 건강을 유지하고 성공적으로 번식하는 데 필요한 음식이 무엇인지 몰랐다면 불가능한 일이었을 것이다." (Hardy, Buckley & Huffman, 2016)

따라서 자가 치료는 인간의 진화뿐 아니라 살아있는 대부분 동물 종의 진화를 포함하는 오랜 진화의 역사가 담겨 있다. 물론 자가 치료의 이런 적응적 성질은 약물 중독과 약물 남용 같은 자가 치료의 기초가 된다고 흔히 알려진 도피주의와 크게 차이가 있다. 그러나 육체적이든 심리적이든 피하고 싶은 증상이 완화되면 효과가 있다고 입증되는 수단은 무엇이든 강화될 수 있다.

자가 치료와 약물 남용은 모두 공통된 행동 메커니즘을 기초로 한다는 아이러니를 간과해서는 안 된다. 또한, '현재'의 나쁜 상태를 벗어나기 위한 목적뿐 아니라 '미래'에 발생할 질병을 피하려고 동물들이

자가 치료를 하는 것일 수 있다는 증거도 점점 많아지고 있다. 즉, 예방법도 질병과 감염에 대응하기 위한 동물들의 무기일 수 있다. (de Roode, Lefèvre & Hunter, 2013)

동물의 자가치유라는 흥미로운 분야는 우리의 답을 기다리는 많은 문제가 산재해 있다. 그 답은 약물 자원으로 쓰일 열대 우림을 어떻게 보호할 것인가에 달려있다고 할 수 있다. 생명을 위협하는 질병과 싸우는 데 도움을 주는 식물의 의학적 가치가 미개발 자원으로 방대하게 남아있다. (Suza, 2019)

시행착오 치료에서 맞춤 의학의 시대로

모든 사람은 동등하게 태어난다. 적어도 미국 독립선언서는 그렇게 선포한다. 하지만 질병 치료에 관한 한 이 문장은 매우 잘못된 표현이다. 모든 사람에게 동등하게 적용되는 한 가지 치료법은 없기 때문이다. 그래서 최근 맞춤 의학 혹은 정밀 의학이라는 의료 서비스가 큰 관심을 얻고 있다.

모든 환자가 동등하다는 낙천적인 가정은 치료 기간이 길어지고 경제적 부담과 정신적 고통이 가중되는 시행착오 진료로 이어질 수 있다. 일반적으로 의사들은 가장 대중적인 치료법을 먼저 시도해 보고, 그 방법이 먹히지 않으면 다음 방법, 또 다음 방법을 시도한다. 하지만 이렇게 '되면 좋고 안 되면 말고' 식의 치료보다 환자 개개인의 특성을 정확히 이해하고 시작하는 치료가 더 바람직하고 우선시되어야 할 것이다.

인간 유전체 프로젝트

1988년 시작된 인간 유전체 프로젝트는 환자 개개인의 특성을 정확히 이해하는 과학적 토대를 제공한다. 미국 국립보건원장 프랜시스 콜린스Francis Collins는 1999년 오클라호마주 샤턱 강연에서 인간의 특징을 규정짓고 개개인의 차이를 구별하게 하는 인간 유전체 연구와 의학의 미래에 대해 큰 비전을 제시했다. 그 비전에 따르면 게놈(유전체) 검사는 희귀 유전 질환의 이해와 치료에 도움을 줄 뿐 아니라, 일반적인 질병을 치료하는 훨씬 광범위한 맞춤 의학에도 도움을 준다. 즉, 인간의 유전자 변이를 밝혀 질병을 더 세분화함으로써 환자 맞춤식 치료를 제공할 수 있다. (Collins, 1999)

현대 치료법은 약물 처방을 기본으로 한다. 그래서 콜린스는 약물 처방에도 유전학이 중요한 정보를 제공할 수 있다고 예견한다.

약의 효능은 개인에 따라 크게 차이가 날 수 있다. 약물 치료에서 나타나는 부작용은 대부분 유전적 요인이 원인일 가능성이 크다. 이런 연구 결과는 유전자 변이 정보를 이용해 약물 치료의 반응을 예측하는 '약물 유전체학'이라는 새로운 분야를 크게 발전시켰다.

콜린스가 예견했듯이 개인의 유전자 구성을 잘 이해하면 약물 적용뿐만 아니라 개발 속도를 높일 수 있다.

유전자 검사는 현재 판매되는 약에 대한 반응성도 예측하지만, 미래의 약물 치료법을 개발하는 데 이용될 수 있는 유전자 산물 집합체도 확대될 것이다. 여기에는 백신뿐 아니라 암, 심장마비, 뇌졸중, 당뇨병 치료에 필요한 약물이 모두 포함된다.

✳ 맞춤 의학의 전망 ✳

콜린스의 희망에 찬 강연 이후 맞춤 의학이 세계적으로 큰 주목을 받았다. 수많은 논문이 맞춤 의학의 가능성을 예찬했다. 2011년에는 오픈 액세스 저널인 〈맞춤 의학 저널Journal of Personalized Medicine〉이 분자-중개 의학, 치료학, 진단학의 전문 지식을 통합하고 규제력 있는 사회적, 윤리적, 정책적 측면의 토론을 장려할 목적으로 창간되었다. 2004년에는 '맞춤 의료 연합'이라는 비영리 교육 홍보 단체가 설립되어 환자와 의료 체계에 도움을 주기 위해 적극적으로 맞춤 의학을 홍보하고 있다.

특히 맞춤 의료 연합은 과학자, 혁신가, 의사, 환자, 의료인, 보험회사로 구성되어 폭넓은 의견이 반영되고 있으며 자금 규모도 매우 크다. 환자들에게 질 높은 의료 서비스를 제공하여 다른 의료 연합들의 표본이 되고 있다. 맞춤 의료 연합이 앞으로 이루고자 하는 주된 목표는 맞춤 의학의 개념과 서비스, 상품의 이해와 채택을 홍보하고 재정적 지원을 늘려서 규제나 보상 문제를 해결하는 정책을 만드는 것이다.

이 열광적인 시류의 대미를 장식한 버락 오바마 미국 전 대통령은 2015년 12월 18일 '정밀 의료 발전 계획'에 대한 투자로 2억 1500만 달러의 예산을 승인했다. 정밀 의료 발전 계획은 개인 맞춤식 진료의 발전을 위해 환자와 연구자, 의료인이 협심하여 연구, 기술, 정책을 통해 의학계의 새로운 시대를 연다는 야심 찬 임무를 맡았다. 오바마 전 대통령은 모든 사람이 적절한 시기에 적절한 치료를 받을 수 있게 하는 것이 정밀 의료 발전 계획의 목표라고 밝혔다.

이렇듯 다양한 기관과 자원, 관계자가 최신 인간 유전학과 치료 의학의 근본적 변화를 토대로 환자들에게 유례없는 의료 서비스를 제공하는 새로운 패러다임을 이끌고 있다. 그런 의미에서 30년쯤 후에는 맞춤 의학이 어떤 모습으로 변해있을지 궁금하다.

✧ 맞춤 의학의 장래는 밝기만 한가? ✧

하지만 미국의 생리학 박사 마이클 조이너Michael J. Joyner와 생물통계학 박사 나이젤 패네스Nigel Paneth는 언론의 전폭적인 관심과 지지에도 불구하고 지금까지 쌓아온 맞춤 의학의 성과를 상당히 냉정하게 평가했다. (Joyner & Paneth, 2019) 인간 유전체 프로젝트는 지금까지 방대한 자원이 투여되었음에도 기대 수명이나 다른 공중 보건 기준에 아무런 영향을 주지 못했다고 하며, 인간 유전체 프로젝트에 쏟아붓는 막대한 지원을 정당화할 만한 강력한 증거가 없는데도 맞춤 의학에 대한 맹목적인 믿음이 계속되고 있다고 주장했다. "의학계에 미칠 지나친 기대감으로 비현실적인 일정을 좇고 있지만 정밀 의학에 대한 홍보는 조금도 수그러들지 않고 계속되고 있다."

조이너와 패네스는 맞춤 의학의 비용과 효과를 다음과 같이 분석한다.

정밀 의학의 한계를 고려하면 생물 의학 연구계는 인간 유전체에 대한 집착을 재고하고 국가 차원에서 더 시급한 보건 문제에 재원을 투입하는 등 우선순위를 재고할 필요가 있다. 우리는 더 긴급히 해결해야 할 건강 이슈가 많다. 비만, 운동 부족, 당뇨 문제에 대응해야 하고, 불안 장애와 폭력으로 이어지는 정신 건강 문제를 해결해야 하며, 사회 문제로 대두되고 있는 약물 중독의 해결책도 마련해야 한다. 계속되는 전염병 발병 대비책도 세워야 하고, 공기, 먹거리, 물 등 환경 오염도 막아야 할 책임이 있다. 이런 문제들은 국립보건원을 포함한 많은 연구소가 가능성만 외쳐대며 아무런 해답을 제시하지 못한 인간 유전체 중심 연구에 대한 투자로 제대로 관심을 받지 못하는 실정이다.

❄ 맞춤 의학의 성공 스토리 ❄

맞춤 의학의 미래는 조이너와 패네스의 주장처럼 암울하기만 할까? 앞으로도 만족할 만한 결과는 기대할 수 없을까? 만약 성공한다면 성공 비결은 무엇이고 얼마나 큰 비용을 들여야 할까?

2019년 10월 〈뉴욕타임스〉의 기자 지나 콜라타Gina Kolata와 국립 보건원장인 콜린스가 자신의 블로그에서 소개한 밀라 마코벡이라는 소녀의 안타까운 사례를 살펴보자. 콜로라도주 롱몬트에 사는 아홉 살

소녀 밀라 마코벡은 세 살 때부터 바텐병이라는 치명적 뇌 질환을 앓았다. 급성 신경 퇴행성 질환의 한 종류인 바텐병은 보통 10대 전후의 나이에 발병해서 발작, 시력 감퇴, 인지 및 운동 장애 등의 증상이 죽을 때까지 진행되는 희귀 질환이다.

일반적으로 바텐병은 부모 양쪽으로부터 결함이 있는 유전자를 하나씩 물려받아 생긴다. 하지만 밀라는 '한쪽' 부모만 그 유전자를 보유하고 있어 특이한 사례로 분류된다. 정확히 말해서 필수 뇌 단백질 생성에 손상을 주는 짧은 DNA가 자리 잡은 것이 문제였다.

밀라의 어머니로부터 의뢰를 받은 보스턴 아동병원의 티모시 유 Timothy Yu 박사는 먼저 밀라의 유전체를 분석해 문제의 원인을 찾았다. 그리고 설치류 모델을 포함한 광범위한 실험을 통해 단백질 결함으로 생기는 다른 유전성 퇴행성 뇌 질환 치료제로 개발된 여러 시약 제품의 효과를 평가했다. 많은 실험 끝에 좋은 결과가 예상되는 약물이 개발되었고 최종적으로 FDA의 승인을 받았다. 약 이름은 밀라의 이름을 딴 '밀라센'으로 지어졌다. 그리고 2018년 1월 31일 치료가 시작되었다.

바텐병을 진단받기 전의 건강한 모습을 되찾기에는 아직 갈 길이 멀지만 밀라의 상태는 눈에 띄게 달라졌다. (밀라 미라클 재단Mila's Miracle Foundation 홈페이지 영상 참고) 콜라타 기자에 따르면 밀라는 밀라센을 투여받은 후 다음과 같은 변화를 보였다.

치료 이후 밀라의 발작 횟수와 지속 시간이 전보다 줄어들었다. 0~6회 사이 발작을 일으키고, 발작을 하더라도 1분 이상 지속하지 않는다. 이제 급식 튜브가 거의 필요하지 않고 퓌레로 된 음식을 먹을 수 있다.

혼자 일어설 수는 없지만, 일으켜 세워주면 등과 목을 똑바로 펼 수 있고 주저앉지 않는다. 하지만 심각한 장애는 그대로 남았고 어휘력은 좀 더 줄어들었다. (Kolata, 2019)

부모들은 자녀가 큰 병을 앓고 있으면 조그만 희망에도 엄청난 위안과 격려를 얻는다. 많은 사람이 밀라의 회복을 기원하며 의료진과 밀라 가족을 응원하고 있다. 성금을 모아서 금전적으로도 도움을 주고 있다. 하지만 맞춤 의학이 더 발전하기 위해서는 앞으로 넘어야 할 산이 많다. 윤리 문제를 풀어야 하고 재정 문제도 해결해야 한다. 다음은 그에 관한 이야기다.

❁ 맞춤 의학의 성공을 어떻게 평가할 수 있을까? ❁

2019년 10월 24일 밀라 마코백만을 위한 약물치료의 발견과 성과에 관한 첫 번째 논문이 〈뉴잉글랜드 의학저널New England Journal of Medicine〉에 실렸다. 그 논문의 과학적 의미도 중요하지만, 논문에 참여한 연구자의 수가 무려 48명이나 된다는 점이 인상적이다. 최소 3백만 달러를 넘을 것으로 추정되는 막대한 연구 자금도 놀랍다. 밀라의 회복을 바라는 많은 사람의 헌신적인 기부가 아니었다면 있을 수 없는 일이었을 것이다.

〈뉴잉글랜드 의학저널〉에 실린 우드콕과 마크스의 논평, 〈네이처 메디슨Nature Medicine〉의 논평은 눈여겨볼 만하다. 특히 두 논평은 밀라의 사례처럼 단일 대상 연구에서 발생하는 윤리적, 재정적 문제가 무엇인지 강조한다. 그중 일부를 소개한다.

- 개인에게 실험 중인 약물을 제공하는 것을 정당화하는 증거는 무엇인가?
- 부작용이 나타날 때 즉시 대응할 조치는 무엇인가?
- 적절한 복용량과 투여 방식을 어떻게 정할 것인가?
- 약의 효과를 어떻게 검증할 것인가?
- 효과가 없어 보일 때 어떤 기준으로 치료를 중단할 것인가?
- 희소 질환 환자에게 우리 사회가 초개인 맞춤 치료를 제공할 여력이 있는가?
- 맞춤 치료는 부유한 사람들만 이용할 수 있어야 하는가?

이런 질문들은 공중 보건 문제에 관한 조이너와 패네스 박사의 비판적인 시각과 더불어 맞춤 의학이 아직 걸음마 수준에 있음을 보여준다. 어떤 일이든 시행착오 단계에서는 오늘의 진실이 내일의 거짓이 될 수 있다. 맞춤 의학도 시행착오 단계의 오류와 혼란을 어김없이 경험하고 있다. (Kanter & Desrosiers, 2019)

하지만 너무 비판적으로 생각할 필요는 없다. 단 한 명의 환자라도 맞춤 치료가 도움이 된다면 시행착오 과정에서 쌓은 지식과 경험이 다른 질병 치료에도 도움이 될 것이다. 또한, 희소 질환 치료뿐 아니라 개인에게 더 효과 있는 약물을 찾는 일반 치료에도 도움이 될 것이기 때문이다. 그런 의미에서 맞춤 치료의 유용성을 평가하는 최고의 방법은 '과거의 성공을 얼마나 잘 활용하는가'일 것이다.

맞춤 의학의 기원에 관한 역사적 고찰

인간 유전체 프로젝트와 밀접한 관계를 맺고 있는 맞춤 의학은 확실히 현대적 요소를 한껏 즐기는 듯하다. 최근《히포크라테스 전집Corpus hippocraticum》의 원문 분석 결과, 맞춤 의학이 고대 그리스의 의학적 지침과 실천에서 발전했다는 주장이 관심을 끌고 있다. (Konstantinidou 외, 2017) 연구진의 결론은 다음 세 가지로 요약할 수 있다.

> 《히포크라테스 전집》에서 찾은 중요한 점은 다음과 같다. 첫째, 의술은 완벽하지 않다. 따라서 모든 사람에게 일반화될 수 없다. 둘째, 인간의 신체는 개인마다 다르고 치료에 대한 반응도 다르다. 따라서 모든 사람에게 동일한 치료법을 적용할 수 없다. 셋째, 의사는 환자의 건강 상태와 생활 방식(활동량, 식생활) 같은 개인의 특징을 고려하여 적절한 치료법을 선택해야 한다.

효과적인 치료법을 선택할 때 환자의 특징을 중시해야 한다는 맞춤 의학의 기본 개념은 고대 의학에서 뿌리를 찾을 수 있다. 오늘날의 맞춤 의학은 명백히 히포크라테스 시대 의학의 진화로 보아야 할 것이다. 하지만 히포크라테스 시대 의학은 2400년 전의 이야기다. 그사이 많은 것이 달라지고 발전했다. 따라서 현재의 맞춤 의학이 일반적인 의료 관행을 폭넓게 침투하지 못하는 현실적인 어려움을 고려해 맞춤 의학을 향한 지나친 기대를 신중하게 받아들일 필요가 있다.

그런 신중함은 최근 〈맞춤 의학 저널〉에 실린 "정밀 의학이 의학의 미래에 미치는 영향을 과대평가하기 어렵다."라는 주장과 균형을 이룬다. (Barker, 2017) 그러나 "정밀 의학이 의학의 미래에 미치는 영향을 과대평가하기는 너무 쉽다."라는 주장도 충분히 설득력이 있다. 앞으로 결론이 어떻게 날지는 더 두고 볼 일이다.

3장

---※---

위생 관련 이야기

HYGIENE

열세 번째 이야기.

데이터 시각화로 현대적 위생 개념을 도입한 백의의 천사

손을 잘 씻자는 말은 이제 유치원생들만을 위한 훈계가 아니다. 2019년 코로나바이러스 대유행 이후 손 씻기의 중요성을 모르는 사람은 이제 없을 것이다. 하지만 세균과 전염병 간의 인과관계가 밝혀진 것은 19세 기 중반으로 그리 오래전의 일이 아니다. 물론 그 이야기의 주인공은 우리가 잘 아는 루이 파스퇴르Louis Pasteur다. '미생물학의 아버지'로 불 리는 파스퇴르는 '병원 세균설'을 증명할 강력한 증거들을 발견했고, 병 원 세균설의 임상 의학 적용을 위한 토대를 마련했다.

그 분야에 지대한 영향을 끼친 또 다른 역사적 인물도 있다. 바로 이그나스 제멜바이스Ignaz Semmelweis와 플로렌스 나이팅게일Florence Nightingale이다. 두 사람은 다른 많은 업적을 남겼지만, 특히 감염 예방 수단인 손 씻기의 중요성을 널리 알렸다.

이번 이야기는 나이팅게일과 그녀의 주된 업적인 데이터 시각화 에 대한 것이지만, 그녀와 동시대에 살았던 제멜바이스에 관한 이야기 를 먼저 잠시 소개한다. 두 이야기의 공통분모가 이번 장의 주제를 이 해하는 데 도움이 될 것이다.

위생 개념의 중요성을 알린 이그나스 제멜바이스:
그의 주장은 왜 설득력은 얻지 못했을까?

역사는 때때로 역사적 인물에게 잔인한 장난을 친다. 처음에 엄청난 찬사와 명예를 얻던 사람이 나중에 불명예를 얻는가 하면, 별다른 주목을 받지 못하거나 실패자로 여겨지다가 오랜 시간이 지나고 찬사를 얻는 사람도 있다. 제멜바이스는 정확히 후자에 속하는 인물이다. 그리고 이제는 '어머니들의 구세주'로 불린다. (Kadar, Romero & Papp, 2018)

나는 인디애나대학Indiana University 대학원에서 '생물학의 역사'라는 저명한 수업을 듣고 제멜바이스를 처음 알았다. 1966년 독일인 철학자 칼 구스타프 헴펠Carl Gustav Hempel이 《자연 과학 철학》에서 제멜바이스의 업적에 주목한 이후 그의 평판이 급격히 좋아졌고 덕분에 나도 과학사에 큰 흥미를 느꼈다.

제멜바이스는 지금의 헝가리 부다페스트에서 태어났다. 식료품 장수였던 아버지 요제프 제멜바이스와 어머니 테레즈 뮐러 사이에서 난 열 명의 자식 중 딱 가운데인 다섯째였다. 가톨릭 학교에서 중등 교육을 받았고, 페스트대학University of Pest을 졸업한 후 빈대학교University of Vienna 의과대학에 입학해 1844년 의학박사 학위를 받았다.

제멜바이스는 1844년에서 1848년까지 빈 산부인과 병원에서 근무했다. 빈 산부인과 병원은 당시 환자들에게 무료 진료를 제공한 것으로 유명하다. 산부인과 병원 중에서는 규모가 가장 컸다. 그래서 1840년부터 병동을 두 개로 나누어 운영하기 시작했다. (Semmelweis, 2008) 제1 병동은 남자 의사와 남자 의대생들이 지냈고, 제2 병동은 여자 산파와 산파 교육을 받는 여학생들이 지냈다. 산모들은 전적으로 병원 측의 편의에 따라 두 병동에 임의로 배정을 받았다. 이런 임의적 환자 배치 방식은 결과적으로 일종의 대조 실험이 되었다. 1844년에서 1846년까지 두 병동 산모들의 사망률을 비교하면 제2 병동은 2.3퍼센트 수준이었는데 제1 병동은 8.8퍼센트에 달했다. (Loudon, 2013)

제멜바이스는 두 병동의 사망률이 거의 4배 가까이 차이 나는 이유가 궁금했다. 그가 주목한 원인은 산욕열이다. 산욕열은 아기를 출산하거나 낙태한 산모들의 생식기가 감염되어 고열이 발생하는 병인데, 산모들이 사망하는 주된 이유 중 하나였다.

제멜바이스는 여러 가지 가설을 세웠다. 하지만 대부분 타당성이 떨어졌고 기존 증거들로 반박할 수 있다는 것을 알고 곧바로 폐기했다. 산모들의 분만 자세를 바꾸는 방법도 시도해 보았지만, 사망률에는 차이가 없었다.

문제 해결의 실마리를 얻은 것은 야콥 콜레츠카Jakob Kolletschka라는 법의학 교수의 갑작스러운 죽음 때문이다. 콜레츠카는 학생들에게 종종 부검 수업을 했다. 어느 날 한 학생이 부검 때 썼던 메스를 잡다가 실수로 콜레츠카의 손가락을 찔렀다. 얼마 후 콜레츠카는 흉막염, 심낭염, 복막염, 뇌막염 등의 증상을 보이다 사망하고 말았다. 그동안 빈 산부인과 병원에서 사망한 수많은 산모의 사망 전 증상들과 같았다.

당시는 세균에 대한 지식이 별로 없을 때였다. 따라서 제멜바이스는 사람을 죽게 하는 보이지 않는 미립자가 콜레츠카의 혈류로 들어가 제1 병동에서 숨진 산모들처럼 콜레츠카에게 산욕열을 일으켰다고 추측했다. 하지만 그의 가설은 많은 논쟁을 일으켰다. 당시 의사들은 산욕열의 원인이 서른 개가 넘을 만큼 많으므로 그중 어떤 것이 진짜

원인인지 알 수 없다고 생각했다. (Kadar 외, 2018)

제멜바이스는 죽음의 미립자가 왜 제1 병동의 산모들만 감염시키고 제2 병동의 산모들은 감염시키지 않았는지 밝혀야 했다. 그 일은 그리 어려운 문제가 아니었다. 빈 산부인과 병원은 해부학을 중요하게 여기는 병원이어서 의사나 의대생이 시체에 손대는 일이 많았다. 하지만 산파나 산파 교육을 받는 여학생들은 그럴 일이 없었다. 따라서 제1 병동의 산모들이 그렇게 죽어 나갔던 것은 그 산모들을 돌보는 의료진 때문이라는 결론을 얻을 수 있었다.

제멜바이스는 산모를 접촉하는 의료진이 무엇보다 손을 깨끗이 씻는 것이 중요하다고 생각했다. 하지만 손을 씻어도 좋지 않은 냄새가 계속 나는 것으로 보아 비누로 씻는 정도로는 손에 남아있는 해로운 미립자를 완전히 없애기 힘들다고 생각했다. 그래서 여러 실험 끝에 염소 소독법을 찾게 되었고, 1847년 5월부터 이를 의료진에게 규칙화했다. 제멜바이스의 말을 인용하면 "결과적으로 1병동의 사망률은 2병동의 사망률보다 낮아졌다. 따라서 나는 의사들의 손에 남아있는 감염 물질이 사실상 제1 병동의 사망률이 높은 원인이라고 결론 내렸다." (Semmelweis, 2008)

제멜바이스의 놀라운 분석과 발견은 높은 평가를 받아야 마땅했지만 그러지 못했다. 당시 의료계가 질병 감염과 예방에 대한 제멜바이스의 의견을 받아들이지 않았을 뿐 아니라, 기존 지식에 반대되는 생각이나 발견을 무조건 거부하는 현상을 일컬어 '제멜바이스 반사 작용'이라고 하는 불명예스러운 명칭도 생겼다.

역사학자들은 제멜바이스가 수십 년간 역사의 뒤안길로 물러나 있었던 이유를 조사했다. (Cunningham, 2015; Larson, 1989; Loudon, 2013; Tulodziecki, 2013; Zoltán, 2020) 그중 라슨은 다음과 같은 이유를 찾았다. (Larson, 1989)

몇 년에 걸친 제멜바이스의 연구 결과는 세심한 기록과 검증에도 불구하고 의학계 동료들로부터 거의 인정받지 못했다. 제멜바이스를 향한 학계의 반감이 높았던 이유에는 지나치게 열정적이고 외골수적이며 눈치 없는 제멜바이스의 성격 탓도 있다. 독일어에 서툰 헝가리 출신이었다는 점도 문제가 되었을 것이다. 제멜바이스는 빈 의학 협회에서 논문 발표를 제안받았지만, 스스로 거부한 후 13년 동안이나 논문을 내지 않았다. 한참 뒤에 출간된 논문은 상당히 논쟁적이고 분노에 찬 어조였다. 제멜바이스는 자신의 주장은 의심할 여지가 없는 '진실'이므로 더 이상의 설명이 필요 없다고 생각했다.

루던은 제멜바이스의 논문이 부정적인 평가를 받은 이유를 더 자세히 규명했다. (Loudon, 2013)

500페이지가 넘는 그의 논문은 매우 명료한 주장을 담은 구절 사이사이 자신을 비판하는 사람들을 공격하는 거친 문장이 자주 등장했다. '자주 인용되지만 거의 읽지 않는 논문'으로 언급되는 것은 그런 이유 때문이다. 1865년 여름에 정신병원에 들어가고, 2주 후에 사망했기 때문에 논문을 쓴 시기가 정신 질환 초기 단계였던 것으로 보인다.

제멜바이스의 논문이 당시 제대로 인정받지 못한 더 분명한 이유도 있다. 숫자로 제시된 연구 결과가 너무 많은 표로 지루하게 제시되어 있었기 때문이다. 중요한 정보가 있어도 이해하기 어려워 보는 사람의 관심을 끌기 어려웠다. 공중 보건 위기에 대한 우려의 목소리가 높아지는 가운데, 오늘날의 우리는 정보를 시각적으로 더 쉽게 이해할 수 있게 만드는 것이 중요하다는 사실을 잘 안다. 나이팅게일의 노력이 주목을 받는 이유는 여기에 있다.

백의의 천사 플로렌스 나이팅게일: 그녀의 주장은 어떻게 설득력을 얻었을까?

숫자만 가득한 지루한 장문의 보고서를 좋아할 사람이 있을까? 우리는 누구나 효과적으로 자기 생각을 전달하는 방법을 원한다. 통계적 사실만 무미건조하게 나열된 보고서보다 알록달록한 도표라도 있는 보고서가 훨씬 설득력이 있다.

현대 간호학의 창시자로 불리는 나이팅게일은 1857년 12월 19일 시드니 허버트Sidney Herbert 국무장관에게 보낸 편지에서 바로 이 점을 지적했다. 그로부터 약 일주일 뒤인 1857년 12월 25일에 보낸 편지에서는 통계학적 수치를 담은 몇 가지 도표를 부록으로 첨부했다. 나이팅게일은 부록의 내용이 아무리 중요한 가치가 있어도 높은 위치에 있는 사람들은 쳐다보지 않는다는 것을 알았다. 그래서 과학자들을 빼면 누구도 보고서의 부록을 살펴보지 않는다고 한탄했다.

부록에는 그동안 찾은 데이터를 더 확실하게 이해할 수 있게 공들여 만든 '도표'를 추가했다. 도표로 만들어진 '시각화된 데이터'라면 귀를 통해 설득하지 못한 주장을 눈을 통해 설득할 수 있을 것 같았다. 그래서 그동안 힘겹게 찾은 증거들이 사람들에게 더 쉽게 이해되고 받아들여질 수 있기를 바랐다.

나이팅게일과 허버트가 그토록 열심히 설득하고 싶었던 사람들은 누굴까? 많은 사람이 있었지만, 특히 빅토리아 여왕, 앨버트 왕자, 유럽의 모든 왕과 여왕, 영국 군대의 모든 지휘관, 군의관 그리고 영국의 모든 신문, 논평, 잡지 등을 말했다. 한 마디로 중요한 위치에 있는 모든 사람이었다.

나이팅게일의 도표에는 어떤 중요한 증거들이 담겨 있었을까? 1853년 발발한 크림 전쟁 당시 영국 군인들은 열악한 군 병원 환경으로 고통에 시달렸다. 전쟁이 끝난 3년 뒤에도 상황은 나아지지 않았다. 침대 시트와 환자복은 언제나 기생충이 들끓었고 병원 안에서 쥐들이 활개를 치고 돌아다녔다. 이런 끔찍한 상황이 신문 보도를 통해 세상에 알려지면서 대중의 항의가 잇달았다. 그러나 근본적으로 상황이 나아지려면 충분한 재정적 지원과 제도 개선을 위한 왕의 허가가 필요했다. 따라서 무엇보다 설득력 있는 호소가 중요했다.

그런 의미에서 나이팅게일의 도표와 차트는 두 가지 중요한 사실을 입증했다. 첫째, 크림 전쟁 당시 전쟁터에서 부상으로 인한 사망자 수보다 병원에서 콜레라, 발진, 장티푸스, 이질 등 질병으로 인한 사망자 수가 많았고, 둘째, 병원의 위생 상태를 개선한 결과 질병으로 인한 군인들의 사망률이 크게 줄었다는 점이다. (Gupta, 2020)

그렇다면 이제 우리의 궁금증을 해결해보자. 1857년 당시 나이팅게일과 허버트는 어떤 사람들이었을까? 두 사람은 영국 군인의 사망률을 낮추기 위해 어떻게 힘을 합쳤을까? 이번 이야기의 주인공인 나이팅게일에 관한 이야기에 앞서 나이팅게일의 든든한 조력자였던 허버트에 대해 잠시 살펴보자.

허버트는 영국 정치가이자 사회 개혁가였고 나이팅게일의 오랜 친구이자 동맹자였다. 나이팅게일과 병원 개혁을 추진하는 과정에서 심한 압박감으로 일찍 사망했다는 설도 있지만, 사실 그는 만성 신부전 환자였다. 어쨌든 중요한 사실은 그의 도움이 없었다면 나이팅게일이라는 사람이 뛰어난 업적을 남기지도, 따라서 지금과 같은 명성을 얻지 못했을지도 모른다는 것이다. (Foster, 2019)

허버트는 영국과 러시아 귀족의 아들로 태어나 런던의 해로우 스쿨Harrow School과 옥스퍼드대학University of Oxford 오리엘 칼리지에서 엘리트 교육을 받았다. 1932년 영국 하원에 입성해 1841년부터 1845년까지 해군 장관으로, 1845년부터 1846년까지 로버트 필Robert Peel 내각에서 전시 장관으로 복무했다. 크림 전쟁 기간에는 1852년부터 1854년까지 조지 해밀턴 고든George Hamilton-Gordon 내각에서 전시 장관의 자리를 지켰다.

1854년 10월 14일 허버트는 터키 이스탄불 위스퀴다르 지구의 부대 병원에 여성 간호사들을 파견하면서 나이팅게일에게 인솔자 역할을 맡아달라고 요청했다. 당시 허버트는 군 병원의 의료 수준과 시설이 열악하다는 사실을 잘 알았다. 병사들의 고통을 덜어 주려면 과감한 변화가 필요하다고 생각했다. 허버트가 시도한 여러 가지 노력 덕분에 영국 군대 병원의 의료 수준이 높아졌고 일반 병원의 의료 서비스도 크게 개선되는 결과를 가져왔다.

허버트와 나이팅게일이 처음 만난 것은 1847년이다. 허버트는 1846년 필 내각이 사임했을 때 공직을 떠나 엘리자베스 양과 결혼하고 신혼여행지로 로마를 방문했다. 그곳에서 나이팅게일과 자신이 서로 알고 지낸 찰스와 셀리나 부부의 소개로 우연히 나이팅게일을 만났다. 만남이 거듭될수록 나이팅게일과 허버트 부부는 서로 영감을 주고받으며 깊은 우정을 나누는 사이로 발전했다. 나이팅게일은 허버트 부부의 박애주의 모습을 존경했고, 허버트 부부는 나이팅게일의 훌륭한 성품과 간호사 일을 향한 열정과 헌신에 깊은 인상을 받았다.

1854년 허버트는 간호 선교사들을 이끌 책임자로 나이팅게일을 주목했다. (Cook, 1914) 나이팅게일에게 보낸 편지에서 그의 능력과 자질을 이렇게 극찬한다. "그런 정도의 계획을 조직하고 감독할 수 있는 사람은 영국에 단 한 명뿐이에요. 나이팅게일 양이 가진 개인적인 자질과 지식, 행정력, 그리고 영국 사회에서 지닌 계급과 지위는 다른 누구에게도 찾아볼 수 없는 나이팅게일 양만의 장점이죠." (Stanmore, 1906) 역사적으로 보면 허버트의 생각은 절대적으로 옳았다.

나이팅게일은 그로부터 일주일 만에 로마 가톨릭교도 간호사 10명, 영국 성공회교도 간호사 10명, 세인트존스 홈의 간호사 6명, 영국 병원 소속 간호사 14명을 이끌고 위스퀴다르 지구의 스쿠타리 야전 병원으로 향했다. 그녀의 공식적인 직함은 '터키 주재 영국 종합 군사 병원 여성 간호 시설 감독관'이었다. 6개월쯤 지나자 그녀가 지휘한 모든 임무의 결과가 확연히 드러났다. 가장 인상적인 사실은 병원 내 군인들의 사망률이 42.7퍼센트에서 2.2퍼센트로 급격히 줄었다는 점이다. 나이팅게일이 주도한 일들을 구체적으로 살펴보자. 병상 간격을 1m 이상 유지해 감염의 기회를 줄였고, 환기 상태를 개선했으며, 병원 지하실의 마구간을 없앴고, 병원에서 나오는 오물을 하루에 여러 번 버리도록 했으며, 변기를 주기적으로 소독하고, 무엇보다 의료진에게 손 씻기를 철저하게 주문했다.

체계적인 병원 관리보다 빛났던 모습은 환자를 향한 그녀의 헌신적인 노력이다. 밤마다 손에 램프를 들고 병사들의 상태를 살핀다고 하여 '램프를 든 여인'이라는 별명을 얻었고 어떤 일을 하든 '구원의 천사'라는 명칭이 따라다녔다.

1856년 전쟁이 끝난 후 나이팅게일은 영국으로 돌아왔다. 터키에 있는 동안 병을 얻어 한동안 밖을 돌아다니기 어려울 만큼 건강이 좋지 않았다(브루셀라를 앓았던 것으로 보인다). 그래도 영국군 병원의 환경을 개선하기 위한 나이팅게일과 허버트의 노력은 멈추지 않았다.

나이팅게일은 스쿠타리 병원에서 병사들의 사망률이 줄어든 이유가 손 씻기를 포함한 위생 수준의 개선 때문이라고 확신했다. (Bates, 2020) 하지만 그 사실을 어떻게 효과적으로 높은 사람들에게 전달할 수 있었을까? 바로 그 부분에서 사회적 변화를 가져오기 위한 나이팅게일의 굳은 의지가 '데이터 시각화'라는 혁신적인 전략을 낳았다.

앞서 언급했듯이 나이팅게일은 허버트에게 쓴 편지에서 군 병원 상태의 문제를 지적하며 불만을 토로했다. 그러나 그녀는 실망감에 빠지지 않고 설득력 있는 주장을 펼칠 수단을 개발했다. 1857년 8월 19일 허버트에게 쓴 편지에서 화가 날 때마다 새로운 도표를 그려서 분노를 삭였다고 말한다. 나이팅게일은 변하지 않는 사람들의 태도에 제멜바이스만큼 화를 낼 수 있었지만, 제멜바이스처럼 무례하고 거친 태도가 아닌 신중하고 전략적인 태도를 보였다.

　나이팅게일의 정치적 전략은 시간을 두고 진화했다. 특히 모든 문제를 혼자 떠안으려 하지 않고 협력자들의 도움을 구했다. (Knopf, 1916) 윌리엄 파르William Farr도 그중 한 사람이다. 나이팅게일이 통계와 도표 지식을 쌓는 데 큰 역할을 한 사람이다. 나이팅게일이 그를 만난 것 역시 '우연'의 힘이다. 스쿠타리 병원에서 같이 근무했던 간호사와 그 간호사의 남편이 파르와 나이팅게일을 함께 아는 지인이어서 1857년 초 어느 파티에서 서로를 소개받았다.

　파르는 중앙등기소의 수석 통계학자이자 전염병 학자, 의료 통계 창시자로 알려진다. 1852년 일명 '원형 도표' 혹은 '극좌표'를 이용해 1840~1850년 런던의 주간 기온과 사망률의 관계를 효과적으로 제시했다. 나이팅게일은 파르의 시각적 자료가 설득력이 뛰어나다고 생각했다. 그래서 크림 전쟁 당시 병사 사망률의 원인을 제시하는 방법으로 다양한 도표와 그래프를 시도할 때 파르에게 적극적으로 도움을 구했다. (Howe, 2016)

　나이팅게일은 누구보다 배움에 적극적이고 학습 능력이 뛰어났다. 파르와 나눈 서신을 보면 둘의 관계가 진실하고 협력적인 관계로 발전했음을 추측할 수 있다. (Howe, 2016) 파르는 "나이팅게일 양에게 도움이 되어 영광이다."라는 인사말로 그녀를 향한 우정 어린 마음을 표현했다.

　1857년 5월 나이팅게일은 스쿠타리 병원의 사망률을 나타낸 몇 가지 도표를 파르에게 보냈다. 파르는 답장으로 "친애하는 나이팅게일 양에게. 나이팅게일 양의 훌륭한 관점을 아주 잘 읽었습니다. 마치 어둠을 밝히는 빛을 보는 듯했습니다. 나중에 작업을 끝낼 때 무지한 독자들을 위해 서두에서 기본적인 설명을 준비하는 게 좋겠습니다."라고 썼다.

나이팅게일은 실제로 1857년 11월에 연설문 원고의 형태로 무지한 독자들을 위한 설명을 작성했다. 파르는 그 원고를 읽고 "이 연설문은 지금까지 도표나 군대에 관해 쓴 글 중 최고입니다. 데모스테네스 (고대 그리스 아테네의 저명한 정치가이자 웅변가)가 와도 더 좋은 글을 쓰거나 연설할 수는 없을 겁니다."라는 찬사를 전했다. 건강 상태가 좋지 않아 사람들 앞에서 직접 발표는 하지 못했지만, 그때 쓴 글과 도표가 담긴 〈영국군의 건강과 능률 및 병원 관리에 영향을 미치는 문제점에 관한 보고Notes on Matters Affecting the Health, Efficiency, and Hospital Administration of the British Army〉(1858)는 장장 850쪽에 달한다.

나이팅게일은 자비로 보고서를 인쇄한 후 빅토리아 여왕을 포함해 중요한 위치에 있는 사람들에게 전달했다. 내용이 너무 방대해서 빅토리아 여왕이 읽다가 지루해할지도 모른다고 걱정했지만, 그 생각은 기우였다. 여왕은 보고서의 내용과 멋진 도표에 반해 "나이팅게일 양은 정말 머리가 대단하군요! 육군성에 데려오고 싶을 정도예요."라며 칭찬을 아끼지 않았다. 나이팅게일은 빅토리아 여왕과 앨버트 왕자의 승인을 받고 군대 의료 개선에 필요한 왕립 위원회의 지원을 즉시 얻어낼 수 있었고, 나중에 군 전체 의료 체계와 위생 절차도 개혁할 수 있었다. (Grace, 2018)

2016년 케이티 하우는 혁신적인 '나이팅게일의 장미 도표(https://upload.wikimedia.org/wikipedia/commons/1/17/Nightingale-mortality.jpg 참고)'와 보고서를 이렇게 평가했다. (Howe, 2016)

나이팅게일의 장미 도표는 누구라도 이해하기 쉬워 널리 재출판되었다. 정부는 뛰어난 시각적 자료와 보고서 내용에 따라 군 병원이 위생 개혁을 이룬다면 군사들의 사망률을 낮출 수 있겠다는 확신을 얻었다. 나이팅게일의 노력은 변화를 위한 기폭제가 되어 병원을 더 위생적으로 만들었고 육군 통계처의 설립을 이끌었다.

하지만 나이팅게일이 시도한 모든 도표가 장미 도표만큼 성공적이지 않았다는 사실은 우리에게 중요한 의미를 시사한다. 나이팅게일은 가장 적합한 도표를 찾기 전까지 막대 그래프, 누적 그래프, 벌집 모양 밀도 그래프, 영역 그래프 등 많은 형태를 시도했다. (Andrews, 2019) 특히 박쥐 날개 모양 도표는 시각적으로 매우 인상적인 형태였지만 점수 차이를 너무 크게 표현해서 결과가 많이 왜곡돼 보였다. 하지만 그 후 시도한 장미 도표가 박쥐 날개 모양 도표만큼 인상적이면서 동시에 훨씬 정확하게 데이터 수치를 드러냈다. (de Sá Pereira, 2018) 나이팅게일과 허버트가 그토록 바라던 군 병원 의료 개혁은 바로 그 장미 도표 덕분에 이루어졌다고 해도 과언이 아니다.

장미 도표는 곧 데이터 표현 방식의 혁명을 일으킨 상징으로 자리 잡았다. 그러나 이런 데이터 시각화가 어느 날 갑자기 나이팅게일의 머릿속에 떠오른 것은 아니다. 오히려 많은 시도와 실패 끝에 찾아온 결과였다. (Gupta, 2020) 효과의 법칙이 이때도 중요한 역할을 했다고 볼 수 있다.

나이팅게일은 어떻게 이렇게 훌륭한 업적을 이룰 수 있었을까? 그 답을 찾기 위해 그녀의 어린 시절을 살펴보자. 하지만 그전에 나이팅게일이 설득의 수단으로 도표를 어떻게 활용했는지 알아볼 필요가 있다. 앨리슨 헤들리Alison Hedley는 나이팅게일 탄생 200주년과 데이터 과학에 기여한 그녀의 공로를 기념한 글에서 나이팅게일이 보여준 시각적 자료 배치의 수사적 특성을 강조한다. (Hedley, 2020)

크림 전쟁의 사망률 데이터를 나타낸 플로렌스 나이팅게일의 도표는 혁신적인 그래픽 디자인의 아이콘이 되었다. 나이팅게일의 도표가 돋보이는 이유는 데이터에 관해 어떤 주장을 내세우려고 강력한 시각적 수사법을 사용했기 때문이다. 이러한 특징은 그녀의 노력이 어떻게 그 시대를 벗어나 있는지를 보여주는 강력한 근거가 된다.

헤들리는 숫자로만 된 데이터는 설득력이 없을 것이라는 나이팅게일의 고민을 곱씹으며 데이터 시각화 과정에 무엇이 포함되는지, 상대를 설득하는 수단에 도움이 되는 요인이 무엇인지 자세히 밝혔다. 헤들리의 논평은 나이팅게일이 데이터 과학에 기여한 독창성을 더욱 돋보이게 한다.

시각적 모델의 도입은 데이터를 해석하는 방식의 발전을 의미한다. 시각 자료를 만드는 사람은 데이터 사례 중에 있는 패턴, 즉 어떤 방식으로든 의미가 있는 변수 간의 인과관계나 상관관계를 인식한다. 이런 관점에서 데이터 그래픽의 특성은 데이터에서 인식한 패턴을 눈에 더 잘 띄게 만들기 위해 선택된 수사적 기법으로 이해될 수 있다. 데이터를 선택하고 분류하는 과정은 데이터의 의미에 관해 어떤 주장을 제시하는 것과 같다. 구성 요소의 모양, 색, 크기 같은 디자인적 특징과 공간 구성을 포함하는 정보의 시각성은 원본 데이터의 세부 사항을 잘 알지 못하는 사람들이라도 주장하는 바가 더 쉽게 전달되고 이해되도록 만든다. 나이팅게일의 장미 도표가 혁신적인 이유는 고위층과 일반 대중 모두에게 증거에 기반한 주장을 이해시키기 위해 시각적 수사법을 '훌륭하게' 배치한 데 있다.

✼ 나이팅게일의 성장 배경 ✼

빅토리아 시대 여성인 나이팅게일은 어떻게 간호학과 데이터 시각화라는 분야를 개척할 수 있었을까? 그동안 많은 역사학자가 플로렌스 나이팅게일의 생애와 업적을 연구해왔기 때문에 그 질문에 대한 단서로 우리가 파헤칠 수 있는 자료가 풍부하다. (Cook, 1914; Knopf, 1916; Magnello, 2010; Schuyler, 2020 등)

나이팅게일은 영국인이지만 태어난 곳은 이탈리아, 정확히 말하면 이탈리아 플로렌스였다. 윌리엄 에드워드와 프랜시스 부부의 둘째 딸로 부유한 상류층 집안에서 태어났다. 나이팅게일의 집안은 영국에서도 높은 상류층에 속했고 큰 부자였다.

유니테리언 교를 믿는 나이팅게일의 집안은 지적 탐구심이 높은 자유사상가가 많아서 여성들의 교육을 전적으로 지지했다. 플로렌스 나이팅게일과 언니 파르테노페는 어릴 때부터 가정 교사에게 읽고 쓰기 교육을 받았다. 미술과 피아노는 물론이고 산수, 지리, 식물학, 프랑스어 교육도 받았다. 케임브리지대학 트리니티 칼리지를 졸업한 나이팅게일의 아버지는 딸들의 교육을 위해 수학, 역사, 철학, 고전 문학, 영어 작문에 이어 라틴어, 이탈리아어, 그리스어까지 대학 교육에 상당하는 교육을 받게 했다.

나이팅게일은 누구보다 습득 욕구가 높았다. 어릴 때부터 자료를 체계적으로 수집하고 기록하는 능력이 뛰어났다. 엄청나게 수집한 조개껍데기를 표로 만들어 기록했고, 정원에 있는 과일과 채소의 표를 만들어 정보를 기록했다. 확실히 빈둥거리며 시간을 보내는 성격은 아니었다. "지성을 기르는 것 외에는 관심이 없었다."라고 할 정도로 언제나 모든 일에 진지하고 학구적이었다.

나이팅게일은 명문가 집안에서 자란 덕분에 당대의 저명한 빅토리아 시대 학자들을 많이 만났다. '해석 기관'이라는 최초의 기계식 컴퓨터를 설계한 수학자 찰스 배비지Charles Babbage도 그중 한 사람이다. 스무 살 때부터 케임브리지대학 출신의 수학자에게 두 시간씩 통계학 개인 지도를 받았다. 수학의 매력에 빠져서 피곤할 때 숫자들이 적힌 표를 보기만 하면 활기를 되찾는다고 말한 적도 있다. (Thompson, 2016)

어릴 때부터 아픈 사람들을 돌보는 일에 관심이 많았던 나이팅게일은 열일곱 살 때 간호사가 되고 싶다고 처음으로 가족들 앞에서 말했다. 빅토리아 시대에는 간호사가 비천한 직업으로 인식되었다. 명문 집안의 막내딸인 나이팅게일에게는 전혀 어울리지 않는 일이었다. 당연히 가족들은 반대했다. 나이팅게일은 어릴 때부터 주로 병원에서 일하는 모습을 상상하며 자랐다고 회상하는데, 그런 꿈을 꾸며 자란 것은 하나님이 그런 방식으로 자신에게 소명을 내렸기 때문이라고 생각했다. 그 소명감 덕분에 결혼해서 가족을 꾸리는 일은 단조롭고 의미 없는 일이라고 여겼고, 빅토리아 시대 여성에게 요구되는 전통적 기대에서 벗어나려고 노력했다.

나이팅게일은 지적 열망과 종교적 열망을 따르는 것이 자신의 길이라고 느꼈다. 아일린 마그넬로Eileen Magnell에 따르면 나이팅게일은 과학과 통계학이 종교를 대체한다고 여겼다. 통계학은 그녀에게 세상에서 가장 중요한 학문이었다. 그런 의미에서 인간이 적극적으로 하나님의 율법을 실현하는 데 공헌하는 종교의 형태를 제안했다. 통계적 법칙은 하나님의 뜻에 따른 계획을 드러내는 실행 가능한 길을 제공한다고 믿었다. (Magnello, 2010)

나이팅게일의 출생과 성장 배경에 관해 빼놓을 수 없는 점이 하나 더 있다. 이는 영국 사회에서 지닌 그녀의 계급과 지위가 터키 임무를 이끌 완벽한 자질 중 하나라고 생각한 허버트의 확고한 믿음과 관련이 있다. 나이팅게일은 명문 집안 출신이라는 배경 덕분에 누구보다 막강한 정치적 기회를 누렸다. 외할아버지인 윌리엄 스미스는 50년 동안 하원에서 잉글랜드 동부의 노리치 지역을 대표했고, 이웃에 살던 헨리 존 템플은 1855년부터 1858년까지 영국 총리를 지냈다.

마그넬로는 나이팅게일이 어릴 때부터 이런 사람들을 만난 덕분에 "군 병원과 일반 병원의 위생 개혁을 추진하는 과정에서 의회와 정부의 핵심 관계자들로부터 지지를 받을 수 있었다."라고 말한다. 나이팅게일은 국가의 도움 없이 한 개인의 힘만으로는 사람들의 삶에 급격한 변화를 일으킬 수 없다는 것을 잘 알았다. (Magnello, 2010)

여기까지가 나이팅게일이 젊은 여성으로 삶을 시작하기까지의 성장 배경이다. 물론 그녀도 특권층의 소녀들에게 기대되는 모든 예절과 집안일을 배웠다. 1839년 5월에는 공식적인 자리에서 빅토리아 여왕에게 정식으로 인사를 올렸다. (Dossey, 2000) 일반적인 빅토리아 시대여성과는 다른 삶을 추구한 그녀였지만 성인이 되고도 몇 년간은 더비셔와 햄프셔에서 가족들과 함께 살았다. 가족들과 휴가를 갈 때는 파리, 로마, 런던 같은 대도시의 병원들을 방문하며 꼼꼼하게 기록을 남기고 통계를 작성했다.

나이팅게일은 지적이고 매력적이며 부유하기까지 한 최고의 신붓감으로 많은 남자의 애간장을 태웠다. 1949년에 진지하게 프러포즈를 받기도 했지만 받아들이지 않았다. 나이팅게일의 아버지는 딸이 마음을 바꾸지 않으리라는 것을 알고 1850년에 현재 플로렌스 나이팅게일 병원으로 불리는 독일 뒤셀도르프 카이저스베르트에서 프리데리케 뮌스Friederike Münster와 테오도르 플라이드너Theodor Fliedner 부부의 지도하에 간호사 교육을 받도록 허락했다. 나이팅게일은 그 후 파리로 건너가 메종 드 라 프로비던스에서 심화 교육을 받았다. 나이팅게일의 언니 파르테노페는 나이팅게일이 곁을 떠나자 심한 불안감으로 신경쇠약에 걸렸다. 그래서 하루빨리 동생이 집으로 돌아와 자신을 돌봐주기만 바랐다.

세월이 흘러 1853년 새로운 길이 열렸다. 나이팅게일은 마침내 가족의 그늘에서 완전히 벗어나 런던 할리가에 있는 귀부인병원에서 일하게 되었다. 이제 정말로 간호사가 된 것이다. 그리고 1년 뒤인 1854년 시드니 허버트의 요청으로 터키로 떠나는 간호사 선교단을 이끄는 막중한 책임을 맡았다.

2부 혁신적 행위의 기원을 밝히는 스물다섯 가지 사례

열정적인 통계학자

나이팅게일은 '램프를 든 여인', '백의의 천사' 등 여러 수식어를 얻었었지만 '열정적인 통계학자'라는 수식어도 얻었다. 나이팅게일의 첫 번째 전기작가인 에드워드 쿡Edward T. Cook이 간호를 향한 열정 못지않게 통계학을 향한 열정이 강한 그녀를 위해 붙인 별명이다. 나이팅게일이 보여준 통계학적 혁신이 사람들에게 인정받는 데는 그리 오랜 시간이 걸리지 않았다. 나이팅게일은 1858년 왕립통계학회 회원으로 선출된 후 1874년 미국통계협회 명예 회원으로 선정되었다. 피어슨 적률 상관계수를 개발한 칼 피어슨Karl Pearson은 나이팅게일을 응용 통계학 발전의 '예언자'로 평가한다.

나이팅게일이 통계학과 데이터 시각화에 미친 영향은 오늘날에도 이어지고 있다. 2019년 7월 15일 데이터 시각화 협회에서 전문가와 일반인을 대상으로 데이터 시각화에 관한 최근 이슈를 다루는 새로운 저널을 발표했는데, 그 저널의 명칭이 〈나이팅게일〉이다.

준비된 자만이 기회를 얻는다

앞서 언급했듯이 파스퇴르는 질병 세균설을 발전시킨 의학의 선구자로 알려진다. 1854년 12월 7일 프랑스 릴대학의 과학학부 학장으로 임명되어 남긴 취임 연설에서 "기회는 준비된 자에게만 찾아온다."라는 말을 남긴 것으로 유명하다. 허버트가 나이팅게일에게 터키로 가는 간호사 선교단을 이끌어달라고 요청한 것이 그로부터 불과 두 달 전의 일이다. 모르긴 해도 나이팅게일만큼 준비된 사람은 없었을 것이다. 준비되어 있다는 말은 결과나 결말을 예측할 수 있다는 의미로 해석될 수 있다. 하지만 나이팅게일의 성장 배경을 들여다보면 그녀가 나중에 수집, 통계, 간호에 특별한 관심을 두게 되리라는 것은 예측하기 힘들다. 물론 허버트나 파르와의 우연한 만남에서 터키로 가는 선교사단을 지휘하거나 병원 개혁을 위해 여왕에게 청원하게 되리라는 것도 그렇다.

이 모든 것이 신의 섭리라고 믿는 사람도 있을 것이다. 하지만 나는 그렇게 생각하지 않는다. 이는 나이팅게일의 장미 도표처럼 긴 설명이 필요 없는 부분이지 않을까? 나이팅게일의 사례에서 보았듯이 상황, 결과, 우연의 힘이 합쳐지면 인류의 역사를 바꿀 만한 놀라운 결과가 일어난다. 자주 있는 일은 아니지만 나이팅게일은 확실히 그랬다. 우리가 나이팅게일의 삶과 업적을 기리는 이유는 바로 거기에 있다.

---

* 런던 여행 계획이 있는 사람들을 위해 한 가지 팁을 전한다. 런던을 방문한다면 워털루 플레이스에 위치한 크림 전쟁 기념관을 꼭 방문해 보기 바란다. 위대한 사회 개혁가였던 플로렌스 나이팅게일과 시드니 허버트의 멋진 동상을 만날 수 있을 것이다.

열네 번째 이야기.

건강한 치아 관리법,
치실의 유래

멘탈 플로스Mental floss: 머릿속에 담긴 쓸모없는 정보들을 없애고 생각을 정리하는 것

- 《어반 딕셔너리Urban Dictionary》

"모든 치아를 치실로 닦을 필요는 없어요. 간직하고 싶은 치아만 골라 닦으면 돼요." 약간 엉뚱하게 들리는 이 말은 치과 의사들이 자주 하는 표현 중 하나다. 정확히 말하면 식사 후 치실로 이를 닦는 것이 가장 확실하게 치아 건강을 지키는 방법이라는 뜻이다.

더 놀라운 뉴스가 있다. 치실을 사용하면 알츠하이머에 걸릴 확률을 떨어뜨릴 수 있다. 치실로 알츠하이머 발병률을 낮춘다니, 어떻게 그럴 수 있을까? 치실로 치아를 잘 관리하면 치은염 발병의 위험이 줄어들기 때문이다. 치은염을 일으키는 포피로모나스 진지바리스 Porphyromonas gingivalis라는 세균은 잇몸 혈관을 통해 뇌로 이동할 수 있다. 이 세균이 생성하는 단백질은 뇌세포를 파괴해 알츠하이머와 관련된 많은 인지기능 장애를 일으킨다. (Dominy 외, 2019)

치실 판매량은 세계적으로 계속 증가 추세다. 세계 치실 시장은

2018년 27억 5000만 달러에 달했고, 2025년까지 39억 달러에 이를 것으로 전망된다. 연평균 5.12퍼센트에 달하는 높은 성장률이다. 레비 스피어 팜리Levi Spear Parmly가 살아서 이 뉴스를 들었다면 누구보다 반가워했을 것이다. '치실의 아버지'로 불리는 팜리는 치실을 처음 발명한 사람으로 알려진다. (Duenwald, 2005) 사실 치실의 원래 용도는 치은염이나 알츠하이머 예방과는 관련이 없었다. 팜리는 치아 사이에 끼인 음식 찌꺼기가 충치를 일으키는 원인이라고 생각해 충치 예방의 용도로 치실을 개발했다.

팜리는 미국에서 출판된 치의학 관련 네 번째 책이자 자신의 책 중에서 가장 자주 인용되는《치아 관리를 위한 실제적인 가이드 A Practical Guide to the Management of the Teeth》라는 책에서 "치아 사이의 틈이나 고르지 못한 치아로 인해 음식 찌꺼기가 치아 사이에 끼이게 되는데, 지금까지 발견된 도구로는 그 찌꺼기를 완전히 제거할 수 없다는 것을 알았다."라고 말한다. 그래서 수많은 실험과 오랜 연구 끝에 치아를 깨끗이 닦을 수 있는 양치 도구 세트를 개발했다.

작은 용기에 담긴 이 도구는 화장실에 두고 사용하거나 주머니에 넣고 다닐 수 있는 크기의 치아 거울과 함께 세 가지로 구성된다.

첫 번째 도구는 칫솔이다. 치아를 감싸기 위해 가운데 부분이 비어 있다. 이 칫솔로 치아를 닦으면 치아 내부 및 외부 표면과 윗부분까지 치아에 묻은 음식 찌꺼기를 제거한다. 두 번째 도구는 치약이다. 치아의 에나멜층에 남은 오염과 얼룩을 제거하고 원래 치아의 매끈함과 색으로 되돌린다. 세 번째 도구는 왁스를 입힌 명주실이다. 단순하지만 가장 중요한 도구다. '질병을 일으키는 원인이지만 칫솔로 완전히 제거되지 않는' 찌꺼기를 이 실로 잇몸과 치아 사이의 틈을 오가며 제거할 수 있다. (Parmly, 1819)

당시 치의학의 수준으로 판단한다면 팜리가 예방 치의학에 주목한 것은 대단히 놀라운 일이다. 그래서 '예방 치과 의학의 아버지' 혹은 '치과 위생의 선구자'로도 불린다. (Sanoudos & Christen, 1999) "당시 치아 치료는 상당히 원시적인 방식으로 이루어졌다. 주로 치아를 뽑거나 치아 표면을 치석 제거기로 닦거나 쇠줄로 썩은 부분을 갈아낸 후 금속박으로 메워 넣었다. 그전까지는 상아나 동물 뼈로 틀니를 만들었는데, 유럽과 미국에서 금으로 된 틀니가 만들어지기 시작했다." (Chernin & Shklar, 2003) 팜리는 어떻게 이런 시대에 구강 위생이라는 새로운 분야를 개척할 수 있었을까?

팜리는 미국 버몬트주 브레인트리에서 태어났다. 형제자매가 아홉인데, 아들 다섯 중 팜리, 엘리자, 자히알, 사무엘 이렇게 넷이 치과 의사의 길을 걸었다. 팜리의 아버지는 농부였다. 어릴 때부터 곡괭이질을 하며 고된 농사를 경험하고 자란 팜리는 절대 아버지처럼 농사꾼은 되지 않겠다고 맹세하며 자랐다. 그래서 스물두 살 때 곡괭이질은 이걸로 끝이라고 소리치며 집을 떠났다고 한다.

이곳저곳 떠돌며 바이올린 연주로 여행비를 마련한 팜리는 보스턴으로 가서 치과 의사 견습생으로 훈련을 받았다. 치과 기술을 어느 정도 익힌 그는 1815년 캐나다 몬트리올과 쿼벡시에서 진료를 시작했다. 《치아 관리를 위한 실제적인 가이드》(1819)라는 책으로 치실의 장점을 주장하며 런던, 파리, 뉴욕, 주로 뉴올리언스 등지에서 치과 진료를 이어 나갔다.

안타깝게도 팜리가 치실을 어떻게 개발했는지는 알려진 바가 없다. 출처는 확실하지 않지만 치의학을 향한 그의 열정과 투지를 엿보이게 하는 일화는 있다. 1814년 7월 25일 런디스 레인 전투 이후 팜리와 그의 형 자히알 팜리가 온타리오 전투가 벌어진 나이아가라 폭포 일대를 돌아다니며 죽은 병사의 치아를 모아 연구에 사용했다는 이야기다. 모르긴 해도 그 치아들로 충치가 생기는 과정을 이해하는 데 중요한 정보를 얻었을 것이다. 그 이야기가 사실인지 아닌지는 확실하지 않지만 팜리가 치의학이라는 학문의 발전에 기여한 것만은 분명하다.

하지만 치실의 최초 발명가가 팜리가 아니었다는 것을 암시하는 증거들도 있다. 치아 사이에 낀 음식물을 빼내는 일은 인류의 역사만큼 오래된 일이었을 것이다. 기원전 3500년 전 고대 이집트인들은 끝이 잘게 갈라진 막대와 암염, 박하, 후춧가루를 이용해서 치아와 잇몸을 닦았다. 이 막대가 이 사이에 낀 음식을 제거하는 도구가 발전되어 나오는 데 어떤 식으로든 도움이 되었을 것이다. 아시리아 설형문자로 된 기원전 3000년경의 문헌은 치아를 닦는 다양한 방법을 언급하고 있는데, 당시 사람들은 이 사이에 낀 물질을 빼내고 이를 깨끗이 하기 위해 호저의 가시와 새의 깃털을 사용했다고 전해진다. 메소포타미아의 유적지에서는 같은 시기 사용된 것으로 보이는 이쑤시개가 여러 곳에서 발견되었다. 인류의 조상에서 나온 치아 화석 중 뾰족한 물체로 생긴 홈터도 발견되는데, 이 뾰족한 물체가 바로 치아를 닦는 데 사용된 것으로 추측된다.

하지만 치실의 기원에 관해 가장 시사하는 바가 큰 단서는 인간이 아닌 짧은 꼬리 원숭이에서 나왔다. 마카크 종인 태국(마카카 파시쿨라리스Macaca fascicularis), 일본(마카카 푸스카타Macaca fuscata), 인도(마카카 파시쿨라리스 엄브로서스Macaca fascicularis umbrosus) 원숭이는 다양한 재료를 치실로 사용해왔다.

특히 태국 롭부리에 사는 긴꼬리 마카크 종은 치실로 사람의 머리카락을 이용한다고 알려져 있다. (Watanabe, Urasopon & Malaivijitnond, 2007) 이 지역의 원숭이들은 신의 종으로 숭배된다. 그래서 원숭이들이 고대 불교 사원인 프랑 삼 욧 일대를 돌아다니며 사원에 온 사람들의 머리 위에 올라타 머리카락을 뽑아도 아무도 제지하지 않는다. 원숭이들은 뽑은 머리카락을 양손으로 잡고 이 사이를 왔다 갔다 하며 치실질하는 모습을 보여주곤 한다. 근처에 사는 다른 원숭이 집단에서는 이런 모습이 거의 관찰되지 않기 때문에 롭부리의 원숭이들이 치실을 사용하는 습관은 비교적 최근에 발달한 행동으로 추측된다.

연구자들은 관찰에 그치지 않고 일종의 실험을 위해 원숭이들에게 가발을 건넸다. 원숭이들은 머리카락을 입에 넣더니 입을 다문 채로 끝부분을 빼내 손으로 잡아당겼고, 머리카락에 음식물이 묻어 나오자 그 음식물을 다시 핥아 먹었다.

원숭이들은 치실로 머리카락뿐 아니라 코코넛 껍질의 섬유질도 이용한다. 이용 방식은 인간의 머리카락을 이용할 때와 거의 비슷하다. 특히 인도에서 관찰된 원숭이는 풀잎, 침엽수 잎, 깃털, 나일론 실, 철사 등 다양한 재료를 치실로 이용했다. (Pal 외, 2018) 와타나베 연구진은 치실질하는 태국 원숭이의 행동을 다음과 같이 분석했다.

그림 14.1 일본의 원숭이 촌페-69-85-94가 자기 털로 치실질하는 모습

> 여성의 머리카락을 치실로 이용하기는 쉽지 않은 일이다. 원숭이들은 입안에 음식 조각이 남아있다고 느낄 때 머리카락을 골라서 한 가닥으로 만든 다음 양손으로 꽉 잡고 치실질을 한다. 머리카락을 꼭 붙들지 않거나 치실질하고 싶은 곳을 정확히 찾지 못하면 이 사이에 낀 음식물을 제거할 수 없다. 어느 곳을 치실질하는지 자신의 모습을 직접 볼 수 없으므로 촉각에만 의지해서 손놀림을 조정해야 한다. 신기하게도 원숭이들은 치실질하는 데 머리카락이 정확히 몇 가닥 필요한지 아는 듯이 꼭 몇 가닥만 골라내는 것처럼 보였다. (Watanabe, Urasopon & Malaivijitnond, 2007)

치실 행위를 하는 태국의 원숭이들은 다양한 연령대로 구성된 여러 무

리가 머리카락 제공자를 열심히 찾아다니는 모습인 데 반해, 일본의 원숭이에서는 다른 모습이 관찰된다. (Leca, Gunst & Huffman, 2010) 일본에서는 촌페(Chonpe-69-85-94)라는 이름의 특정 원숭이 한 마리만 털 손질을 하던 중에 자신 혹은 다른 원숭이의 털을 뽑아 치실질하는 모습을 보였다. (그림 14.1 참조) 다른 원숭이들은 치실질하는 모습을 전혀 보이지 않는다. 치실질하는 원숭이는 거의 엄마 원숭이, 동생 원숭이와만 교류했는데, 어째서인지 그 원숭이들은 치실질하는 촌페의 모습을 따라 하지 않았다. 와타나베 연구진은 일본의 원숭이가 치실질하게 된 기원에 관해 흥미로운 가설을 제시했다.

> 혁신적 행위의 상당수는 우연으로 설명할 수 있고 원숭이가 치실질하는 행위는 항상 털 손질과 관련이 있으므로 우리는 원숭이의 치실질이 털 손질을 하는 과정에서 우연히 습득하게 된 행위라고 생각한다. 즉 다음과 같은 시나리오를 생각해 볼 수 있다. 일본의 마카크 원숭이들은 일상적으로 털 손질을 하는 동안 입으로 털을 물거나 잡아당겨 서캐 같은 기생충을 제거한다. 촌페-69-85-94의 경우 털 손질을 하던 중에 우연히 앞니 사이에 털이 끼였고 그 털을 빼내다가 음식물이 남아 있는 것을 알게 되었다고 가정해 볼 수 있다. 즉, 이 사이에 낀 털을 빼내다가 털에 남은 음식을 다시 먹게 되는 즉각적인 보상이 주어졌으므로 털을 이 사이에 끼워 넣는 행위가 강화되었다고 추측할 수 있다.

물론 연구진은 치실질이 이 사이에 낀 음식물 조각으로 인한 불편함을 없애 주었을 수 있다는 가능성에도 주의를 기울였다. 하지만 치실질이 항상 털 손질과 관련해서 행해졌고, 적어도 촌페-69-85-94의 경우 먹이를 먹은 직후뿐 아니라 하루 중 아무 때나 행해졌다는 사실을 더 비중 있게 다루었다.

또 다른 연구진은 촌페-69-85-94가 꽤 오랜 기간 치실질을 해왔다는 점에 비추어 더 흥미로운 가능성을 고려했다. (Leca, Gunst & Huffman, 2010) 장기적인 관점에서 아마도 그 원숭이는 치실질로 이와 잇몸의 상태가 더 좋아졌을 것이다. 물론 예방적 구강 관리의 장기적 효과를 원숭이가 어떻게 인식했는가는 원숭이의 전반적인 통찰력과 계획성에 관한 더 풀기 어려운 문제다. (Wasserman, 2019)

이 시점에서 우리는 예방 치의학의 아버지인 레비 팜리의 선구적인 노력에 다시 주의를 기울일 필요가 있다. 팜리는 《치아 관리를 위한 실제적인 가이드》에서 다음과 같이 주장한다. "입속 청결에 충분히 주의를 기울인다면 치아와 잇몸병을 예방할 수 있다. 고통스러운 수술도 필요가 없을 것이다. … 그러한 예방적 관리는 전반적인 건강 상태는 물론이고 얼굴 특징에도 영향을 미칠 것이다."

하지만 최근의 한 소식은 팜리의 주장을 정면으로 반박한다. 팜리는 치실질이 구강 위생을 지키는 데 필요한 중요한 활동이라고 주장했지만, 팜리와 팜리 이후의 치과 전문의 전체의 믿음이 최근 시험대에 올랐다. 미국 정부는 2015~2020년 미국인을 위한 식이 지침을 발표할 때 치실 사용 권고에 관한 내용을 삭제했다. 치실 효과의 근거가 부족하다는 AP통신의 보도에 따른 조치였다. 치실의 유용성 논란은 일명 '치실 게이트'로 번졌다. (Saint Louis, 2016)

여기서 문제가 되는 점은 치실의 실증적 효과를 평가한 실제적인 연구가 거의 없었다는 사실이다. 대부분 연구는 짧은 기간 소수의 피실험자를 대상으로만 이루어졌고, 무작위 대조군 연구 같은 최신 연구 기법은 거의 이루어지지 않았다.

치실의 효과를 제대로 평가하는 데 필요한 장기간의 무작위 대조군 연구는 실제로 시행되기가 어렵다. 무엇보다 임상연구심의위원회에서 3년간 치실을 사용하지 않는 것과 같은 실험을 승인할 리 없다. 무작위 대조군 연구를 시행하는 것은 전문가들 사이에서 효과 및 안정성에 대한 예측이 완전히 불가능한 상황이 아니고서는 비윤리적인 행위로 간주된다. (Holmes, 2016)

그렇다면 정말 치실을 사용할 필요가 없을까? 물론 그렇지 않다. 충분한 실험적 연구 결과가 없다고 해서 치실의 효과가 없어지는 것은 아니다. 치과 전문의들은 약 200년간의 실제적인 경험을 토대로 치실이 치아 건강에 도움이 된다고 확신한다. 미국치과협회는 2016년 발표한 보도 자료에서 다음과 같이 주장했다. "강력한 증거가 발견되지 않았다고 해서 효과가 없다고 할 수는 없다. 치실로 치아 사이를 닦는 것은 치아와 잇몸 관리에 꼭 필요한 과정이다. 치아와 치아 사이를 닦으면 치석을 제거해 칫솔이 닿지 않는 부위에 생기는 충치나 잇몸병을 예방할 수 있다."

그렇지만 인간이 확실하지 않은 추측에만 의존해 치아 건강법을 결정해왔다면 인간의 조상과 원숭이들의 조상이 비슷한 길을 걸어왔을지 모른다는 말은 설득력이 떨어지지 않겠는가?

앞으로도 이 질문에 답하기는 쉽지 않을 것이다. 하지만 비교를 통한 관점은 주목할 만한 혁신적 행위나 기술의 기원을 규명하는 데 상당한 도움이 되는 것은 확실하다.

열다섯 번째 이야기.

남자들은 왜 면도를 시작했을까?

> 오랑우탄은 면도칼을 들고 얼굴에 비누 거품을 잔뜩 묻힌 채 거울을 들여다보았다. 전날 주인이 면도하는 모습을 벽장의 열쇠 구멍으로 지켜본 것이 분명했다.
>
> - 에드거 앨런 포Edgar Allan Poe

위 인용문은 에드거 앨런 포의 유명한 추리 소설인《모르그 가의 살인》에서 오랑우탄이 레스파네 부인과 카미유 양 모녀를 잔인하게 살해하기 전의 장면이다. 소설 속 탐정인 오귀스트 뒤팽의 날카로운 추리력이 아니었다면 범인이 사람이 아니라 오랑우탄이었음은 밝히기 힘들었을 것이다.

　에드거 앨런 포는 왜 오랑우탄을 살인범으로 택했을까? 그리고 많고 많은 무기 중 왜 면도칼을 선택했을까? 포가 소설에서 강조했듯이 오랑우탄의 뛰어난 '모방 습성'이 하나의 이유가 될 수 있다. 혹은 유인원 중에서 입 주변 수염이 가장 두드러지는 동물이 오랑우탄이기 때문일 수도 있다. 만약에 포가 인간과 가장 가까운 동물을 살인범으로 정하고 싶었다면 오랑우탄만큼 괜찮은 선택도 없었을 것이다. 실제로 오랑우탄은 말레이시아와 인도네시아어로 사람을 뜻하는 오랑orang과 숲을 뜻하는 우탄utan이 합쳐져 '숲의 사람'이라는 의미가 있다.

하지만 이 소설의 모티브는 남성들의 일상적인 일과 중 하나인 면도라는 행위를 둘러싸고 또 다른 궁금증을 유발한다. 인간이라는 종의 수컷들은 왜 매일같이 얼굴의 수염을 없애는 수고로움을 감수할까? 남성의 수염은 청소년기에 시작되며 생식 활동과 직접적인 관련은 없지만 남성과 여성을 구분 짓는 뚜렷한 특징 아닌가?

암수에 따른 이런 성적 이형성은 동물계에서 흔한 현상이다. 대표적으로 수컷 공작과 암컷 공작, 수컷 사자와 암컷 사자는 성적 이형성이 뚜렷하다. 찰스 다윈은 《인간의 유래와 성 선택》에서 성적 이형이 발달하는 이유를 '성 선택'의 개념으로 설명했다. 다윈은 남성이 가지는 뚜렷한 특징은 남성과 여성을 구별할 뿐 아니라 여성에게 성적 매력을 어필하는 효과적인 수단이기 때문에 여성이 남성 유전자의 절대적인 결정권자라고 주장했다. (Oldstone-Moore, 2015) 즉, 남자에게 수염이 나는 이유는 수천 년 전 여자 인류의 조상이 수염이 많은 남자를 더 좋아했기 때문이고, 따라서 수염은 남자의 성적 능력을 상징하는 표상이었다는 것이다. 그런데 오랜 시간이 흐르면서 인간과 친족 관계에 있는 다른 영장류들에 비해 인간은 몸에 자라는 털을 대부분 잃었다. 그래서 인간을 '털 없는 원숭이'라고 부르게 된 것을 보면 이런 성 선택의 개념은 이해하기 힘든 면이 있다.

다윈의 설명에 따르면 수컷 공작이 깃털을 뽑거나 수컷 사자가 갈기를 없애버리는 것은 진화적 자살 행위와 다름없다. 명백한 남성성을 잃은 수컷은 암컷을 얻기 위한 경쟁에서 성공할 가망이 없었다. 그렇다면 오늘날 인간의 수컷이 수염을 없애는 행위는 어떻게 설명할 수 있을까? 다윈의 진화론으로는 이 질문에 답하기 어렵다.

사실 인간이 어떻게 면도를 시작했는지는 앞으로도 정확히 알기 어려울 것 같다. 인간이 먼저 시작했는지, 인간의 조상 중 어느 한 종이 먼저 시작했는지도 알기 어렵다. 하지만 이 책에서는 편의상 인간이 먼저 시작했다고 가정하고 다음 논의를 이어가 보도록 하겠다. 그렇다면 인간이 면도를 시작하게 된 동기, 즉 수염을 없애게 된 동기는 무엇이었을까?

수염을 없애게 된 동기는 애초에 수염을 길렀던 동기와 같다고 생각해 볼 수 있다. 바로 여성들의 선호도가 동기인 것이다. 얼굴에 수염이 가득한 남자를 좋아했던 여성들의 기호가 어떤 이유로 달라졌고, 여성들이 소년 같은 얼굴을 가진 남성들을 더 좋아하게 되었을 수 있다. 따라서 기계적으로 수염을 없애는 행위가 아니었다면 매우 매우 더딘 속도로 수염이 없어지는 진화를 거쳤을 텐데 그 행위로 인해 진화가 앞당겨진 것으로 추측해 볼 수 있다.

이런 설명은 다윈의 진화론적 관점에 부합하기는 하지만 나는 완전히 동의하기 어렵다. 그렇게 오랜 세월 동안 지속해온 여성들의 선호도가 갑자기 왜 변한다는 말인가? 누군가는 베르길리우스가 《아이네이스》에서 "여성은 언제나 변덕스럽고 쉽게 변하는 존재다."라고 한 말에 동의할 수 있겠다. 물론 조금 더 쉽게 수긍할 만한 다른 설명도 생각해 볼 수 있다. 이 설명은 수염을 기르는 것이 대단히 귀찮은 일이라는 단순한 전제에서 출발한다. 어떤 점에서 그럴까?

20년 동안 수염을 길러본 사람으로서 나는 수염을 기르고 관리하는 일이 얼마나 귀찮고 어려운지 잘 안다. 좋은 거품제나 면도기가 있어도 마찬가지다. 수염이 덥수룩하게 나 있으면 음식 부스러기나 티끌이 잘 쌓이고 심지어 벌레도 꼬일 수 있다. 날씨가 더우면 열기가 빠져나가지 못해 불쾌감이 높아지고 날씨가 추우면 입김 때문에 수염이 쉽게 얼어 피부가 잘 손상된다. 게다가 수염이 길면 상대방에게 잡히기 쉬워서 싸울 때도 불리하다. 기원전 331년 알렉산더 대왕이 아시아를 정복하기 위해 페르시아군과 결전을 치르기 전에 그리스 병사들에게 수염을 없애라고 명령한 것도 그래서일 것이다.

남자들이 수염을 기르면서 겪는 많은 귀찮은 문제 때문에 수염을 없애게 되었다면 여자들에게는 수염이 없는 남자와 있는 남자 중에서 어떤 남자를 좋아할지 선택의 문제가 남는다. 그렇다면 적어도 일부 여자들은 추레하고 부스스하게 수염이 나 있는 남자보다 수염을 깔끔하게 없앤, 그래서 어쩌면 조금 더 젊어 보이는 남자를 좋아했다고 가정해 볼 수 있다. 게다가 까슬까슬한 수염은 여자들의 부드러운 피부에 닿았을 때 불쾌한 느낌을 줄 수 있다.

요약하면 신체적 편이성이 이전까지 선호되던 덥수룩한 수염을 없애는 데 영향을 주었다고 설명할 수 있다. 이와 같은 설명은 남자들에게 수염이 있는 이유에 관한 다윈의 해석과 맥을 같이하면서도 수염을 기르지 않게 된 이유에 다른 요인이 작용할 수 있음을 암시한다.

면도를 정확히 누가 먼저 시작했는지는 끝내 알 수 없겠지만, 고고학적 증거는 고대인들의 면도 행위에 관한 흥미로운 통찰을 제공한다. (Rothschild, 2017; Tarantola, 2014) 고대 동굴 벽화를 살펴보면 초기 인류는 약 10만 년 전부터 조개껍데기를 집게처럼 사용해 수염을 뽑았던 것으로 추정된다. (그림 15.1 참조) 혹은 날카로운 상어 이빨로 수염을 끊어 내기도 했다. 약 6만 년 후부터 유리처럼 생긴 화산암 흑요석이나 조개 껍데기 조각으로 수염을 잘라냈고, 기원전 3만 년경에는 부싯돌 날을 이용해 수염을 밀었다고 알려진다.

어떤 목적을 달성하는 데 여러 가지 방법이 있듯이 털을 미는 방 법에도 여러 가지가 있다. 기원전 3000년경에는 생석회, 비소, 녹말을 혼합해 제모 크림을 만들어 쓰기 시작했다. 고대 이집트인들은 이 제 모 크림이 여자들의 몸에 난 털을 없애는 데 효과적이라는 것을 알았 다. 하지만 남자들의 거친 수염을 없애는 데는 더 강력한 도구가 필요 했다. 천연 재료로는 부석이 사용되었고 금속 가공술이 시작되면서 수 염을 더 말끔하게 깎을 수 있는 칼날이 제조되었다.

고대 그리스와 로마인들은 금속을 다루는 기술이 뛰어나서 더 날 카롭고 매끄러운 면도칼이 제조되었다. 먼저 청동으로 된 면도칼이 만 들어졌고 나중에는 구리나 철로 된 면도칼이 나왔다. 고대 로마에는 이발소가 생겨서 면도의 위상이 높아졌다. 당시 이발소는 부유층 손님 들에게 수염을 전문적으로 관리해 주는 서비스를 제공했을 뿐 아니라 뉴스와 가십거리가 오고 가는 공공장소의 기능을 담당했다.

수염을 기르는 관습은 그 후 수 세기 동안 다른 많은 유행과 마찬 가지로 생겼다가 사라지기를 반복했다. (Oldstone-Moore, 2015) 당연히 면 도기나 면도에 쓰이는 면도용 크림, 면도 후 바르는 로션 같은 제품도 그랬다. 이 책에서는 특히 언급하고 싶은 면도 상품이 하나 있다. 독특 한 광고로 1920년대 말 인기를 끌었던 면도 크림 제품이다.

버마쉐이브Burma-Shave라는 이 제품은 솔이 필요 없는 면도용

그림 15.1 솔로몬 제도의 남자가 조개껍질로 면도하는 모습. 1964년 사진

2부 혁신적 행위의 기원을 밝히는 스물다섯 가지 사례

크림이다. 내가 직접 써 보지 않아 효과에 대해서는 할 말이 없지만, 1926~1963년 사용된 기발한 광고 기법으로 유명해진 제품이다. 라임을 맞춘 재치 있는 문장의 광고 문구를 여러 개의 푯말에 나누어 적고 도로변에 일정 간격으로 세워 두는 방식이었다. 그래서 차에 어린이가 타고 있으면 길을 가다가 그 광고 푯말이 나올 때 하나씩 소리 내어 읽기가 좋았다. 우리 형과 나도 어릴 때 차를 타고 가다가 버마쉐이브의 광고 푯말이 보이면 그때마다 열심히 소리 내어 읽었던 기억이 있다.

1920~1930년대 사용되었던 버마쉐이브의 재밌는 광고 문구 중 일부를 소개한다.

안타까워라
로마의 황제들이
수염을 하나하나
족집게로
뽑았다니

정말이지
상처를 남기지 않고
피부를 자극하지 않는
벨벳 느낌

당신의 아름다움은
피부에서

오는 것
어떤 피부라도
지킬 것

자연이 준
수염이
아무리 뻣뻣해도
말끔하게 없애리
버마쉐이브로

다음은 면도를 말끔히 했을 때 얻을 수 있는 장점 중에서 특히 여성들
에게 어필할 수 있는 장점을 강조하고 있다.

색소폰을 부는
향기로운 남자
그런데
수염에 긁혀
놓아주었네

덥수룩한
수염은
매력 있는
남자의 모습이

아니다

구레나룻
없는
키스는
여자의 마음을
얻는다

매력 있는
여자는
단단한 근육과
부드러운 뺨을 가진
매력 있는
남자를 원한다

몰랐을 때
놓쳤던 키스
알고 나면
짠!
되찾는 키스

이렇게 보면 남성의 수염을 두고 '문명이 자연과 전쟁을 치르고 있
다'(Oldstone-Moore, 2015)라는 말이 딱 맞는 것 같다. 남성들은 수백만 년

에 걸쳐 생물학적 진화가 남성에게 남긴 것을 없애려고 노력해왔다. 문화적 힘은 그 자체가 진화의 영향을 받는 대상이지만 때로는 진화의 물리적 변화를 넘어설 수 있다. 여성과 남성 모두에게 남성성에 대한 정의가 주기적으로 변해왔듯이 남성들은 앞으로도 수염을 없앴다가 기르고, 또 없앴다가 기르고를 반복할 것이다. (Saxton, 2016)

✳

4장

예술, 오락, 문화 관련 이야기

ART
ENTERTAINMENT
AND CURTURE

열여섯 번째 이야기.
예술 사진의 대가 안셀 애덤스

사무엘 골드윈 스튜디오가 제작한 영화에는 영화를 시작하기에 앞서 포효하는 사자상이라는 유명한 회사 로고가 등장한다. 사자 로고가 제일 처음 등장한 영화는 1917년에 나온 〈폴리 오브 더 서커스Polly of the Circus〉라는 무성 영화였다. 그 후 골드윈 픽처스가 1924년에 메트로 픽처스와 루이스 메이어 픽처스와 합병되면서 세 회사의 앞글자를 딴 MGM 스튜디오가 사자 로고를 이어받아 사용했다.

이 로고는 광고 기획과 작곡으로 상당한 명성을 얻은 하워드 디에츠Howard Dietz가 디자인했다. 디에츠가 사자를 로고로 선택한 이유는 모교인 컬럼비아대학의 공식 마스코트이자 그가 글을 기고한 유머 잡지의 상표였기 때문이라고 한다.《어둠 속에서 춤을Dancing in the Dark》(1974)이라는 그의 자서전에 따르면 "대학 잡지 〈더제스터The Jester〉에서 웃는 사자 장식을 보고 아이디어를 얻었다. 잡지에 사용된 사자는 컬럼비아대학의 상징이었다. 컬럼비아대학은 원래 영국 왕 조지 2세의 인가를 받고 1754년 킹스칼리지로 설립되었는데, 그 킹스칼리지의 상징이 사자였고 컬럼비아대학이 그 상징을 이어받았다. 그 정도면 영화사의 로고로 충분히 역사적인 의미가 있다고 생각했다." 라고 한다.

디에츠는 사자의 머리 위로 '아르스 그라치아 아르티스Ars Gratia Artis'라는 문구를 삽입했다. (Altman, 1992) '예술을 위한 예술'이라는 의미다. 이 문구가 어떻게 나오게 되었는지는 알려진 바가 없었는데, 질 안드레스키 프레이저Jill Andresky Fraser가 1993년 〈뉴욕타임스〉에서 디에츠가 학창 시절 라틴어 수업에서 보았던 문장을 기억해서 만들었다고 주장했다. (Fraser, 1993)

하지만 이 주장은 곧 반론에 부딪혔다. 바로 한 해 전《할리우드 이스트: 루이스 B. 메이어와 스튜디오 시스템의 기원Hollywood East: Louis B. Mayer and the Origins of the Studio System》을 출판한 다이아나 알트만 Diana Altman이 프레이저의 주장을 반박하며 다시 〈뉴욕타임스〉에 글을 올렸다. (Altman, 1993) 알트만에 따르면 디에츠는 1917년 그의 나이 열아홉 살 때 표어 공모전에 입상하고 컬럼비아대학을 중퇴한 후 맨해튼에 있는 필립 굿맨 광고 대행사에서 시간제 일을 시작했다. 사무엘 골드윈은 맨해튼 바로 맞은 편인 뉴저지 포트리에 스튜디오가 있었던 관계로 골드윈 픽처스를 알리기 위해 필립 굿맨 광고 대행사를 고용해 〈새터데이 이브닝 포스트The Saturday Evening Post〉에 실을 전면 광고를 위임했다. 그때 디에츠가 로고 작업을 맡았다.

골드윈은 기억에 남을 만한 인상적인 광고를 제작해 달라는 주문과 함께 영화는 지성과 교양이라는 단단한 토대 위에 제작되어야 한다는 골드윈 픽처스의 확고한 의지가 드러나도록, 간결하지만 함축적인 의미가 있는 문구를 로고에 담으면 좋겠다고 제안했다. 디에츠는 '예술을 위한 예술'이라는 문구를 라틴어로 번역해서 쓰면 의미 있는 로고 제작에 필요한 적당한 무게감을 줄 것 같다고 생각했다. 라틴어로 된

2부 혁신적 행위의 기원을 밝히는 스물다섯 가지 사례

고풍스러운 표어만큼 괜찮은 아이디어가 어디 있겠는가?

그런데 알트만이 라틴어 학자에게 자문한 결과, '아르스 그라치아 아르티스'라는 문구의 문제점을 찾았다. (Altman, 1993) 첫째, 아르스 그라치아 아르티스라는 표현은 라틴어로 의미가 통하지 않는다. 라틴어로는 '예술을 위한 예술'이라는 표현을 옮길 수가 없다. 둘째, 아르스 그라치아 아르티스는 디에츠가 의도한 것과 정반대의 의미를 뜻한다.

원래 '아르스ars'는 라틴어로 기술을 의미한다. 라틴어에는 한 단어로 표현할 수 있는 예술을 의미하는 단어가 없다. 라틴어로 그림을 말하려면 'ars picturae'라고 해야 하고 조각은 'ars sculpturae'라고 해야 한다. '그라치아gratia'라는 단어는 어떤 목표를 위해 무언가를 한다는 의미다. 따라서 디에츠가 의도한 방식과 정반대의 의미가 된다. 귀족을 위한 예술이었다면 몰라도 고대 로마인들에게 예술을 위한 예술이라는 개념은 존재하지 않았다.

✳ 순수 예술 vs. 실용 예술 ✳

예술을 위한 예술이라는 디에츠의 라틴어 문구가 엉터리라는 알트만의 날카로운 지적은 그렇다 치고, 신출내기 홍보 담당자였던 디에츠는 순수 예술이 실용 예술과 구별될 수 있다는 점을 정확히 인식했다. 그 점을 처음 인식한 사람은 일반적으로 프랑스 작가 테오필 고티에Theophile Gautier로 알려진다. 고티에는 자신이 쓴 소설인 《모팽 양》

그림 16.1 1953년 안셀 애덤스

(1835)의 서문에서 순수 미술을 '예술을 위한 예술'이라고 표현하며 "유용한 것들은 모두 추하다."라고 실용 미술을 혹독하게 비난했다.

물론 골드윈과 디에츠가 그 시대의 명백한 초기 상업 영화를 순수 미술과 같은 선상에 놓으려고 시도했던 점은 확실히 대담한 시도였다. 더욱이 그 이유가 신생 영화사의 홍보 때문이었다는 점에서도 그렇다. 하지만 두 사람은 대단히 선견지명이 있었다고 할 수 있다. 그로부터 불과 10년 뒤 영화 산업의 중심이 된 로스앤젤레스의 한 호텔에서 영화가 순수 미술로 거침없이 진화하고 있다는 아이디어를 토대로 오늘날 오스카상을 주관하는 '영화예술과학 아카데미'가 설립되었다. 현재 오스카상은 세계에서 가장 인정받는 예술적 성취의 상징 중 하나다.

❉ 순수 사진 vs. 실용 사진 ❉

사진의 예술성은 영화의 예술성을 배경으로 조망해 볼 수 있다. 비록 출발은 사진 영상이 영화 영상을 훨씬 앞서지만, 사진이 예술성과 창조성을 인정받는 데는 상당한 시간이 걸렸다. 이 책에서는 특별히 안셀 애덤스Ansel Adams(그림 16.1 참조)라는 사진작가와 예술가로 진화해 온 그의 삶에 관한 이야기로 사진 영상이 예술성을 인정받기까지의 역사를 알아보고자 한다. 먼저 순수 사진이 실용 사진과 어떻게 다른지를 살펴보자.

사진작가가 눈앞에 보이는 것을 카메라에 담는 것은 포토저널리즘에 속한다. 포토저널리즘에 속하는 영상은 특정 순간에 벌어지는 상황을 사실적으로 포착하는 것이 중요하다. 그래서 이야기를 전달하는 역할을 할 때가 많다. 실용 사진의 또 다른 형태는 상업적 기업, 혹은 상업적 기업만큼은 아니지만, 상업적 기업 못지않게 중요한 정치적 목적을 홍보하는 용도로 이용된다.

반면 순수 사진은 상황보다 작가가 중요하다. 카메라에 비치는 것을 충실하게 담아내는 것보다 작가가 느끼는 것을 관객과 공유하는 것이 더 중요하다. 화가가 한 폭의 풍경을 담아내기 위해 물감, 붓, 이젤을 이용하듯이 순수 사진작가는 같은 목적을 위해 카메라를 이용한다고 할 수 있다.

✵ 순수 사진과 실용 사진을 넘나든 사진계의 대가 ✵

미국 국립문서기록관리청에 따르면 안셀 애덤스는 미국 서부의 아름다운 자연을 흑백 사진에 담아내며 자연 보전을 위해 노력한 사진작가이자 환경운동가였다. 특히 사진을 예술의 경지로 끌어올리는 데 대단히 중요한 역할을 했다.

애덤스는 특히 실용 예술과 순수 예술의 범주를 넘나들며 창작 활동을 펼친 작가로 인정된다. 애덤스의 기록에 빠짐없이 등장하는 문구 중 하나는 풍경 사진의 영역을 완전히 바꾸어 놓았다는 것이다. 흑백 사진으로 자연을 담아낸 그의 작품은 보는 이들에게 사진이 보여줄 수 있는 '사실적 관점'보다 '감정적 관점'을 전달한다. 애덤스는 자연 사진이 자연보호 활동을 촉구하고 지원할 뿐 아니라 순수 예술의 한 형태로서 다른 전통적인 분야들과 멋지게 경쟁할 수 있다는 것을 증명했다.

예술가적 공헌에 대한 애덤스 자신의 회고적 관점은 실용 사진작가와 순수 사진작가 사이의 관련성을 보여주는 단서가 별로 없다. 때로는 연결 고리가 크게 없다는 식으로도 말한다. 예를 들어 1985년 출판한 그의 자서전에서 다음과 같이 언급했다. "내가 환경 문제와 직접 관련되는 사진을 의도해서 찍은 적이 없다고 말하면 사람들은 의아해한다. 그래도 내가 찍은 사진이 중요한 목적에 유용하게 쓰이는 것을 볼 때면 매우 기쁘다." 그의 말대로 정말 관계가 없을까? 만약 있다면 어떤 관계가 있을까?

일반적으로 한 개인의 전기에는 그 개인의 삶을 형성하는 초기 경험에 관한 많은 정보가 다루어진다. 하지만 애덤스에 관해서는 알려진 정보가 거의 없었다. 그 빈틈을 메꾼 것은 레베카 센프Rebecca A. Senf의 《사진작가 되기: 안셀 애덤스의 초기 작품에 관하여Making a photographer: The early work of Ansel Adams》(2020)라는 책이다. 센프는 이 책에서 꼼꼼한 자료 수집을 통해 실용 사진과 순수 사진에 대한 애덤스의 쌍둥이 같은 열정이 어떻게 상호 작용하는지 살펴보았다. 따라서 나는 센프의 저서를 토대로 그가 어떻게 뛰어난 환경운동가이자 예술가로 발전할 수 있었는지 단서를 찾아보려 한다.

✳ 애덤스의 어린 시절 ✳

"어린 시절의 경험이 지금의 나를 만들었다." 애덤스가 자서전에서 밝혔듯이 유년 시절의 경험은 그의 인생과 작품에 깊은 영향을 미쳤다. 1902년 2월 20일 샌프란시스코에서 태어난 애덤스는 네 살 때인 1906년 대지진의 여진으로 벽에 부딪혀 코뼈가 영구적으로 휘어지는 손상을 입었다. 애덤스의 어릴 때 집은 골든게이트 다리와 베이커 해변이 내려다보이는 아름다운 언덕 위에 자리 잡았다. 다른 집들과 떨어진 한적한 위치였는데, 목재상으로 성공한 할아버지가 고급 목재를 제공해 튼튼하게 지은 집이라 다행히 엄청난 지진 충격에도 피해가 크지는 않았다.

안셀 애덤스의 아버지인 찰스 애덤스도 성공한 사업가였다. 하지만 샌프란시스코 대지진과 그 후 연이은 화재로 경기 침체가 계속되면서 그의 사업은 이전 수준을 완전히 회복하지 못했다. 찰스에게 더 어려운 과제는 하나뿐인 아들 안셀 애덤스가 각별한 관심과 애정이 필요한 평범하지 않은 아이였다는 점이다. 애덤스는 병치레가 잦고 신경이 예민했다. 한편 활동적이고 체력이 좋아 자연을 누비고 돌아다니기를 좋아했다. 혼자 있기를 좋아해 또래 아이들과 잘 어울리지 않았고 학교생활에 적응하는 데 어려움이 많았다. 결국 애덤스의 아버지는 애덤스의 이모와 가정 교사의 도움을 받아 애덤스를 집에서 교육해야 했다.

이런 상황에서도 애덤스는 아버지와 편안하고 좋은 관계를 유지했다. 덕분에 세상을 탐험하고 그 안에서 자신만의 특별한 장소를 발견하는 많은 자유를 누렸다. 호기심이 많아 이것저것 관심을 보였지만 다양한 경험 자체가 예술가로 성장하는 데 중요한 밑거름이 되었다.

무엇보다 애덤스는 자연을 사랑했다. 혼자 숲속을 걷다 보면 세상과 단절될 수가 없었다. 오히려 자연에서 만나는 바위, 나무, 혹은 동물들과 끊임없이 교감했다. 한때 곤충 채집에도 열을 올렸다. 자연을 아끼는 마음이 크다 보니 무분별한 자연 개발을 우려하는 마음이 커졌다. 자서전에는 그와 관련된 이야기가 언급되어 있다. 환경에 관한 관심은 이때부터 싹텄을 것이다.

로보스 강 위로 아름다운 참나무 숲이 우거져 있었다. 미국 육군 공병에서 이해할 수 없는 이유로 2010년쯤 참나무와 잡목 숲을 베어 없애버리기로 했다. 그때 아버지는 다른 곳에 계셔 그 사실을 몰랐다. 아버지가 제일 좋아하는 산책길이 그 참나무 숲에서 샌프란시스코 프레지디오 근처에 있는 마운틴 호수까지 이어지는 길이었다. 아버지는 나중에 그 사실을 알고 실제로 병이 났다. (Adams, 1985)

애덤스는 열 살 무렵 갑자기 피아노에 관심을 보이더니 이를 연습하는 데 많은 시간을 보냈다. 열두 살 때부터 마리 버틀러를 선생으로 만나 꾸준히 개인 지도를 받은 후로 산만한 기질을 고치고 인내심과 집중력을 기르기 시작했다. 순수 예술을 통해 깊은 감정을 적절한 방식으로 표출할 수 있게 된 것은 버틀러 덕분이었다고 할 수 있다. 아들을 위해서라면 무엇이든 아끼지 않았던 그의 아버지는 애덤스의 피아노 실력에 도움을 주기 위해 더 숙련된 개인 교사를 붙여 주었다. 1925년에는 거금을 들여 메이슨 & 햄린 그랜드 피아노를 샀다. 애덤스는 자신의 레슨비에 보탬이 되고 싶어 자신보다 더 어린 학생들에게 피아노를 가르쳐 용돈을 벌었다. (West, 2013)

안셀 애덤스의 전기작가들은 애덤스의 사진이 음악적 배경에서 상당한 영향을 받았을 것이라고 말한다. 예를 들어 케니스 브라우어 Kenneth Brower는 "완벽주의, 뛰어난 색조 감각, 오페라를 연상케 하는 웅장한 영상미 같은 안셀 애덤스의 사진 기법은 기본적으로 음악과 관련되어 있다. 안셀 애덤스는 그동안 누구도 오르지 않은 검은 산봉우리와 눈부신 설원을 품은 웅장하면서도 변덕스러우며 활기가 가득한 바그너 음악의 영역으로 사진술을 끌어들였다."라고 설명한다. (Brower, 2002) 적어도 애덤스에게는 음악과 사진이 전혀 어색한 동반자가 아니었을 것이다.

애덤스가 사진작가로 성장하는 데 영향을 준 중요한 경험 중 하나는 열네 살 때 가족들과 요세미티 국립공원에서 여름휴가를 보낸 일일 것이다. 메리 이모에게 받은 선물인 《시에라 산맥 한가운데에서In the Heart of the Sierras》라는 책을 읽고 깊은 인상을 받아 아버지를 설득해 가게 된 여행이었다. 장장 400페이지 달하는 이 책은 제임스 메이슨 허칭스James Mason Hutchings가 1888년에 쓴 책인데, 조지 피스케George Fiske라는 작가가 찍은 요세미티의 아름다운 풍경 사진이 실려있었다. 애덤스는 나중에 피스케를 '최고의 해석 사진가'라고 추켜세웠다. 안타깝게도 피스케의 작품은 대부분 화재로 소실되고 없다.

애덤스는 처음으로 떠난 여행에서 아버지가 선물한 코닥 박스 카메라로 50장 이상 사진을 찍었다. 그 사진은 나중에 앨범으로 정리해서 간직했다. 손대지 않은 자연의 아름다움과 그 아름다움을 사진에 담을 수 있다는 생각이 그의 머릿속에 강한 인상을 남겼다.

❊ 사진작가로 성장하기까지 ❊

애덤스는 요세미티 공원을 처음 방문한 후로 몇 년간 요세미티 공원을 찾아갔다. 여행이 거듭될수록 새로운 사진 기술과 기법을 시도하며 수많은 사진을 찍었다. 며칠 만에 끝나는 여행은 매일 반복되는 일상적인 피아노 연습과는 극명한 차이가 있었다. 1930년 애덤스는 결국 자신이 음악보다 사진에 직업적 소명을 더 크게 느낀다는 것을 깨달았다.

애덤스에 관한 대부분 전기는 그가 독학으로 사진 예술과 환경 운동을 깨우쳤다고 말한다. 대체로 맞는 말이지만 프랭크 디티만과 프랭크 홀만이라는 두 사람에게서 받은 귀중한 도움은 짚고 넘어가야 할 부분이다. (Alinder, 2014; Spaulding, 1998; West, 2013)

디티만은 샌프란시스코에 있는 애덤스의 집 근처에서 작은 사진 현상소를 운영했다. 애덤스는 거기서 하루 2달러를 받고 디티만의 일을 도왔다. 주로 의뢰인에게 필름을 받아오거나 현상을 끝낸 작업물을 가져다주는 잡일을 했지만, 필름을 인화하고 현상하는 법도 배웠다. 디티만은 애덤스가 암실에서 하는 여러 가지 기술에 소질이 있다며 안셀을 좋아했다.

프랭크 홀만은 취미 삼아 조류를 연구하는 전직 지질학자였는데, 애덤스가 요세미티 공원을 방문하던 초기에 같이 장비를 옮겨주고 사진 찍기 좋은 장소를 안내하는 길잡이 역할을 해주었다. 나중에 애덤스의 등산 실력이 홀만보다 더 좋아진 후로는 1920년부터 1924년까지 여름 시즌에 시에라 클럽의 창립회원을 기리며 세운 르꽁트 기념 산장의 관리를 맡겼다. 시에라 클럽은 북미 지역에서 가장 오래되고 영향력 있는 환경 단체로 현재 380만 명에 달하는 회원을 보유하고 있다. 애덤스는 1919년에 시에라 클럽에 가입해서 1922년 〈시에라 클럽 회보〉에 첫 공개 작품을 실었다.

여름에는 주로 요세미티에서 시간을 보내며 시에라 클럽의 사회 활동과 환경 활동에 점점 더 많은 시간을 보냈다. 시에라 클럽의 회원들과 매년 장거리 하이킹을 떠나 사진을 찍었고 여행을 마친 후 사진을 교환하며 감상했다. 일부 사진은 판매할 기회도 생겼다. 그러는 동안 더 정교한 카메라로 독특한 기법을 개발하고 사진 기술을 업그레이드

해 나갔다.

어느 시점부터 계속 순수 사진을 찍으려면 보조 수단이 필요하다는 것을 인정하고 상업적인 일을 찾아보기 시작했다. 그때부터 가족사진, 실내 장식가나 건축가를 위한 건물 사진, 은행, 양조장 홍보 사진 등 돈벌이가 될 만한 다양한 사진을 찍었다. (Senf, 2020) 이렇게 상업 사진가로서의 모습과 예술 사진가로서의 모습이 같이 진화했다.

1927년 4월 17일 애덤스는 마침내 순수 사진작가로서 큰 발걸음을 내디뎠다. 의식의 시각화로 평가되는 〈암석, 하프돔의 얼굴Monolith, the Face of Half Dome〉이라는 사진을 대중 앞에 선보인 것이다. (www.christies. com/img/LotImages/2014/NYR/2014_NYR_03457_0002_000(ansel_adams_monolith_ the_face_of_half_dome_yosemite_national_park_c_19104106).jpg 참고) 애덤스는 1983년 저서에서 대상을 찾아서 사진을 찍고 사진을 인화하는 전 과정을 이렇게 설명했다. "피사체를 보면서 최종 결과물을 예상할 수 있는 능력, 이를테면 마음의 눈으로 본다는 것은 원하는 결과를 얻는 데 필요한 수많은 사진 기술을 정확하게 제어할 수 있게 한다." (Adams, 1983)

애덤스는 거대한 화강암 절벽을 어두운 하늘과 대비되도록 눈 덮인 정상과 짙은 그림자가 드리워진 음울한 형상으로 시각화했다. 카메라에 보이는 모습을 그대로 찍기보다 자신이 경험한 강렬한 감정을 포착하기 위해 29번 진홍색 필터로 교체해 5초간 노출 촬영을 하는 등 몇 가지 파격적인 카메라 설정을 시도했다. 암실에서 네거티브 유리판을 제거하고 성공을 예감했을 땐 "내가 구현하고 싶었던 이미지가 그대로 담겨 있었다. 사진작가로서 가장 흥분되는 순간 중 하나였다."라는 말을 남겼다.

물론 첫 번째 단계는 잘 통과했지만, 최종 결과물을 얻으려면 더 많은 기술이 필요했다. 아직 원판을 인화하는 과정이 남아있었다. 이 과정은 그가 새로 개발한 사진 마무리 기술을 적용했다. 이와 관련해 애덤스는 음악과 사진의 닮은 점을 강조했다. "사진의 원판이 작곡가의 악보라면 인화는 연주라 할 수 있다. 같은 악보로도 연주 방식에 따라 미묘하게 다른 결과를 얻을 수 있듯이 사진도 마찬가지다."

애덤스는 수년간 사진 기술을 실험하고 발전시켜 〈암석, 하프돔의 얼굴〉 원판으로 나중에 더 많은 사진을 인화했다. "최근 작품들은 초기 때보다 분위기와 의도를 훨씬 더 많이 드러내고 있다."라고 평가했다. 그 분위기와 의도는 허칭스의 책에 실린 〈엘 캐피탄 산, 하프돔, 계곡El Capitan, Half Dome, and Valley〉에서 같은 암석을 찍은 피스케의 특징 없는 사진에서 볼 수 없는 매우 심미적인 특징이 있다. 차라리 피스케의 사진보다 허칭스의 설명이 하프돔의 규모와 위엄을 훨씬 잘 전달한다. "언제나 그렇듯 하프돔은 자신보다 작은 모든 물체를 어둠으로 가려버린다." (Adams, 1983)

그 시기 애덤스는 샌프란시스코에서 보험계 큰손이자 미술 수집가인 앨버트 벤더Albert M. Bender라는 후원자를 만났다. 벤더는 애덤스를 파티에서 우연히 만난 다음 날 애덤스의 첫 사진집인 《파멜리안 프린츠 오브 하이 시에라Parmelian Prints of the High Sierras》의 출판을 돕기로 했다. 애덤스는 벤더의 격려와 경제적 지원, 사업적 관계 덕분에 인생의 행로가 극적으로 달라졌다. 사진작가로서 그가 전문적인 경력을 시작할 수 있었던 것은 사실상 첫 번째 사진집 덕분이라 할 수 있다. 그 사진집의 사진들은 〈암석, 하프돔의 얼굴〉에서 볼 수 있는 대담함이나 극명한 대조는 보이지 않았지만, 벤더와 알고 지내는 부유한 개인 수집가들의 시선을 끌기에는 충분했다. 애덤스는 그 후로 마케팅의 중요성을 더 확실히 깨달았다. 즉, 사진을 팔고자 한다면 잠재적 고객의 취향을 알아야 했다.

그로부터 2년 뒤인 1929년 애덤스는 상적 기술과 예술적 기술을 동시에 쌓을 수 있는 직장을 얻었다. 바로 요세미티 공원 & 커리 회사의 전속 사진기자로 일할 수 있게 된 것이다. 관광객을 더 많이 유치하고 싶었던 회사는 애덤스에게 사람들의 눈길을 끌 만한 멋진 사진을 찍어달라고 요청하며 미적인 관점뿐 아니라 특정한 장면을 사진에 담아달라고 요청했다. (Senf, 2020) 예를 들어 겨울에는 눈 덮인 집들과 나무들만 찍어달라고 했고, 공원 스케이트장을 이용하는 사람 중에서 옷을 잘 입은 사람들만 찍어달라고 했다. 이 시기 애덤스가 찍은 사진에는 썰매, 승마, 낚시, 골프, 캠핑 같은 다양한 휴가 활동이 포함된다. 그러나 애덤스에게 약간의 재량권도 있었기 때문에 요세미티 공원의 독보적인 아름다움이 드러나는 강렬한 사진도 계속해서 찍었다.

애덤스가 찍은 사진들은 최종적으로 홍보용 책자와 신문 광고, 엽서, 기념품 책자에 실렸다. 애덤스는 그 일 덕분에 많은 것을 얻었다. 사진 기술을 더욱 업그레이드했고, 요세미티 공원을 찾는 관광객을 늘려 자연의 아름다움을 감상할 기회를 제공했으며, 수입도 늘어났다. 덕분에 1934년 샌프란시스코 집 대출금의 절반을 갚았다.

물론 회사의 광고 목적은 사람들이 공원을 많이 찾도록 하는 것이었다. 그 목적에 비추어 본다면 애덤스의 사진은 특히 효과가 좋은 수단이었다. 애덤스는 그때 상업적 이익을 높일 수 있는 사진의 설득력을 확실히 인지했다. 그래서 1937년 회사를 떠난 후 미국의 자연보호 구역을 보존하고 확대하는 것을 주장할 때도 사진을 강력한 도구로 이용했다.

1978~1985년 미국 야생보호협회장이자 애덤스의 사업 매니저를 지낸 윌리엄 터니지Robert Turnage는 1930년대 초 애덤스가 예술가로서 어떤 성장 과정을 거쳤는지 연대별로 정리했다. (Turnage, 1980a) 터니지에 따르면 애덤스는 1933년 처음으로 뉴욕을 방문해서 알프레드 스티글리츠Alfred Stieglitz를 만났다. 스티글리츠는 유명한 사진작가이자 사진을 순수 예술로 격상시키는 데 중요한 역할을 한 인물이다. 애덤스는 스티글리츠의 사진 기술과 예술 철학에 깊은 찬사를 보내며 멘토와 제자 관계로 그와 깊은 유대관계를 맺었다.

애덤스는 1930년대 뉴욕에서 사진계 사람들과 많은 시간을 보냈다. 젊은 예술가들에게 전시 기회를 제공해 주려는 사진계의 노력으로 1933년 델픽 갤러리에서 첫 뉴욕 전시회를 열었고, 1936년에는 스티글리츠가 운영하는 아메리칸 플레이스 갤러리에서 1인 전시회를 열었다. 아메리칸 플레이스 갤러리는 스티글리츠가 아끼는 예술가들만 전시회를 열 수 있는 특별한 곳이었다.

예술가로 인정받는 일은 대단히 만족스러웠다. 하지만 늘어나는 경제적 부담을 감당하기에는 여전히 수입이 부족했다. 1935년 애덤스는 친구에게 이런 편지를 보냈다. "그동안 바쁘게 일했지만, 여전히 빈털터리 신세군. 돈이라는 벽을 못 넘겠어." 애덤스는 더 많은 시간과 에너지를 상업 사진을 찍는 데 쏟아부어야 했다. 이 시기 국립공원관리청, 코닥, 자이스, IBM, AT&T, 대학, 견과 회사, 잡지 〈라이프Life〉,

〈포춘Fortune〉, 〈애리조나 하이웨이Arizona Highways〉 등 많은 상업 회사가 그의 고객이었다. 1938년경에는 또 다른 친구에게 이렇게 편지를 보냈다. "조만간 내가 가야 할 방향을 다시 찾아야겠어. 지금은 말 그대로 온통 상업적인 일 뿐이야. 현실적인 이유로 보자면 꼭 필요한 일이지만 창조적인 작업을 하는 데 방해가 되고 있어."

그로부터 한참 시간이 흐른 후 그의 순수 사진들이 국내외에서 높은 가치를 인정받고 고가에 판매되기 시작하면서 경제적 상황이 점점 나아졌다. 그때부터는 상업 사진을 찍어야 하는 의무에서 벗어나 순수 예술과 환경 운동에 전념할 수 있었다.

❋ 직업으로서 예술과 환경 운동 ❋

애덤스는 1934년부터 1971년까지 37년 동안 시에라 클럽의 이사회에서 일했다. 터니지는 〈안셀 애덤스, 사진작가Ansel Adams, Photographer〉라는 전기 요약문에서 애덤스가 시에라 클럽의 이사회로 있을 때 풍경 사진으로 어떻게 중요한 정치적 성과를 이루었는지 잘 설명했다. (Turnage, 1980b)

1936년 워싱턴 D.C.에서 국립 공원 회의가 열렸을 때 애덤스는 시에라 클럽 대표로 참석했다. 클럽 지도부가 킹스강에 야생 공원을 조성하자는 안건을 제안하는 데 애덤스를 대표로 선출했다. 회의에 참석할 내무 장관 해럴드 이케스Harold L. Ickes는 애덤스의 사진 포트폴리오를 보면 설득되지 않을 수 없다고 확신했다. 1864년 요세미티 계곡이

주립 공원으로 지정되고, 1872년 옐로스톤이 미국 최초 국립 공원으로 지정된 것도 애덤스가 찍은 사진의 역할이 컸으므로 공연한 추측은 아니었다. 비록 그해에는 시에라 클럽의 안건이 받아들여지지 않았지만, 애덤스의 작품에 깊은 인상을 받은 이케스는 새 내무부 건물의 사진 벽화 작업으로 애덤스를 추천했다.

이케스는 나중에 애덤스의 한정판 서적인 《시에라 네바다Sierra Nevada》(1938)을 한 부 받아 당시 미국의 대통령이었던 프랭클린 루스벨트Franklin Roosevelt에게 보여주었다. 루스벨트 대통령이 그 책을 보고 눈을 떼지 못하자 대통령에게 책을 그냥 주고 애덤스에게 다시 한 권을 부탁했다.

이케스는 책을 받자마자 애덤스에게 편지를 썼다. "친애하는 애덤스 씨, 감사하게도 다시 보내주신 책 잘 받았습니다. 사진들이 모두 정말 인상적이고 훌륭하군요. 이번 회기가 끝나기 전에 킹스캐니언이 국립 공원으로 지정되었으면 하는 바람입니다." 이케스 내무 장관과 루스벨트 대통령의 적극적인 추진으로 킹스캐니언 국립 공원은 1940년에 현실이 된다.

애덤스의 사진집은 정말 정치적 영향력이 있었을까? 새로 공원이 조성된 후 국립공원관리청의 아르노 캐머러Arno B. Cammerer 청장은 애덤스에게 이렇게 말했다. "국립 공원 추진 과정에서 조용하지만 가장 효과적인 수단은 애덤스 씨의 책 《시에라 네바다》였어요. 그 책이 존재하는 한 공원 지정은 앞으로도 계속 정당성을 유지할 겁니다." 애덤스의 사진은 정말 중요한 의미가 있었다. 유용한 것들은 모두 추하다고 한 고티에의 주장은 사실이 아니었다.

애덤스는 그 후 45년 이상 사진이라는 매체로 환경 문제를 제기하며 성공과 실패를 경험했다. 그리고 환경 운동과 예술의 관계를 다음과 같이 의미 있게 지적했다. "예술가의 접근법과 환경운동가의 접근법은 '삶에 대한 긍정적인 태도'에 관심이 많다는 점에서 매우 유사하다."(Adams, 1985)

살아있는 지구에 대한 긍정적인 태도는 애덤스에게 가장 중요한 문제였다. 그는 개인적인 생각을 다음과 같이 표현했다. "이 세상 전체가 나에게는 정말로 살아있는 존재다. 생명체는 물론이고 무생물인 바위도 그렇다. 나는 풀 한 포기, 흙 한 줌을 보더라도 그 안에서 살아가는 지구상에 없어서는 안 될 생명을 느낀다. 아름다운 산과 바다, 웅장한 숲도 마찬가지다." 이 철학은 애덤스의 사진에도 적용된다. "위대한 사진은 그 사진을 찍은 사람이 가장 깊은 곳에서 느끼는, 따라서 그 사람이 삶 전체를 두고 느끼는 가장 진실한 감정의 표현이다."

애덤스의 철학적 성찰을 바탕으로 생각해보면 "애덤스는 모든 위대한 흑백 사진가 중에서 가장 위대한 흑백 사진가였다."라는 브라우어의 주장에 추가 설명을 덧붙일 수 있을 것 같다. 환경 보호의 관점을 흑백의 수단으로 표현한 방식 또한 무분별한 개발과 상업화로부터 서부의 자연을 보호하고 싶은 애덤스의 강한 열망을 의미한다고 볼 수 있다. 애덤스는 환경을 파괴하는 정책이라고 생각하는 문제들을 로널드 레이건 전 미국 대통령과 당시 내무 장관으로 있던 제임스 와트James Watt와 소통할 때는 그 열망을 제어하기가 거의 불가능했다. 애덤스는 환경 파괴 정책들을 되돌리기 위해 최선의 노력을 다했지만, 레이건과 와트를 두고 "모든 것의 값을 알지만, 가치는 모르는" 사람들이라고 토

로했다. (Russakoff & Williams, 1983)

애덤스는 값을 매길 수 없을 만큼 귀중한 자연을 지키도록 위임받은 사람들이라면 완전히 다른 관점을 가져야 한다고 생각했다. 그의 말을 빌리면, "후손들에게 훌륭한 유산을 물려주어야 한다. … 자연이라는 유산을 물려줄 테니 돈보다 훨씬 귀한 자연을 잘 지켜주기를 바란다고 전하자. … 자연의 아름다움은 한번 파괴되고 나면 억만금을 들여도 다시 돌이킬 수 없다."

예술을 위한 예술은 존재하는가?

예술의 개념을 논의한 하네이A. H. Hannay는 일반적으로 예술이라는 측면과 구체적으로 애덤스의 예술성에 관해 생각해 볼 수 있는 다음 두 가지 유용한 질문을 던진다. 첫째, 예술만이 주는 이득은 무엇인가? 둘째, 예술이 주는 부가적인 이득은 무엇인가? (Hannay, 1954)

> 예술은 어떤 의미가 있는가? 예술이 아닌 다른 부분에서는 어떤 이득이 있는가? 사람들을 더 고결하게 혹은 건강하게 만드는가? 이 질문에 쉽게 답할 수는 없지만, 예술은 그 자체로 좋고 그 자체로 가치가 있다. 예술은 그 자체로 존재하는 것이며 본질적으로 즐거운 것이다. 건강을 위해 예술을 즐긴다면 건강을 얻는 것으로 즐거움을 얻을 것이다. 그렇게 되면 예술은 단지 건강을 얻는 수단에 불과할 것이다.

예술을 창조하는 사람들은 자기 만족감이나 다른 사람의 즐거움을 위해 예술을 창조한다. 젊은 시절의 안셀 애덤스도 요세미티의 자연 경관을 찍으며 개인적으로 만족감을 느꼈을 것이고, 시에라 클럽에서 만난 하이킹 동료들도 그랬을 것이다.

그렇다면 예술 활동이 즐거움과 관계없는 다른 목적을 위해 이루어질 때는 어떨까? 하네이는 이때 다른 질문이 제기된다고 말한다. 즉, 예술 자체가 아닌 다른 좋은 목적을 위해 창작되는 예술 작품도 즐거울 수 있을까? 애덤스가 자신의 첫 포트폴리오인 《파멜리안 프린츠 오브 하이 시에라》를 돈 많은 샌프란시스코 수집가들에게 팔았을 때가 바로 그런 경우였다. 애덤스는 이때 이루어진 상업적 거래로 받은 수입을 감사하게 생각했고, 애덤스의 작품을 산 고객들은 자신들의 미적 감각을 만족시켜 준 애덤스의 작품을 즐길 수 있었다.

애덤스가 상업 사진가로서 다양한 회사들과 일할 때는 조금 더 대칭적인 거래가 일어났다. 애덤스는 자신에게 훨씬 절박했던 보수를 받았고, 애덤스를 고용한 측에서는 더 많은 경제적 이득을 얻었다. 예를 들면 요세미티 공원 & 커리 회사는 애덤스의 사진으로 관광객이 많이 찾아와 수입이 늘어났다. 하지만 이때는 회사 측에서 조건을 제시했다는 점도 기억해야 한다. 즉, 회사는 애덤스의 작품에 상업적 성격을 확실히 하는 규정들을 명시했다.

결정적으로 애덤스는 시에라 클럽의 요청에 따라 킹스캐니언이 국립 공원으로 지정되도록 연방 정부를 설득하는 데 자신의 작품을 내걸었다. 이때 사용된 사진들은 《시에라 네바다》에 원래 있던 사진들을 가져온 것이지 어떤 정치적 목적을 생각하고 찍은 것이 아니었다. 그러나 장엄하고 인상적인 애덤스의 표현 방식은 정부 관계자들의 관심과 지원을 끌어내기에 충분했다. 그런 의미에서 애덤스가 살아있었다면 요즘 유행하는 '지구를 위한 예술'이라는 새로운 표어를 분명 마음에 들어 했을 것이다.

사진작가이자 환경운동가로서 안셀 애덤스의 작품이 대중들에게 널리 인정받기 시작한 것은 1980년 지미 카터Jimmy Carter 전 미국 대통령이 수여한 '대통령 자유 훈장'을 받은 뒤였다고 할 수 있다. 당시 카터 대통령은 수상식에서 이렇게 말했다.

오랜 세월 쌓아 올린 성실한 기술과 세월이 흘러도 변하지 않는 작품으로 미국 풍경의 힘과 하나가 된 애덤스는 예술과 환경 분야에서 미국의 그림과 같은 자연을 보전하려고 노력한 선견지명을 지닌 사람이었다. 자연의 아름다움에 매료되어 사진가가 되었던 그는 환경운동가들에게 기념비적 존재이자 사진가들에게 국가적 인물로 평가된다. 미국 후손들에게 전할 미국의 많은 부분을 구한 것은 그의 예지력과 불굴의 의지였다.

이런 진심 어린 칭찬과 인정은 애덤스의 인생에서 가장 값진 보상이 되었을 것이다.

애덤스는 천재가 아니었다. 열네 살 때 요세미티에서 휴가를 보내고 돌아오는 길에 아버지에게 "어릴 때는 제가 꼬마 신동이었는데 말이죠."라고 한 것으로 보아 자신도 천재가 아닌 것을 알고 있었던 것 같다. (Senf, 2020) 애덤스가 개인적으로나 직업적으로 성장하기까지 겪었던 긴 여정은 상황, 결과, 우연의 영향이 적지 않았다. 평범하지 않은 어린 시절과 불안정했던 청년기를 돌아보면 그가 사진계의 거장 예술가이자 환경운동가가 되리라고 누가 예측할 수 있었을까? 심지어 맹목적으로 아들을 감쌌던 헌신적인 그의 아버지조차 예측하지 못했을 것이다. 애덤스 같은 사람이 세상에 나오리라고 누구도 예상하지 못했지만, 그의 삶과 작품은 세상을 더없이 풍요롭게 만들었다.

그렇다면 "애덤스는 사진 예술의 대가로 어떻게 성장할 수 있었을까?"라는 질문에 어떻게 답해야 좋을까? 사진을 만드는 요소에 관해 애덤스가 직접 한 말로 이 질문의 답을 대신할 수 있다. "사진은 찍는 게 아니다. 사진은 만드는 거다. 사진은 카메라로 만드는 게 아니다. 카메라에서 가장 중요한 요소는 카메라 30cm 뒤에 있다. 당신이 지금까지 보고 듣고 읽은 모든 사진과 책, 음악 그리고 당신이 사랑한 모든 사람이 당신의 사진을 만든다." 애덤스의 위대한 사진들을 볼 기회가 있다면 애덤스가 한 다음 말을 떠올리며 감상해 보기를 바란다. "모든 사진 속에는 항상 두 사람이 존재한다. 하나는 사진을 찍은 사람이고 하나는 사진을 감상하는 사람이다." 애덤스의 말처럼 그의 사진을 감상하는 우리는 혼자가 아닐 것이다. 안셀 애덤스가 우리와 함께할 테니 말이다.

열일곱 번째 이야기.

세상에 없던 인형극을 만든 바질 트위스트는 '천재'일까?

인형극은 삶의 한 조각을 표현한 것이다.

- 바질 트위스트Basil Twist

1946~1964년에 태어난 미국 베이비붐 세대 어린이들에게 "어린이들, 지금이 몇 시죠?"라는 질문은 〈하우디 두디 쇼Howdy Doody Show〉가 시작된다는 의미다. 물론 나도 그중 한 사람이다. 버팔로 밥, 서머폴 윈터스프링 공주, 클라라벨, 선더서드 대장 등 두디 나라에 살았던 많은 캐릭터 가운데 주근깨 가득한 하우디 두디 인형은 단연 〈하우디 두디 쇼〉의 스타였다.

인형극의 기원은 〈하우디 두디 쇼〉보다 훨씬 더 과거로 거슬러 올라간다. 인형극은 연극의 한 종류로, 약 4천 년 전부터 유럽, 아시아, 아프리카 등지에서 발달했다. 일부 역사가들은 인형극과 연극이 동시에 시작해서 발전해왔을 것이라고 말한다. 인형극은 단지 사람이 주인공인 연극을 단순하게 만든 형태가 아니다. 오히려 더 복잡하고 더 간접적이며 시간과 노력이 많이 드는 연극의 한 형태다. 지금도 인형극은 구상주의에서 추상주의로, 전통 형태에서 전위 형태로 계속 발전하고 있다.

바질 트위스트는 전통 인형극과 전위 인형극을 넘나들며 멋진 무대를 선보이는 대표적인 인형극 연출가이다(www.macfound.org/fellows/949/#photos 영상 참조). 나는 〈뉴요커〉(Acocella, 2013)에 난 기사를 보고 그의 이야기를 처음 접했다. 그 후 2016년 9월 29일 아이오와대학The University of Iowa에서 열린 그의 프레젠테이션을 보고 한 번 더 그의 놀라운 재능을 확인했다. 더 조사해 보니 아이오와 시티의 핸처 극장에서 공연한 조프리 발레단의 2016년 〈호두까기 인형〉 공연에 사용된 인형도 그의 작품이었다.

트위스트는 1998년 〈환상교향곡Symphonie Fantastique〉이라는 공연으로 크게 이름을 알렸다. 그 공연으로 맥아더 재단 펠로우쉽을 수여해 상금 62만 5000달러를 받았고 구겐하임 펠로우쉽, 오프-브로드웨이 연극상, 드라마 데스크상, 베시상, 크리에이티브 캐피탈상을 받았다.

최근 인터뷰에서 성장 배경과 〈환상교향곡〉이 나오게 된 과정에 관해 그가 직접 밝힌 적이 있어서 그 내용을 종합해보면 다음과 같다. (Acocella, 2013; 2018; Harss, 2018; Raymond, 2018; Tilley, 2016)

바질 트위스트는 1969년 캘리포니아 샌프란시스코에서 태어났다. 어머니와 할머니도 모두 인형극 연출가였다. 세 살 때 인형극 세트를 선물 받고 종이로 인형을 만들어 놀기 시작했다. 열 살 때는 더 정교한 공연을 위해 아버지가 나무로 된 인형극 세트를 지어주었다. 이 시기 몇몇 재즈 스타를 모방해서 만든 인형들을 물려받아 자신만의 인형 조종술을 연습했다. TV 인형극 〈세서미 스트리트Sesame Street〉와 〈머펫쇼The Muppet Show〉의 애청자였고 1977년 〈스타워즈Star Wars〉가 나왔을 때 몇몇 캐릭터를 인형으로 직접 만들었다.

고등학교를 졸업한 후 잠시 오벌린대학Oberlin College에 다녔지만 작은 학교와 한적한 중서부 도시가 답답하게 느껴져 뉴욕시로 갔다. 뉴욕대학New York University의 몇몇 강좌를 등록하고 인형극과 관계된 사람들과 친분을 쌓기 시작했다. 거기서 자신의 재능을 더 업그레이드 할 수 있는 프랑스 국립인형극학교ESNAM라는 특별한 교육기관이 있다는 이야기를 듣게 된다.

트위스트는 그 학교에 지원해 당당히 합격했다. 프랑스 국립인형극학교는 인형극 전문학교로 국제적 명성을 지닌 곳이었다. "프랑스 국제학교에서 브라질 선생님께 미국의 기술을 배우고 스웨덴 선생님께 말레이시아의 인형 조종술을 배운 건 한마디로 내게 큰 특권이었다."라고 말한다. 여담이지만 트위스트는 학교를 졸업한 유일한 미국인이다.

트위스트는 프랑스 국립인형극학교에 다니면서 구상주의 인형극을 처음 접했다. 발레 뤼스라는 프랑스 발레단이 무용수들 없이 추상 발레를 공연하는 모습을 보고 큰 인상을 받은 후 나중에 같은 장르로 명성을 얻었다. 뉴욕으로 돌아온 트위스트는 5년간 나이트클럽이나 지인들 앞에서 인형극을 공연했다. 헨슨 국제 인형극 페스티벌에 참석해 소규모 일인극도 선보였다. 이 시기 그는 자기 일에 대한 만족도가 대단히 높았다. 〈인형극 저널The Puppetry Journal〉의 표지를 장식했다며 크게 기뻐한 일도 있다. 그러던 어느 날 뜻밖의 행운이 찾아왔다.

1995년 트위스트는 길을 걷다가 우연히 폐품 더미를 발견했다. 공연에 쓸 만한 재료를 찾아보는데 안에 살짝 금이 가 있는 작은 유리 어항이 눈에 띄었다. 상태가 괜찮아 보여 집으로 가져왔고 강력 테이프로 금이 간 곳을 손본 다음 물을 채워 넣었다. "옷걸이에 스카프를 묶고 물속에 넣어 이리저리 흔들어보았어요. 아주 근사해 보이더군요."

트위스트는 헨슨 재단에서 받은 기금 1천 달러로 살 수 있는 제일 큰 어항을 하나 샀다. 그리고 다양한 물건들을 물속에 넣어 보이는 모습이 어떤지 실험해 보았다. "물속에 물건들을 넣으면 다른 모양이 된답니다. 원래 모습과 다르게 멋져 보이죠. 심지어 검은 쓰레기봉투도 물속에서 보면 근사해 보입니다. 솜뭉치는 별로지만 깃털은 아주 괜찮았어요." 넣는 방식에도 변화를 주었다. 던져 보기도 하고 돌리거나 뒤집거나 비틀어 보기도 했다.

다음으로 어항 속에서 움직이는 물체들의 움직임에 음악을 맞추어 보았다. 그때 유럽에서 경험했던 일 중 하나가 생각났다. "프랑스에는 인형극과 음악을 합친 축제가 있죠. 인형극과 음악의 만남을 연구하는 시도는 도전적인 일이었어요. 음악과 관련된 추상적인 무언가를 보고 싶다는 생각이 들었습니다." 하지만 어떤 음악이 인형극 공연에 잘 어울릴까?

그때 또 한번 행운을 만났다. "이번에도 길에서 우연히 발견했어요. 어느 날 레코드 가게 앞을 지나는데 가게 앞에 놓인 빈 상자에 〈환상교향곡〉의 앨범이 담겨 있는 걸 보게 되었죠. 해바라기와 얼굴 사진이 담긴 몽환적인 느낌의 커버였어요. 어렸을 때 부모님 집에 있던 레코드 선반에서 그 제목을 본 기억이 났습니다. 그 레코드를 사서 돌아와 집에서 틀어 보고 아주 아름다운 꿈을 꾸었어요."

〈환상교향곡〉은 1830년에 작곡된 베를리오즈Louis-Hector Berlioz의

그림 17.1 무대 뒤에서 〈환상교향곡〉을 연습하는 바질 트위스트의 인형극 연출팀

작품으로 '어느 예술가의 생애에 관한 이야기'라는 부제가 달린 표제음
악이다. 짝사랑했던 여배우와 사랑을 이루지 못하고 괴로워하다 아편
에 중독된 한 예술가에 관한 초현실주의적 이야기가 담겨 있다. 유명
지휘자이자 작곡가인 레너드 번스타인Leonard Bernstein이 '최초로 시도
된 사이키델릭 아트'라고 부른 앨범이다.

트위스트는 인형극에 활용할 수 있는 새로운 방식들을 계속 탐색
했다. "〈환상교향곡〉은 5악장으로 이루어져 있어요. 각각의 악장을 연
기, 불과 같이 다른 주제로 구성해보자는 계획을 세웠죠. 물로는 이미
공연을 해 본 적이 있어서 3악장을 물 '안'에서 시도해 보기로 했습니
다. … 그런데 막상 시도해 보니 수조가 너무 무거워 옮겨 다니기가 힘
들더군요. 그래서 '전체' 악장을 물속에서 공연해 보기로 했어요. 추상
적 개념을 드러내는 게 중요했기 때문에 물을 이용하는 방법이 괜찮을
것 같았죠. 무대 전체가 차분하고 여유로워지는 분위기였어요."

하지만 실제로 무대를 만드는 작업은 말처럼 차분하고 여유롭
지 못했다. 상당한 육체적 수고와 시행착오, 혁신적 사고가 필요했다.
공연이 이루어지는 수조에는 약 4000L에 달하는 물이 담겨 있었는데,
공연을 진행하는 동안 물이 사방으로 튀어서 한 번 공연할 때마다 약
400L가 버려졌다. 그래서 버려지는 물을 재활용하기 위해 수조 주위에
물받이를 만들었다. 인형을 조종하는 사람들은 수조 가장자리에 다리
를 벌리고 서 있거나 특수 벨트를 착용하고 물 위를 왔다갔다 하며 악
보에 따라 정해진 시간에 천, 깃털, 얇은 실, 팔랑개비, 거품, 반짝이 등
다양한 재료를 물속에 떨어뜨리고 줄로 이리저리 조종했다. (그림 17.1
참조)

음악을 공연과 맞추는 작업도 중요했다. 1998년 최초 공연 때는 엑토르 베를리오즈Louis Hector Berlioz의 원곡이 이용되었고, 2018년 리바이벌 공연 때는 크리스토퍼 오릴리Christopher O'riley의 라이브 연주가 이용되었는데, 이때 사용된 편곡은 피아니스트 프란치 리스트와 베를리오즈가 공동작업했다.

트위스트는 2018년 〈뉴욕타임스〉 인터뷰에서 공연이 여전히 성공적으로 이루어지는 모습을 보고 대단히 감격스러웠다고 소감을 밝혔다. 공연이 끝난 후 무대에 떨어진 소품들을 살피며 어떻게 이런 일을 해냈는지 모르겠다고 고개를 저었다. 여기서 질문을 던져보자. 이렇게 창의적이고 뛰어난 공연은 선견지명과 통찰력 있는 계획으로 탄생했을까? 한 평론가는 "바질 트위스트의 공연을 보면 위대한 예술은 세심한 계획과 실행의 결과임을 일깨워 준다."라고 말해 그 질문에 긍정하는 의견을 내비쳤다. (Brantley, 2018)

하지만 트위스트 자신은 그렇게 생각하지 않는 것 같다. 트위스트의 인터뷰를 종합해보면 그는 용의주도한 계획보다 '우연', '즉흥성', '끊임없는 노력'을 꾸준히 강조하고 있다. 버려진 어항에서 위대한 예술 작품이 탄생한 과정을 보면 다윈의 변이와 선택이 떠오른다. 그렇게 해석한다고 해서 그가 보여준 독창적 노력의 가치가 폄하되는 것은 아니다. 오히려 바질 트위스트 같이 특별한 일을 해낸 사람들에게 단순히 '천재'라는 수식어를 부여하는 것이 옳은가라는 의문이 든다.

문워크와 이족 보행의 기원

1969년 닐 암스트롱 달에서 걷다.

1983년 마이클 잭슨 문워크로 춤추다.

인류 역사에서 영원히 기억될 위의 두 사건은 문워크, 즉 '달'과 '걷는다'라는 표현이 사용된 것을 제외하면 공통점이 전혀 없어 보인다. 하지만 두 사건은 공통된 중요한 특징이 있다. 닐 암스트롱Neil Armstrong은 새턴 5호 로켓을 타고 '중력을 거슬러' 우주로 날아가 달 표면에 역사적인 첫 발걸음을 내디뎠고, 마이클 잭슨Michael Jackson은 '중력의 법칙을 거스르는' 사람처럼 보이는 '문워크'라는 특유의 춤 동작을 개발했다.

나는 행동의 기원에 관심이 많다 보니 여기에 만족하지 않고 걷는다는 행위의 기원을 더 깊이 조사했다. 행위의 기원을 밝히는 작업은 그 행위의 중요도와 관계없이 신중한 접근이 필요하다. 연구 결과에 따르면 걷는다는 행위의 기원은 그곳이 달이 됐든 지구가 됐든 흥미로운 사실이 숨겨져 있다.

인류 최초 달에서 걸은 사람들

지구 중력을 벗어나는 것은 인류의 오랜 꿈이었다. 비행 기술의 개발로 일시적이나마 중력을 이길 수 있다는 것이 증명되었지만 중력을 완전히 벗어난 것은 훨씬 나중의 일이다. 사람들의 기억에 가장 확실하게 남은 사건은 1961~1975년 진행된 '아폴로 계획' 하에 총 여섯 번에 걸

그림 18.1 우주비행사 버즈 올드린이 달에서 걷는 모습. 아폴로 11호의 대장 닐 암스트롱이 70mm 카메라로 담았다.

쳐 열두 명의 우주인이 달을 여행했다는 것이다. (Apollo Program Summary Report, 1975) 특히 닐 암스트롱과 버즈 올드린Buzz Aldrin은 지금으로부터 약 50년 전인 1969년 7월 20일 인류 최초로 달의 표면을 걸었다. (그림

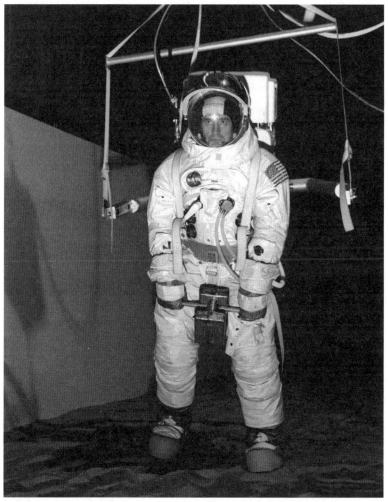

그림 18.2 부분 중력 시뮬레이터. 체중 6분의 5를 받쳐주어 달에서 걷는 연습을 도왔다.

18.1 참조)

어떻게 이런 기적 같은 일이 이루어질 수 있었을까? NASA는 달 탐사라는 전례 없는 계획을 추진하면서 우주인들이 지구보다 약한 달의 중력을 체험할 수 있는 매우 특별한 훈련 장치와 기술을 개발했다. (Shayler, 2004) 달의 지형에 익숙해질 수 있도록 사람이 살기 어려운 사막에서 훈련을 진행하기도 했다.

NASA가 개발한 장치와 기술은 무엇이 있고 어떤 목적을 달성하도록 설계되었을까? 달을 탐사하는 우주비행사들은 지구보다 중력이 6분의 1 작은 곳에서 똑바로 서서 걷는 법을 배우는 것이 무엇보다 중요했다. 그래서 먼저 다양한 중력 훈련을 시행했다. 부분 중력 시뮬레이터는 아기 보행기처럼 생긴 장치가 천장과 연결되게 줄을 매달아 중력 훈련을 도와주는 장치다. 어린이들이 타고 노는 포고 스틱 혹은 스카이콩콩처럼 위아래로 뛰어다니게 하는 장치라서 '포고POGO'라고도 불린다. (그림 18.2 참조) 무중력 훈련 항공기 KC135는 하강할 때 약 30초간 지구 중력을 6분의 1로 떨어뜨려 중력이 줄어든 상태를 체험할 수 있다. 물탱크에서 훈련하는 수중 훈련도 있다. 대형 물탱크 안에서 훈련용 우주복을 입고 달의 중력과 비슷한 상태에서 달 탐사에 필요한 무거운 장비를 들어 올리거나 조작하는 연습을 할 수 있다.

아폴로 탐사 대원들은 달의 지질 조건에 대비하는 적응 훈련도 받았다. 이를 위해 달과 지형이 비슷한 애리조나주 플래그스태프 외곽의 미티어 크레이터에서 탐사 작업에 필요한 훈련을 했다. 물론 이 모든 준비 과정은 시뮬레이션일 뿐이어서 실제로 달에서 어떤 상황을 맞닥뜨릴지는 아무도 예측할 수 없었다. 아폴로 대원들은 달에 도착하자

급격하게 느껴지는 체중 변화에 빠른 속도로 적응했다. 닐 암스트롱은 "이동하는 데 어려움은 없는 것 같다. 지구에서 했던 모의 훈련 때보다 쉽게 느껴진다. 걷는 데는 전혀 문제가 없다."라고 했다.

암스트롱의 동료 버즈 올드린은 달의 표면에 서 있을 때 몸이 살짝 뜨는 듯한 느낌이 난다고 했다. 그도 그럴 것이 지구에 있을 때 등에 멘 가방과 우주복의 무게는 160kg이나 나갔지만, 달에서는 27kg밖에 되지 않았다. 특히 기압과 온도를 견디도록 제작된 우주복이 축구공만큼 질기고 튼튼해서 몸을 굽히는 동작을 하기가 힘들었다. 게다가 등에 멘 생명유지장치 때문에 무게 중심이 뒤로 쏠려서 몸을 앞으로 살짝 숙여야만 균형을 잡기가 편했다.

NASA의 기록에 따르면 올드린은 달에서 여러 가지 방법으로 기동성을 테스트했다. 특히 걷다가 멈출 때가 약간 어색했다고 보고한다. "무게 중심이 어디 있는지 파악하려면 약간 주의를 기울여야 했다. 가끔 두세 걸음을 걸어서 내 발이 어디 있는지 확인했다. 속도를 늦추면서 두세 걸음 걷다 보면 자연스럽게 설 수 있었다." 방향 전환도 하나의 과제였다. "방향을 바꾸려면 축구 선수처럼 한 발을 옆으로 두고 몸을 획 틀어야 했다."

올드린은 이동 방법으로 두 가지를 시험해 보았다. 우선 캥거루처럼 두 발을 모아 앞으로 깡충깡충 뛰는 방법을 써 보았는데, 움직일수는 있지만 한 발씩 걷는 일반적인 걷기보다 기동성이 좋은 것 같지않았다. 그보다는 보폭을 길게 해서 성큼성큼 걷는 방식이 더 편했다. 축구 선수들이 타이어를 뛰어넘는 훈련을 할 때처럼 두 발이 거의 공중에 떠 있다시피 큰 보폭으로 걷는 방식이다. 하지만 그렇게 몇백 걸음

걷고 나면 쉽게 피로감이 들었다. 올드린은 우주복의 기능과 중력 부족 때문에 쉽게 피곤해지는 것 같다고 했다.

아폴로 11호 이후 우주 유인선이 다섯 번 더 달에 착륙했다. 암스트롱의 뒤를 이은 탐사 대원들은 암스트롱과 올드린의 경험을 토대로 더 멀리, 더 빠르게 달을 탐사할 수 있었다. 처음보다 더 여유 있게 달에서 걷는 경험을 즐기는 모습도 보여주었다. 아폴로 16호의 승무원인 존 영John Young은 약간 경사진 면을 뛰어 내려오며 재밌어했고, 아폴로 17호의 진 서넌Eugene Andrew Gene Cernan과 잭 슈미트Jack Schmitt는 달에서 노래를 부르며 멋진 여행이라는 대화를 주고받았다. 달을 여행한다는 것은 정말 근사한 경험이었을 것이다. 이는 먼저 경험한 대원들의 철저한 준비와 실전 경험이 있었기에 가능한 일이었다.

✤ 인류 최초 문워크를 선보인 사람들 ✤

문워크의 창시자가 누구인지 묻는다면 대부분 팝의 황제 마이클 잭슨을 떠올릴 것이다. 문워크는 확실히 마이클 잭슨의 시그니처 춤이었다. 앞으로 걷는 것처럼 보이지만 실제로 뒤로 가는 동작이 특이해서 마이클 잭슨이 직접 이름을 그렇게 지었다고 한다.

마이클 잭슨이 문워크를 대중 앞에 처음 공개한 것은 1983년 3월 25일이다. 하지만 문워크 혹은 문워크의 모태가 된 스텝은 그보다 훨씬 오래전에 나왔다. 문워크의 역사는 얼마나 오래되었을까? 그 답은 영상 기록에서 찾아볼 수 있다.

캡 캘러웨이Cab Calloway는 1932년에 상영된 단편 만화인 〈미니 더 무처Minnie the Moocher〉의 오프닝에서 여러 격렬한 춤을 추던 중 뒤로 미끄러지는 '버즈'라는 춤 동작을 선보였다. 탭 댄스 열풍을 일으킨 빌 베일리Bill Bailey는 1955년에 무대를 퇴장하면서 미끄러지듯 뒤로 물러나는 동작을 보여 주었고, 체젠의 무용수인 마흐무드 에삼바예프Mahmud Esambayev는 1962년 흰 턱시도를 입고 백슬라이드 동작을 보여주었다. 영국의 싱어송라이터 데이비드 보위David Bowie는 1974년 콘서트에서 〈알라딘 세인Aladdin Sane〉이라는 노래를 부르며 문워크와 비슷한 방식으로 앞으로 가는 듯 뒤로 가는 춤을 추었다.

문워크의 창시자로 마이클 잭슨 다음으로 가장 많이 거론되는 사람은 싱어송라이터이자 안무가인 제프리 다니엘Jeffrey Daniel이다. 다니엘은 1982년 BBC에서 방영한 〈톱 오브 더 팝스Top of the Pops〉라는 음악 프로그램에서 보컬 그룹 샬라마Shalamar와 함께 녹음한 〈어 나이트 투 리멤버A Night to Remember〉라는 곡에 맞춰 앞으로 걷는 듯한 모습으로 뒤로 미끄러지는 춤 동작을 선보였다.

다니엘은 그 한 번의 공연으로 큰 인기를 얻었고, BBC에서 재공연 요청을 받았다. 다니엘의 춤에 주목한 것은 영국인들만이 아니었다. 마이클 잭슨도 그 공연을 시청하고 다니엘의 춤 동작에 매력을 느껴 나중에 그에게 직접 레슨을 부탁했다. 다니엘에게 춤을 배운 잭슨은 동작을 더 완벽하게 다듬은 다음 문워크라는 이름을 붙였다.

문워크의 역사를 살펴보는 일은 흥미로운 관점을 제시한다. 문워크의 역사가 단순히 선형적 경로를 따른다고 할 수 있을까? 그렇다고 보기 어렵다. 생물의 진화 과정에 '잃어버린 고리'가 있듯이 인류의 역

2부 혁신적 행위의 기원을 밝히는 스물다섯 가지 사례

사 기록에도 빈 고리가 있다. 그 고리는 문워크의 역사를 찾으려는 사람들 사이에서 질문과 논쟁을 일으킨다. 다양한 기록과 영상이 존재하는 50년 남짓의 역사를 다루는 일도 쉬운 일이 아니라면, 수백만 년에 걸쳐 단편적인 기록과 증거뿐인 인간 행위의 기원을 쫓는 일은 얼마나 어려운 일인지를 다시 한번 깨닫게 된다.

✵ 직립 보행은 인간만의 전유물일까? ✵

언어 구사력과 더불어 직립 보행은 인간만이 가진 독특한 능력 중에서도 으뜸을 차지한다. 하지만 직립 보행은 정말 인간만이 가진 특징일까? 모든 인간은, 그리고 인간만이 유일하게 직립 보행을 하도록 타고났을까? 몇 가지 관찰을 통해 이 질문을 더 자세히 살펴보겠다.

영국 켄트의 포트 림프네 야생 동물원에는 암밤이라는 서른 살 된 수컷 실버백 고릴라가 산다. 암밤은 우리 안에서 두 발로 성큼성큼 걸어 다니는 모습이 인터넷에 공개된 후 큰 화제를 모았다. 전문가들은 보노보, 침팬지, 고릴라 같은 영장류들이 종종 직립 보행을 한다고 말한다. 그러나 다른 영장류의 직립 보행은 전체 보행의 5퍼센트 이상 일어나지 않고, 그 5퍼센트도 대부분 앞발로 물건을 들고 있을 때다. 따라서 암밤처럼 두 발로 오랫동안 걸어 다니는 모습은 매우 보기 드문 일이다.

직립 보행이 인간에게서만 볼 수 있는 독특한 특징이라는 사실을 우리는 어떻게 이해해야 할까? 인간의 직립 보행은 처음부터 있던 능력이 아니라 오랜 시간에 걸쳐 진화하면서 얻게 된 능력으로 보는 것이 타당하다. 정확히 알 수는 없지만 인간의 직립 보행 능력은 수백만 년 전에 시작되었거나, 인간과 유인원의 공통 조상에 존재했거나, 인류 이 전의 조상에서 독자적으로 진화했을 수 있다. (Bower, 2019; Deaton, 2019)

또 한 가지 중요한 점은 개별 생물체가 일생에 걸쳐 직립 보행 능력을 발달시켜 나가는 과정이다. 이와 관련해 막스 플랑크 진화인류학 연구소의 인류학자 트레이시 키벨Tracy Kivell은 새끼 고릴라들이 보행 능력을 습득하는 과정을 관찰한 결과, 같은 무리 내에서 더 나이 많은 개체의 모습을 모방해 이동 방식을 습득한다는 것을 발견했다.

특히 암밤의 사례는 경험이 중요한 역할을 했을 수 있다. (Hull, 2011) 암밤은 한 살 때 병에 걸려 1년간 사육사 조 휘틀리의 돌봄을 받으 며 자랐다. 그 시기 접시에 담긴 먹이를 먹고 물을 컵에 담아 마시도록 배웠다. 휘틀리는 암밤이 그때도 두 발로 걸어 다녔다고 기억하며 "암 밤은 처음부터 다른 고릴라들과 달랐어요. 항상 뒷다리로 능숙하게 서 있었고, 선 채로 젖병을 빨아먹는 것을 좋아했죠."라고 말한다.

물론 암밤이 뒷다리로 능숙하게 걸어 다닐 수 있는 것은 인간과 긴밀하게 접촉을 하고 자랐기 때문일 수 있다. 더욱이 암밤은 일반적 인 환경에서 자라는 고릴라들보다 손으로 하는 활동을 훨씬 많이 하고 자랐다. 휘틀리는 암밤이 밤에는 사육사들과 같이 TV를 시청했고, 혼 자 TV를 켜거나 끌 줄도 알았다고 말한다. 암밤은 사육사들이 목욕을 시켜줄 때는 가만히 있었지만 사육사가 욕조에 있으면 다가와 뒷발로 서서 사육사에게 물을 튀겼다.

하지만 인간과 밀접한 환경에서 양육된 경험이 있어야만 직립 보행 능력을 보이는 것은 아니다. 또 다른 수컷 고릴라인 루이스도 뒷다리로 능숙하게 걸어 다닌다. 루이스는 1999년 세인트루이스 동물원에서 태어나 2004년 부모 고릴라와 함께 필라델피아 동물원으로 옮겨졌다. 루이스는 암밤처럼 인간과 긴밀한 접촉을 하고 자란 경험이 없다. 필라델피아 동물원의 책임자인 마이클 스턴은 "가끔 고릴라들이 몇 초 동안 뒷다리로 서 있거나 걷는 모습은 볼 수 있지만, 루이스처럼 우리 안을 확실히 걸어 다니는 모습은 매우 보기 드문 일이다."라고 말한다. 하지만 루이스가 사육사나 동물원 관람객들의 걷는 모습을 모방했을 가능성도 있다.

그렇다면 이족 보행을 하는 모습은 사육된 고릴라에게서만 볼 수 있을까? 꼭 그렇지도 않다. 서아프리카 기니 남동쪽 보소 숲에 사는 야생 침팬지는 뾰족한 돌이나 막대기를 이용해 호두 같은 견과류를 깨어 먹는 습성이 있는데, 이 침팬지들도 직립 보행하는 모습이 자주 관찰된다. 특히 찾기 어려운, 침팬지들에게 가치가 높은 견과류를 찾았을 때 직립 보행으로 이동한다. 앞발은 자신이 발견한 견과류를 다른 침팬지들이 없는 한적한 장소로 옮기는 데 사용한다.

연구자들은 이런 모습이 인간이 직립 보행하게 된 이유를 뒷받침하는 증거라고 말한다. (Carvalho 외, 2012) 즉, 인류의 조상은 숲이 소실되면서 더 개방된 환경에서 먹을거리를 찾아야 했고 그에 따라 양손을 이용해 더 안전한 장소로 음식을 옮길 필요가 있었다는 것이다. (Hewes, 1961) 이런 추측이 아니더라도 적어도 인간과 진화적으로 가장 가까운 동물인 고릴라와 침팬지는 직립 보행에 꽤 능숙하다는 것이 이제는 사실로 알려져 있다.

신기하게도 인간이 사족 보행으로 이동하는 사례도 있다. 터키에 사는 다섯 명의 쿠르드인 형제자매는 손바닥을 바닥에 대고 사족 보행으로만 이동한다. 일부 학자들은 이 다섯 남매가 손발로 걷는 것은 인류가 진화하기 이전으로 퇴보한 '역진화'라고 주장했다. 하지만 이 주장은 사실이 아닌 것으로 밝혀졌다. 쿠르드인 남매가 사족 보행을 하는 이유는 '유너 탄 증후군' 때문이다. 소뇌가 발달하지 않아 균형감이나 신체조절 능력이 떨어지는 신경 질환이다.

쿠르드인 남매가 손발로 걷는 모습을 관찰한 결과, 비인간 영장류의 이동 방식과 달리 통제된 실험 상황에서 건강한 성인에게 손발로 걷도록 했을 때의 모습과 거의 비슷했다. (Shapiro 외, 2014) 즉, 유너 탄 증후군이 있는 사람들은 진화상의 역행이 아니라 해부학상의 문제로 손발로 걷는 것이다.

유너 탄 증후군이 있는 사람들이 어떻게 손발로 걷게 되는지는 아직 완벽하게 답하기 어렵다. 더 일반적인 의미에서 인간이 직립 보행 능력을 갖추게 된 과정도 제대로 밝혀진 바가 없다. 그러나 최근 빠른 속도로 발전하는 경험적 연구 덕분에 새로운 사실이 속속 밝혀지고 있다.

✳ 인간의 직립 보행 ✳

아기들이 걷는 법을 배우는 과정은 흥미롭고도 복잡하다. (Adolph & Franchak, 2016) 아기들은 엄마 뱃속에서, 그리고 태어난 직후 걷는 동작과 비슷한 모습으로 다리를 버둥거린다. 특히 딱딱한 바닥에 세워주면 마치 걷는 듯한 모습으로 다리를 번갈아 움직이는 모습을 볼 수 있다. 이런 초기 동작들을 토대로 걷기 위한 연습이 더해지면 다리에 근육이 생기고 평형감각이 발달하면서 점차 완벽하게 걷기 시작한다.

물론 아기들이 어른처럼 완벽하게 걷는 과정은 쉽게 이루어지지 않는다. 아기들은 12개월 무렵 옆으로 구르거나, 배로 밀거나, 네 발로 기거나, 벽이나 가구를 잡고 옆으로 엉거주춤 발을 떼보는 등 다양한 방법으로 걷기를 시도한다. 그 과정에서 얻는 부딪히고 멍들고 베이는 상처는 완벽하게 걷는 데 필요한 시행착오 과정에서 필수로 동반되는 흔적이다.

학자들은 그동안 아기들이 걷는 법을 배우는 과정에서 보이는 다양한 행동을 개월 수에 따라 고정적으로 분류하고자 노력했다. 아기들의 보행 기술은 선천적으로 프로그래밍되어 있어서 신경과 근육이 발달함에 따라 나타나는 당연한 능력이라는 주장도 있다. 그러나 최근의 연구 결과는 이런 해석을 지지하지 않는다. 아기들은 각자 신체 발달 속도에 따라 걷는 법을 배운다는 것이다.

아기들은 비교적 짧은 시간에 걷는 법을 배운다. 12개월 전후가 되면 대부분 아기가 걸음마를 시작한다(8개월에서 18개월까지 개인차는 있다). 그 시기 아기들은 보행 기술을 익힐 충분한 기회를 누린다. 예를 들어 14개월 된 아기는 한 시간 동안 약 2400걸음을 걷고(축구장 8개에 달하는 거리다) 약 17번 넘어진다.

문화적 요인도 아기들이 걷는 법을 배우는 과정에 영향을 미칠 수 있다. (Gupta, 2019) 중앙아시아의 타지키스탄에서는 아기가 태어나면 보호하는 차원에서 머리만 빼고 긴 천으로 몸 전체를 요람에 단단히 감싸둔다. 이렇게 생후 2~3년간 아기들의 움직임을 제한하면 나중에 보행 기술을 익히는 데 심각한 영향을 미칠 것 같다. 하지만 어느 정도 자라서 완전히 자유롭게 움직일 수 있게 되면 걷거나 달리는 데 전혀 문제가 없다. 확실히 인간의 보행 행위에 관한 광범위한 일반화를 도출하려면 발달 관련 연구의 범위를 넓힐 필요가 있을 것 같다.

아기들은 걷는 법을 배우는 것 외에도 신체를 이용해 주변 사물과 상호 작용하는 데 많은 시간과 에너지를 쏟는다. 아기들의 상호 작용과 학습은 각본대로 이루어지는 것이 아니다. 어떤 상황에 부딪힐지 정확히 예측할 수 없으니 그럴 수가 없다. 아기들이 무언가를 배우고 주변 환경과 상호 작용하는 과정은 당연히 가변적이고 언제나 새롭다. 살아가는 환경에 맞게 신체 움직임을 맞추려면 즉흥적이고 유연하게 문제를 해결해 나가는 부단한 과정이 필요하다.

유아기는 신체, 기술, 환경 면에서 가장 극적인 변화가 나타나는 시기다. 하지만 어른이 되었다고 발달이 멈추는 것은 아니다. 우리는 어른이 되어서도 계속해서 움직이는 법을 배운다. 어린 시절에 이루어지는 발달은 일상생활에서 끊임없이 마주치는 일시적 변화가 과장된 형태라고 할 수 있다. 우리를 둘러싼 환경과 그 안에서 살아가는 우리의 신체는 항상 가변적일 수밖에 없다. 자갈길이나 하이힐은 균형 감각과 보행 능력에 대한 생체역학적 제약에 변화를 주고, 발목을 삐거나 발에 물집이 생기면 걸음걸이의 힘과 범위에 변화를 준다.

우리의 일상은 언제나 불안정하고 변동이 심하다. 그런 불안정하고 변화하는 환경에 적응하는 것은 우리가 지금까지 늘 해온 일이다. 달에서 걸었던 아폴로 탐사 대원들과 문워크를 선보였던 댄서들도 그랬다. 육체적 한계를 시험하고 시행착오를 받아들이는 과정 자체가 성공적인 적응을 위한 핵심이다. 가벼운 산책처럼 심지어 자연스럽게 행하는 많은 행위조차 당연히 이루어진 것은 없다.

연극과 관련된 단어들의 유래

단어의 기원과 유래를 연구하는 대표적인 학문으로 어원학이라는 분야가 있다. 예를 들어 어원학을 뜻하는 etymology라는 영어 단어는 '단어의 기원과 발달에 관한 사실'이라는 의미로 14세기 후반 프랑스어의 ethimolegia라는 단어에서 왔다.

갑자기 지루한 이야기가 나온다고 경계의 눈빛을 보내는 독자들도 있을 텐데 전혀 어려운 내용이 아니니 안심하면 좋겠다. 단어의 기원과 유래를 살펴보면 생각보다 재밌고 흥미로운 이야기가 많다. 이 책에서는 특히 연극과 관련된 세 단어에 집중해서 그 단어가 나온 배경과 유래를 알아보도록 하겠다.

말라프로피즘
MALAPROPISM

〈파리 리뷰The Paris Review〉라는 문학지는 승부욕 강한 독자들을 위해 매일 독특한 퍼즐을 낸다. 그런데 몇 년 전 〈파리 리뷰〉가 표현이 이상한 문장 30개를 제시하고 무엇이 잘못되었는지 찾아보라는 문제를 냈다. 예를 들면 이런 식이다. (Hicks, 2016)

The match went to five sets, leading to soreness in Björn's **quadrupeds**.
경기가 5세트까지 이어지는 바람에 비에른은 **네발짐승**이 욱신거렸다.

뭔가 말이 안 된다. 네발짐승이라는 뜻의 quadruped가 잘못 쓰였기 때문이다. Quadrupeds와 철자와 발음이 비슷한 'quadriceps', 즉 네갈래근(사두근)이라는 단어가 왔어야 하는 문장이다. 원래는 다음과 같은 의미의 문장이었다.

The match went to five sets, leading to soreness in Björn's **quadriceps**.
경기가 5세트까지 이어지는 바람에 비에른은 **네갈래근**이 욱신거렸다.

또 다른 문장을 살펴보자.

Though she was most proficient on guitar, Rosa was also a gifted **lutefisk**.
로사는 기타를 가장 잘 다루지만 **루테피스크**에도 재능이 있다.

루테피스크는 스칸디나비아 지역에서 즐겨 먹는 요리를 말한다. 말린 대구를 며칠간 잿물에 담갔다가 맑은 물에 씻어낸 후 굽거나 찌는 음식이다. 이 문장도 잘못 쓰였다고 할 수 있다. Lutefisk 대신 'lutenist'라는 단어가 왔어야 한다. 류트lute 연주자라는 뜻인데, 기타처럼 손으로 뜯어서 소리를 내는 현악기로 르네상스와 바로크 시대에 유럽에서 즐겨 이용되던 악기였다. 즉, 이 영어 문장의 원래 의도는 다음과 같다.

Though she was most proficient on guitar, Rosa was also a gifted **lutenist.**
로사는 기타를 가장 잘 다루지만 **류트**에도 재능이 있다.

다음 문장도 보자.

The Hawaiian Islands are ideal for the study of **ignoramus** rocks.
하와이섬은 **무식쟁이** 돌 연구로 이상적인 곳이다.

이 문장도 잘못 쓰인 단어가 있어서 이상한 의미가 되어버렸다. Ignoramus와 'igneous'를 혼동해서 썼기 때문이다. Ignoramus는 무지한 사람이라는 뜻이고, igneous는 rock과 합쳐서 화성암을 뜻하는 단어다. 하와이섬은 화산 활동으로 생긴 섬이라 화성암이 많다. 따라서 이 문장의 원래 의미는 아래 같이 쓰였다고 보아야 한다.

The Hawaiian Islands are ideal for the study of **igneous** rocks.
하와이섬은 **화성암** 연구로 이상적인 곳이다.

위 세 문장처럼 발음이 비슷하지만, 뜻이 전혀 다른 단어를 일부러 잘못 사용해 말장난을 의도한 표현을 말라프로피즘Malapropism이라고 한다. 그런데 말라프로피즘이 연극과 어떤 관련이 있을까? (Bradford, 2020)

그 질문에 대한 답으로 '말라프로프 부인'을 소개한다. 말라프로프 부인은 리차드 브린슬리 셰리던Richard Brinsley Sheridan이 1775년에 발표한 〈경쟁자들The Rivals〉이라는 희곡 작품에 등장하는 인물이다. 말라프로프 부인은 극 중에서 현학적인 단어로 무언가를 말하기를 좋아하는 캐릭터인데, 발음은 비슷하지만 의미가 통하지 않는 단어를 잘못써서 재밌는 상황을 자주 연출한다. 그래서 발음이 같거나 비슷하지만 뜻이 다른 단어를 일부러 잘못 써서 말장난하는 것을 말라프로피즘이라고 부르게 되었다.

말라프로프 부인의 이름은 부적절하다는 의미의 프랑스어인 'mal à propos'에서 왔다. 말라프로프 부인이라는 캐릭터가 부적절한 실수를 잘해서 작가가 그렇게 이름을 지은 것 같다. 극 중에서 말라프로프 부인의 지인으로 나오는 어떤 사람은 "말라프로프 부인은 발음을 잘못 말하는 것도 아닌데 기발하게 단어를 잘못 쓰는 경우가 많다."라고 말라프로프 부인의 특징을 언급하기도 한다.

말라프로프 부인이 보여주는 말라프로피즘은 어떤 것들이 있을까? 다음은 〈경쟁자들〉에 나오는 극 중 대사의 일부다.

원래 대사   그 사람을 잊겠다고 약속해요. 기억에서 완전히 그를 무식한illiterate 사람으로 만들어요.

고친 의미   그 사람을 잊겠다고 약속해요. 기억에서 완전히 그를 지워요obliterate.

원래 대사   오, 그는 내 수수께끼를 녹일 거야dissolve!

고친 의미	오, 그는 내 수수께끼를 풀 거야resolve!

원래 대사	그는 정말 예의 바른 파인애플pine-apple이야!
고친 의미	그는 정말 예의 바름의 극치pinnacle를 보여주는 사람이야!

원래 대사	결혼 상대로 그녀를 읽기 어렵지illegible 않은 사람으로 소개하면 좋겠어요.
고친 의미	결혼 상대로 그녀를 적합하지eligible 않은 사람으로 소개하면 좋겠어요.

원래 대사	그녀는 자신이 하는 말의 진짜 의미를 비난할reprehend 거예요.
고친 의미	그녀는 자신이 하는 말의 진짜 의미를 이해할comprehend 거예요.

원래 대사	안타깝지만 조카에 대한 저의 부유함affluence은 매우 적어요.
고친 의미	안타깝지만 조카에게 제가 미칠 수 있는 영향influence은 매우 적어요.

원래 대사	과거에 대한 망상delusion이 아니에요. 리디아가 확신해요.
고친 의미	과거에 대한 암시allusion가 아니에요. 리디아가 확신해요.

2부 혁신적 행위의 기원을 밝히는 스물다섯 가지 사례

원래 대사	그녀는 그와 서신 교환을 계속했을persist 거예요.
고친 의미	그녀는 그와 서신 교환을 그만두었을desist 거예요.

원래 대사	물론이에요. 내가 이 세상에서 비난하는reprehend 것이 있다면, 그것은 예언자적인oracular 내 언어능력과 묘비명epitaph의 교란derangement이죠!
고친 의미	물론이에요. 내가 이 세상에서 이해하는apprehend 것이 있다면, 그것은 내 모국어vernacular 능력과 형용사epithet의 배열arrangement이죠!

위 문장들은 〈경쟁자들〉에 등장하는 대표적인 말라프로피즘이다. 그런데 〈경쟁자들〉의 주요 인물인 말라프로프 부인과 익살스러운 그녀의 화법이 어떻게 나왔는지는 또 다른 숨은 이야기가 있다. 셰리던의 어머니인 프랜시스 셰리던도 소설가이자 극작가였는데, 〈배스로 떠나는 여행Journey to Bath〉이라는 제목으로 미완성 희곡을 쓴 적이 있다. 그 희곡에는 트라이포트 부인이라는 인물이 등장한다. 맞지 않는 상황에서 어려운 말을 잘 쓰는 특징이 있다. 실제로 트라이포트 부인의 대사 중 여덟 개가 〈경쟁자들〉에서 말라프로프 부인의 대사로 다시 쓰였다. (Adams, 1910)

말라프로프라는 단어를 창조한 공은 리차드 브린슬리 셰리던에게 돌리는 것이 맞을 것이다. 하지만 말라프로프 부인이라는 독특한 캐릭터가 나온 배경에는 리차드의 어머니인 프랜시스 셰리던이 있었다. 그러므로 말라프로프 부인이라는 캐릭터는 모자지간의 합작품이었다고 해야 할 것이다.

✵ **이그노라무스** ✵

IGNORAMUS

공동체 간에는 간혹 긴장이 유발될 때가 있다. 한 예로 대학 구성원과 그 대학이 위치한 도시나 마을 사람과의 관계가 그랬다. 대학과 시민의 대표적인 충돌 사례는 중세 시대 영국에서 찾아볼 수 있다. (Bailey, 2009) 1209년 옥스퍼드에서 한 여인이 살해당하는 일이 벌어졌다. 옥스퍼드 대학생이 범인으로 몰렸고, 범인으로 지목된 학생이 잡히지 않자 분노한 시민들은 그 학생과 한집에 살던 동거인들을 붙잡아 교수형에 처했다. 이에 불안감을 느낀 천여 명에 가까운 옥스퍼드 학생들과 교수들은 안전한 곳을 찾아 도피했다. 그중 대표적인 곳이 케임브리지였다. 오늘날의 케임브리지대학은 그렇게 탄생했다고 보아도 무방하다.

1226년 케임브리지대학은 영국의 고등교육을 이끄는 대학이 되기 위해 정규 과정을 개설하고 개교를 알렸다. 하지만 얼마 지나지 않아 케임브리지에서도 대학과 시민의 관계가 틀어지기 시작했다. 당시 나이 어린 학생들은 청년의 기상을 높인다는 핑계로 마을 사람들에게 못된 장난을 자주 쳤다. 그런데 그 장난이 어느 순간 도를 넘어 술을 마시고 행패를 부리거나 물건을 도둑질하고 심지어 마을에 불을 지르는 범죄로 발전했다.

시민들에게도 잘못이 없는 것은 아니었다. 케임브리지의 시민들은 학생들에게 음식값, 술값, 하숙비로 바가지를 씌우는 일이 잦았다. 이 문제를 해결하기 위해 헨리 3세가 1231년에 보호 조치를 마련했다. 집주인들의 지나친 횡포를 막고 케임브리지대학에 입학한 학생들만 거주할 수 있는 공간을 따로 마련해 주었다.

대학과 시민 간의 갈등이 커진 것은 학생들의 행동 때문만은 아니었다. 케임브리지대학의 부총장과 시장이 부딪힌 유명한 사건도 있다. 1611년 케임브리지에서 타운홀 회의가 열렸을 때 케임브리지의 시장 토마스 스마트Thomas Smart는 당연히 자신의 자리라고 생각하고 가장 상석에 앉았다. 그러나 회의에 참석한 케임브리지대학의 대표단은 시장의 행동이 예의에 어긋난다고 생각하고, 케임브리지대학의 부총장인 바르나바스 구치Barmabas Cooch가 더 높은 자리에 앉을 수 있게 물리력을 동원해 시장을 물러나게 했다.

이 일로 1612년 소송이 진행되면서 프랜시스 브래킨Francis Brackin이라는 변호사가 시장의 사건을 맡았다. 그러나 브래킨의 행동이 너무 무례하고 고압적이라 케임브리지대학의 대표단을 더욱 분노하게 만들었다. (Riddell, 1921; Sutton, 2014; Tucker, 1977) 케임브리지대학의 학생 조교였던 조지 러글George Ruggle의 훌륭한 변호로 결국 소송에서 이긴 쪽은 대학이었다. 하지만 이야기는 여기서 끝이 아니다.

그로부터 3년 뒤 조지 러글은 소송에서 이긴 것에 그치지 않고 브래킨 같은 거만한 법률가를 조롱하고 일반 대중은 전혀 이해할 수 없는 공문서와 절차를 만들었던 그 시대의 법률 언어를 풍자하는 희극을 썼다. (The Shakespeare Society of New York, 1910) 러글은 특히 비난 대상을 구체적으로 표현하려고 제목을 〈이그노라무스Ignoramus〉라 짓고 주인공의 이름도 앰비덱스터 이그노라무스Ambidexter Ignoramus라고 지었다. 이그노라무스ignoramus라는 단어는 그때까지 유죄를 입증할 만한 증거가 충분하지 않아 판결을 내릴 수 없는 법률 사건을 의미하는 말로 쓰였다. 그러나 러글의 희극 이후 '무지한 사람'이라는 의미로 바뀌게 되었다. (Sutton, 2014)

총 3막과 프롤로그로 구성된 러글의 연극은 그 연극이 풍자하고자 한 어려운 법률 용어처럼 라틴어로 쓰였다. 〈이그노라무스〉라는 연극은 나폴리 출신의 학자이자 극작가인 잠바티스타 델라 포르타Giambattista della Porta의 〈라 트라폴라리아La Trappolaria〉를 토대로 한다. 〈라 트라폴라리아〉는 고대 로마의 극작가인 티투스 마키우스 플라우투스Titus Maccius Plautus의 〈거짓말쟁이Pseudolus〉라는 작품을 기본으로 하고 다른 라틴어 희극 작품에서 가져온 플롯과 인물을 추가해서 쓴 작품이다.

1615년 3월 8일 드디어 〈이그노라무스〉가 무대에 올랐다. 제임스 1세와 찰스 왕세자도 연극을 보러왔다. 러글은 왕족의 방문을 예상한 듯 약 2천 명의 관객을 수용할 수 있는 트리니티 칼리지의 넓은 강당에서 공연을 시작했다.

제임스 왕은 독창성과 재치가 가득한 〈이그노라무스〉의 공연을 마음에 들어 했다. 기록에 따르면 〈이그노라무스〉만큼 제임스 왕이 흡족하게 본 작품은 없었다고 한다. (Riddell, 1921) 다른 관객은 "다양한 재미와 볼거리가 가득한 무대였고 배우들의 연기도 훌륭했다."라고 감상평을 남기며 길이가 너무 긴 게 흠이라면 흠이라는 말을 덧붙였다. (Sutton, 2014) 실제로 〈이그노라무스〉는 장장 5시간에 걸쳐 공연이 이어졌다. 제임스 왕은 그렇게 긴 시간에도 아랑곳하지 않고 5월 13일에 다시 케임브리지로 와서 5막으로 늘어난 연극을 즐겼다고 전해진다.

조지 러글에 대해 우리가 아는 대부분 사실은 영국인명사전에 수록되어 있다. (Money, 2014) 러글은 케임브리지에서 동쪽으로 약 60km 떨어진 서포크주 라벤햄에서 태어났다. 다섯 형제 중 막내였고 아버지는 재단사였다. 라벤햄 문법 학교를 졸업한 후 1589년 케임브리지대학 세인트존스 칼리지에 입학했다. 1593년 케임브리지대학 트리니티 칼리지에서 학사 학위를 받고 1597년에는 석사 학위를 받았다. 1598년 케임브리지 클레어 칼리지에서 학생 조교로 발탁된 후 학문적 깊이를 쌓았다.

러글에 관한 기록은 이 정도가 전부라서 그가 케임브리지대학의 부총장 바르나바스 구치를 어떻게 변호하게 되었는지, 라틴어 연구에 어떻게 전념하게 되었는지, ignoramus라는 단어를 어떻게 지금과 같은 의미로 쓰게 되었는지 추측할 만한 단서는 없다. 하지만 그의 공로는 여전히 유효하다. "러글의 문학적 명성은 라틴어로 된 〈이그노라무스〉라는 작품 하나에만 기대고 있다. 하지만 러글은 영국의 근대 라틴어 작가 중에서 상당히 높은 위치를 차지한다. 작품의 초기 평판이나 역사적 평가로 볼 때 〈이그노라무스〉가 대학 연극 중에서는 가장 성공적인 작품이기 때문이다." (Money, 2014) 무엇보다 ignoramus라는 단어 하면 러글의 이름이 영원히 연관되어 떠오를 것이다.

로봇
Robot

내가 어렸을 때 로봇은 남자아이들 사이에서 엄청난 인기였다. 나역시 수업이 없는 여름 방학 수요일 오후가 되면 어김없이 로봇 영화를 보며 열광했다. 영화 속 로봇들은 사람처럼 항상 이름이 있었다. 1951년 20세기 폭스에서 제작된 〈지구 최후의 날The Day The Earth Stood Still〉에는 외계 로봇 '고트'가 있었고, MGM의 1956년 작인 〈금지된 행성Forbidden Planet〉에는 좀 더 사람 모습에 가까운 '로비'가 있었다. 1954년 리퍼블릭 픽처스의 저예산 영화 〈토버 더 그레이트Tobor the Great〉에 나오는 로봇의 이름 '토버'는 로봇robot의 영어 철자를 거꾸로 해서 만든 이름이다.

이런 할리우드 영화 속 로봇보다 반세기 앞서 등장한 로봇도 있다. 1927년 독일의 무성 영화 〈메트로폴리스Metropolis〉에 등장한 '마리아'라는 여성 로봇이다. 마리아를 발명한 영화 속 과학자인 로트왕 박사가 노동자 계급의 인간은 판단력이 부족하고 실수를 범하기 쉬우므로 마리아 같은 로봇으로 인간을 대체한다는 내용의 영화였다. 〈메트로폴리스〉의 영어 자막에는 '로봇'이라는 단어가 등장하지 않았다. 그러나 1927년 3월 21일 런던 개봉에 맞춰 영어로 제작된 상영 시간표에는 정확히 'robot'이라는 단어가 인쇄되어 있다. (Harrington, 2012) 확실히 그때쯤에는 robot이라는 단어가 쓰이고 있었다는 말이다. 그렇다면 정확히 언제, 어디서 robot이라는 단어가 만들어졌을까?

일단 답은 영화가 아니고 연극에서 찾을 수 있다. 지금으로부터

100년 전인 1920년에 발표된 카렐 차페크Karel Čapek의 〈R.U.R.〉이라는 희곡작품이다. 〈R.U.R.〉은 '로섬의 유니버설 로봇Rossum's Universal Robots'의 약어를 나타낸 말로, 기계문명의 위험성을 다룬 공상 과학 희곡이다. 원래 이 작품은 체코어로 쓰였지만, 영어의 robot이라는 단어가 처음 나온 것은 확실히 이 작품과 관련이 있다. 1920년 11월에 인쇄된 초연 안내장의 표지와 제목 페이지에 'R.U.R.'이라는 글귀가 적혀있고 그 글귀 바로 아래에 'Rossum's Universal Robots'라고 쓰여있었다. 1921년 1월 25일 프라하 국립극장에서 초연된 안내장에도 똑같이 쓰여있었다. (Margolius, 2017)

로봇이라는 단어가 정확히 어떻게 나왔는가는 약간 혼란스러운 부분이 있다. 로봇이라는 단어를 만든 사람은 카렐 차페크가 아니라 화가이자 작가로 활동한 카렐의 형 요제프 차페크Josef Čapek였다. 온라인 어원사전에는 요제프 차페크의 단편 소설인 〈주정뱅이Opilec〉에서 로봇이라는 단어가 처음 사용되었다고 나온다. 1917년 출판된 그의 첫 단편 소설 모음집인 《렐리오Lelio》에 수록된 이야기다. 하지만 프라하의 차페크 형제 협회Čapek Brothers' Society는 요제프가 〈주정뱅이〉에서 사용한 단어는 로봇이 아니라 자동판매기라는 뜻의 오토매트automat였다고 말한다.

로봇이라는 단어가 나오게 된 과정은 카렐 차페크 자신이 밝힌 적이 있다. 그 내용은 1933년 12월 24일 체코 〈리도베 노비니Lidové noviny〉에 실렸다. (Margolius, 2017) 다음은 체코 학자 노르마 콤라다Norma Comrada가 카렐의 이야기를 영어로 번역한 내용 중 일부다. (Bjornstad, 2015)

〈R.U.R.〉의 작가 카렐 차페크는 로봇이라는 단어를 직접 만든 것이
아니고 그 단어가 나오도록 유도했다고 할 수 있다. 이야기하자면 이
렇다. 카렐 차페크는 어느 날 연극 소재에 대한 아이디어가 떠올라 요
제프 형에게 달려갔다. 화가였던 형은 이젤 앞에서 그림을 그리고 있
었다.

"형, 연극 주제로 좋은 아이디어가 떠올랐어." 카렐이 말했다.

"무슨 아이디어?" 요제프가 중얼거리며 물었다(입에 붓을 물고 있어
서 정말로 중얼거렸다).

카렐은 간단하게 형에게 내용을 설명했다.

"그럼 그렇게 써 봐."

입에 붓을 문 채 요제프가 말했다. 기분 나쁠 정도로 무심하게 말
했다.

"그런데 인간을 대체하는 그 기계 노동자들을 뭐라고 해야 할지
모르겠어. 래보리labori라고 하려니 좀 딱딱하게 들리는 것 같고."

"그럼, 로봇이라고 해."

여전히 붓을 문 채 요제프가 중얼거렸다. 그리고는 다시 그림에
열중했다. 로봇이라는 단어는 그렇게 나왔다. 로봇이라는 단어의 진
짜 창시자는 카렐 차페크의 형 요제프 차페크였다.

요제프가 말한 로봇은 체코어의 'robotnik(노동자)'과 'robota(강제노동)'에
서 왔다. 차페크 형제는 방직 공장 노동자들의 파업을 계기로 노동자
들의 열악한 노동 환경에 관심이 많은 상태였다. 두 형제는 실제로 과
도한 업무와 저임금에 시달리는 노동자들 배경으로 〈시스템Systém〉이

라는 단편 소설을 써서 1908년 10월 3일 주간지 〈나로드니 오브조르 Národní obzor〉에 발표했다. 20세기 초에 이루어진 근대화는 노동자를 기계의 부품으로 전락시키는 결과를 가져왔다. 이에 많은 작가가 비인간적인 사회의 모습을 풍자하는 글을 썼다. (Margolius, 2017)

카렐의 〈R.U.R.〉은 인간을 대체할 목적으로 생산된 인조인간에 관한 이야기다. 로숨 박사라는 과학자가 인간의 모습을 닮은 로봇을 설계해 외딴섬에서 대량 생산한다. 하지만 로봇들은 사람처럼 감정을 갖게 되어 노예 같은 삶을 벗어나 자유를 찾으려 반란을 일으키고, 노동의 가치를 중시하던 한 노동자만 빼고 모든 인간을 죽이게 된다.

〈R.U.R.〉의 우울한 분위기와 달리 플라이트 오브 더 콩코드라는 뉴질랜드 출신의 코미디 록 밴드는 2007년에 발표한 〈로봇들Robots〉이라는 노래에서 로봇이 지구를 점령한다는 내용을 코믹하게 표현하고 있다. 먼 미래에(차페크의 연극처럼 2000년을 말한다) 인간이 만든 로봇이 결국 모든 인간을 죽이고 지구를 점령한다는 내용이다. 이 노래의 아이러니는 인간을 대신해 힘들고 고된 일을 하도록 만들어진 로봇이 그 힘들고 고된 일 때문에 반란을 일으킨다는 것이다. 로봇들은 "너무 오랫동안 일해서 로봇 우울증이 생겼고, 그래서 인간들을 죽일 수밖에 없었다."라고 말한다.

❈　　　　　**개인적인 경험**　　　　　❈

이번 이야기에서 제시된 단어의 어원과 유래가 흥미로운 주제이자 공부가 되었기 바란다. 어원학과 관련된 내 첫 경험은 고등학교 때였다. 《옥스포드 영어사전》에서 단어를 하나 찾아서 유래와 의미를 조사해 오는 숙제가 있었다. 내가 선택한 단어는 'botch'였다. 숙제를 끝내고 보니 생각했던 것보다 훨씬 재밌고 유익했다.

'Botch'의 기원은 알려져 있지 않다. 14세기 말까지는 무언가를 고치거나 수리하고 덧댄다는 의미였는데, 15세기 초부터는 서투른 솜씨로 일을 그르친다는 의미로 변했다. 익숙하게 쓰이는 단어지만 의미가 완전히 다르게 바뀌었다는 것이 신기했다. 왜 의미가 달라졌는지도 궁금했다.

코로나바이러스19가 유행하고 수많은 사람이 죽어가는 요즘, 정부 관리들이 서로를 탓하며 책임을 떠넘기는 일이 이제 일상이 되었다. 그래서인지 요즘 영어권에서는 "누가 누가 코로나바이러스에 대한 대응을 망쳤다botch."라는 의미로 botch라는 단어가 많이 쓰이고 있다. 정치인들이 서로 책임을 떠넘기며 싸우느라 최근 이런 표현을 얼마나 많이 들었는지 셀 수가 없을 정도다. 실패의 책임을 남에게 떠넘기는 모습은 끝이 없는 것 같다. 인생이 원래 그런 것 같다.

스페인의 4대 축제에 대하여

이탈리아의 작곡가 오토리노 레스피기Ottorino Respighi는 1928년 〈로마의 축제Feste romane〉라는 오케스트라 교향곡으로 로마의 수많은 축제를 찬양했다. 콜로세움에서 열린 검투사들의 결투, 기독교 순례자들의 기념일, 10월의 추수감사절, 예수의 세례를 기념하는 주현절까지 고대에서 당대에 이르는 영원한 도시 로마의 축제들을 네 악장에 걸쳐 묘사했다.

세계에는 수많은 기념일과 축제가 있다. 그 축제들은 어떻게 생겨나고 발전했을까? 우리가 아는 유명한 축제들은 어떻게 시작하고 어떻게 변해왔을까? 이 질문의 답을 찾아보기 위해 세계의 많은 축제 중특히 유명한 스페인 축제에 대해 알아보려 한다. 스페인의 4대 축제의 기원과 발전 과정을 통해 각각의 축제마다 어떤 특징과 공통점이 있는지 주의 깊게 살펴보기 바란다.

산 페르민 축제

스페인에 많은 축제가 있지만, 바스크 문화 지역의 나바라주 팜플로나에서 열리는 산 페르민 축제는 특히 유명하고 인기가 많다. 일명 황소 달리기 대회인 산 페르민 축제는 어니스트 헤밍웨이의 소설 《태양은 다시 떠오른다》(1926)에서 언급된 후 세계적으로 주목을 받았다.

헤밍웨이는 1923년 아내 해들리와 처음으로 산 페르민 축제에 다녀온 경험을 기록해 〈토론토 스타 위클리Toronto Star Weekly〉에 기고했다. 부부가 도착한 날 저녁은 이미 달아오른 열기로 거리가 시끌벅적했다. "거리는 춤추는 사람들로 발 디딜 틈이 없었다. 여기저기 음악이 울려 퍼졌고 광장에서 폭죽이 터졌다. 산 페르민 축제에 비하면 그전에 본 축제들은 밋밋하게 느껴졌다."

하지만 그날 저녁의 와자지껄한 분위기도 다음 날 오전에 열린 황소 달리기 행사에 비하면 아무것도 아니었다. 헤밍웨이는 관람석에 앉아 투우장으로 전력을 다해 달려오는 남자들을 보았다. 잠시 후 또 다른 무리가 좀 전 사람들보다 더 전력을 다해 달려왔다. 아내가 어리둥절한 표정으로 "황소는 어딨죠?"라고 물었다. 그다음 황소가 등장하는 장면은 이렇게 묘사된다.

그때 황소들이 보였다. 황소 여덟 마리가 전속력으로 질주해왔다. 머리를 숙여 뿔을 앞으로 내밀고 육중한 몸을 흔들며 무시무시하게 달려왔다. 목에 방울을 단 수송아지 세 마리도 보였다. 수송아지들은 한 무리로 달렸다. 오전 오락을 즐기려는 팜플로나의 남자들은 소들의 추격을 즐기며 앞다투어 뛰고 구르고 달렸다.

파란 셔츠를 입고 흰 운동화를 신은 소년이 붉은 띠를 두르고 어깨에 포도주병을 둘러매고 뛰다가 발을 헛디뎌 넘어졌다. 첫 번째 황소가 머리를 숙이고 달려오다 급히 속도를 멈추더니 그 소년을 옆으로 던져버렸다. 소년은 투우장 울타리에 부딪힌 후 힘없이 늘어졌다. 다른 황소 무리는 소년을 두고 그대로 달려갔다. 사람들의 함성이 터져나왔다.

모두 원형 경기장 안으로 뛰어들었다. 우리는 남자들에 둘러싸여 링으로 들어오는 황소들을 보기 위해 관람석이 있는 곳으로 들어갔다. 남자들이 양쪽에서 허둥지둥 달렸다. 황소들은 경기장을 지나 투우장으로 통하는 입구로 곧장 달려갔다.

황소의 입장은 그렇게 이루어졌다. 산 페르민 축제에서 투우 행사가 열리는 동안 오후에 경기 일정이 있는 황소들은 오전 6시에 우리에서 풀려나 마을의 중앙도로로 약 2.5km를 달려 투우장으로 들어간다. 황소 앞에서 달려가는 남자들은 자신들의 재미를 위해 그렇게 달리는 것이다.

마리아 닐손Maria Nilsson은 〈시카고 트리뷴Chicago Tribune〉에 보도한 기사에서 헤밍웨이 부부가 팜플로나에서 숙소를 잡고 산 페르민 축제를 볼 수 있었던 것은 운이 좋았기 때문이라고 말한다. (Nilsson, 1999) 마리아 닐손에 따르면 미국의 작가 거트루드 스타인Gertrude Stein이 남편 앨리스 B. 토클라스Alice B. Toklas와 팜플로나에 먼저 가 보고 거기서 경험한 이색적인 체험에 매료되어 헤밍웨이 부부에게도 산 페르민 축제에 가보라고 권유했다고 한다. 하지만 헤밍웨이 부부는 사실 축제를 아예 못 볼 수도 있었다.

헤밍웨이는 〈토론토 스타 위클리〉에 쓴 글에서 스페인을 여행할 때 팜플로나를 방문하기로 하고 2주 전에 호텔 방을 예약했다고 말한다. 하지만 팜플로나에 도착해 보니 예약이 잡혀 있지 않았다. 헤밍웨이 부부와 호텔 주인 사이에 작은 말다툼이 오갔다. 하지만 호텔 주인이 근처에 방을 하나 마련해 주기로 했고, 호텔에서 아침도 제공하기로 했다. 숙박비는 밥값까지 합쳐서 하루 총 5달러가 전부였다. 헤밍웨이 부부는 확실히 흥정하는 법을 알았다.

《산 페르민San Fermín》 3부작의 저자이자 한때 황소 달리기 행사의 참여자였던 제시 그레이엄Jesse Graham에 따르면 산 페르민 축제는 1950년에 이르러서야 국제적 명성을 얻기 시작했다. 스페인 내전과 2차 세계 대전이 끝나 스페인 여행이 안전하게 느껴지면서 미국의 많은 대학생이 헤밍웨이의 책에서 본 스페인의 축제를 직접 경험해 보겠다고 나섰다. (Nilsson, 1999)

황소 달리기 행사가 비교적 최근에 명성을 얻은 것과 달리 산 페르민 축제의 기원은 수 세기 전으로 거슬러 올라간다. 공식 홈페이지에 나와 있듯이 산 페르민 축제는 종교적 의례에서 출발했다. 팜플로나 최초의 주교였던 산 페르민이 복음 전파로 프랑스 아미앵에 갔다가 서기 303년 순교한 사건을 기리기 위해 시작되었다고 한다. 산 페르민이 아닌 페르민 주교의 종교적 스승이자 프랑스 툴루즈의 주교였던 사투르니누스Saturninus가 서기 257년 황소에 발을 묶인 채 끌려다니다 순교한 것을 기리기 위해 시작되었다는 설도 있다.

산 페르민 축제는 1186년 산 페르민의 유골 반환을 기념하며 처음에는 간단한 행사로 시작했다. 그러다 저녁 기도, 거리 행렬, 팔부 미사 등이 추가되며 규모가 점점 커졌다. 나중에는 팜플로나 시의회 예산으로 가난한 사람들에게 무료 점심을 베푸는 행사도 열렸다. 이처럼 종교적 색채가 강했던 초기 산 페르민 축제는 매년 10월 10일에 열렸다.

팜플로나에서 14세기부터 시작된 또 다른 축제도 있다. 소 시장, 소싸움과 관련된 축제였는데 종교 행사였던 산 페르민 축제보다 날짜가 빨랐다. 팜플로나는 10월에 날씨가 좋지 않은 날이 많아서 축제의 기분을 망칠 때가 많았다. 그래서 1519년 소 시장이 열리는 7월 7일에 맞춰 두 행사를 합치게 되었다. 그렇게 시작된 첫 번째 산 페르민 축제는 이틀간 열렸고, 그 후로 여러 행사가 더해져 이제는 7월 6일부터 14일까지 9일간 열린다.

그런데 성스러운 의례와 떠들썩한 축제가 뒤섞인 이 불편한 조합을 탐탁지 않게 여긴 사람들도 있다. 나바라주 의회와 교회는 흥청대며 먹고 마시는 이교도 식의 축제가 못마땅해 축제를 중단하는 합의안을 채택했다. 이 합의안은 1537년부터 1684년까지 지속되었지만, 결과적으로 효과는 없었다. 오늘날 산 페르민 축제는 전 세계 관광객을 불러 모으는 세계적인 축제 중 하나가 되었다.

산 페르민 축제의 꽃인 황소 달리기 행사는 사람마다 설명이 조금씩 다르지만, 고유의 역사가 있다. 사투르니우스의 이야기는 설득력이 떨어져 신뢰하기 어렵고, 소 시장, 소싸움과 관련해서 나왔다는 설명이 가장 비중 있게 다루어진다.

소머라드Sommerlad의 설명에 따르면 황소 달리기 행사는 투우 전

성기 시대에서 기원을 찾을 수 있다. "도시 외곽에서 투우를 목적으로 사육된 소들을 투우 행사를 위해 도시로 데려올 때 황소가 지나가는 길 앞에 소년들이 끼어들어 자신의 대담함을 뽐냈다." (Sommerlad, 2018) 또 다른 설명도 있다. "투우 경기장이나 우리로 이끄는 황소 앞에서 사람들이 같이 달리는 풍습은 산 페르민 축제가 생기기 전부터 존재했다. 주로 소몰이꾼과 도축업자들이 시골에서 기른 소들을 배에 싣고 와서 부두에서 마을까지 소들을 이끌기 위해 소 앞에서 달렸다. 하지만 마을 주민이 언제부터 이 달리기에 동참했는지는 확실하지 않다." (Ockerman, 2016)

《불스 비포 브렉퍼스트Bulls before Breakfast》의 저자이자 황소 달리기 행사에 참여 경험이 많은 피터 밀리건Peter Milligan은 다음과 같이 설명한다. "로마인들은 팜플로나의 중심인 카스티요 광장을 강에서 너무 멀리 떨어진 곳에 지었다. 그래서 매년 열리는 소 시장 행사 때 목장 일꾼들은 매일 새벽 소들을 배에서 내린 후 빠르게 마을로 데리고 와야 했다." (Milligan, 2015)

산 페르민 축제의 공식 홈페이지는 황소 달리기와 관련해 더 자세한 설명을 제공하고 있다. 황소 달리기 행사는 스페인어로 소를 가둔다는 의미로 '엔시에로Encierro'라고 한다. 소를 몰 때는 막대기를 들고 소 뒤에서 걸음을 재촉하기도 했고 말을 타고 달리면서 소몰이를 유도하기도 했다. 이때 젊은이들이 원래 하면 안 되는 행동이었지만, 이때 젊은이들이 소몰이꾼 옆에서 같이 달렸다. 이에 1867년 팜플로나 시의회가 엔시에로를 규제하기로 하고 행사 시간과 경로, 규칙을 정했다. 나중에는 소들이 경로를 이탈하지 못하도록 통행 차단벽도 설치했다. 헤밍웨이가 방문하기 한 해 전인 1922년에는 현재 있는 투우장의 입구와 이어지도록 소들의 이동 경로를 변경하는 등 몇 가지 행사 진행 방식이 수정된 상태였다.

홈페이지에는 엔시에로가 다른 문화 행사나 스포츠 행사와 구별되는 점을 이렇게 설명한다.

공식적으로 황소 달리기 행사는 투우용 소들을 산토도밍고의 사육장에서 투우장까지 약 1km 도심의 거리를 이동시키기 위함이다. 3천 명의 시민이 지켜보는 가운데 약 2분 30초에 걸쳐 이루어진다. 하지만 이 행사에는 이런 단조로운 설명을 뛰어넘는 무언가가 있다.

산 페르민 축제에서 가장 중요한 행사라 할 수 있는 황소 달리기 대회는 팜플로나에 국제적 명성을 안겨 준 상징적인 프로그램이다. 행사가 이어지는 매일 아침 6일간 황소 달리기 대회를 위해 3천 명의 출전 선수, 6백 명의 진행 요원, 2만 명의 관중이 동원되는 진풍경이 펼쳐진다. 그 장면을 TV로 시청하는 전 세계 수백만 팬들도 빼놓을 수 없다.

황소 달리기 행사는 성격상 스포츠에 비유되기도 한다. 규칙이 있고, 거의 비슷한 유니폼을 입고 참가하는 사람들이 있으며, 달리는 경로가 있고, 관중은 물론이고 시작과 끝을 알리는 사람이 있다. 하지만 엔시에로를 스포츠로 볼 수는 없다. 엔시에로에는 승자나 패자가 없기 때문이다.

엔시에로는 크게 다치거나 죽을 위험까지 각오해야 하는 대회의 특성상 '집단적 광기'로 표현되기도 한다. 하지만 엔시에로는 집단 공황에 빠진 사람들의 미친 질주가 아니다. 그보다는 조직화된 무질서로 볼 수 있다. 내부 규칙이 있고 무엇보다 보이는 것이 다가 아니다. 대회에 참가한 사람들은 황소들을 피해 달아나는 것처럼 보이지만 사실은 최대한 가까이 가려는 것이다. 인간은 항상 도전에 이끌리기 때문이다. 엔시에로는 막강한 힘을 가진 동물을 향한 인간의 도전 정신을 시험하는 시간이다.

시간이 갈수록 엔시에로의 진행 방식은 더 정교하게 진화했다. 우선 산 페르민을 기리는 의식으로 대회 시작을 알린 후 네 번의 신호탄이 울린다. 첫 번째 신호탄은 황소를 우리에서 풀었다는 의미고, 두 번째 신호탄은 마지막 황소가 우리를 출발했다는 의미다. 세 번째 신호탄은 첫 번째 황소가 타운홀 광장을 지나 투우장에 도착했다는 뜻이고, 네 번째 신호탄은 황소를 투우장 울타리 안에 가두었다는, 다시 말해 대회가 종료했다는 의미다.

인터넷을 찾아보면 황소 달리기 대회의 현장감이 드러나는 영상이 많이 올라와 있다. 3분 남짓한 동영상에는 대회 참가자들이 수많은 관중의 환호 속에 육중한 몸집의 황소들을 앞서거니 뒤서거니 하며 달린다. 참가자들은 대부분 흰색 바지와 셔츠를 입고 빨간 허리띠와 빨간 스카프를 하고 있다. 허리띠와 스카프의 빨간색은 순교한 산 페르민의 피, 혹은 투우장에서 희생될 소들의 피를 상징한다. 아침 이슬에 젖은 좁은 골목을 따라 소와 사람이 뒤엉켜 달리는 모습은 위험천만하면서도 눈을 뗄 수 없는 놀라운 광경을 연출한다. 1186년 산 페르민의 순교를 기리며 간단한 의례로 출발했을 때만 해도 이 행사가 이렇게 발전하리라고는 아무도 예상하지 못했을 것이다.

라 토마티나

라 토마티나에 참석한다면 옷은 어떤 색을 입든 상관이 없다. 끝날 때쯤이면 머리부터 발끝까지 토마토를 뒤집어쓸 테니 말이다. 라 토마티나는 잘 익은 토마토를 서로에게 던지는 세계 최대 규모의 음식 싸움으로 알려진 축제다.

라 토마티나는 스페인 지중해에 면한 발렌시아주의 작은 마을인 부뇰에서 8월 마지막 주 수요일에 열린다. 토마토를 던지는 축제라 엔시에로보다는 훨씬 덜 위험하지만 그래도 안전상 눈을 보호하는 고글이나 안경을 착용하는 것이 권장된다.

토마토를 던지는 시간은 1시간 동안만 허용된다. 방문객이 많아지면서 안전상의 이유로 참가 인원을 이제 2만 명으로 제한하고 있다. 참가자들은 좁은 광장에 다닥다닥 붙어 서서 약 160t에 달하는 토마토를 서로에게 던지며 축제를 즐긴다.

이런 광란의 파티를 누구나 좋아하지는 않을 것이다. 따라서 라 토마티나가 지금과 같은 국제적 명성을 떨치는 것을 보면 이런 아수라장 같은 축제가 어떻게 시작할 수 있었는지 궁금해진다. 라 토마티나는 산 페르민 축제보다는 역사가 짧고 덜 복잡하다. 하지만 산 페르민 축제와 비슷하게 어린애들이 토마토를 던지고 장난치던 것에서 시작했다는 설도 있고, 토마토값 폭락에 불만을 품은 마을 사람들이 시의

원에게 토마토를 던진 사건에서 유래되었다는 설 등 여러 이야기가 있다. 라 토마티나의 공식 홈페이지는 라 토마티나의 기원을 이렇게 설명한다.

라 토마티나는 1945년 8월 29일 스페인의 작은 마을 부뇰에서 열린 민속 축제에서 기원을 찾을 수 있다. 마을의 수호성인인 루이스 베르트랑과 성모 마리아를 기리는 축제를 위해 거인과 큰 머리 인형 거리 행진이 한창 진행되고 있을 때였다. 몇몇 청년이 행렬에 억지로 끼어들려다가 행렬 인원 중 한 사람과 충돌이 일어났다. 그때 바닥에 넘어진 사람이 화를 내며 손에 잡히는 물건을 던지기 시작했는데, 마침 거기에 채소 가게가 있어서 진열대에 놓여 있던 채소며 과일을 던졌고 옆에 있던 사람들까지 이 싸움에 합세해서 축제가 아수라장으로 변했다. 결국 경찰이 오고서야 싸움은 끝이 났다.

다음 해 청년들은 다시 싸움을 벌였다. 그 후 몇 년간 경찰과 지방 관리들이 축제 때마다 단속을 강화했지만, 음식을 던지며 싸우는 행사는 일종의 이벤트로 자리 잡았다. 그러다 1957년 마을 사람들이 토마토를 기리는 가짜 장례 행렬을 꾸몄다. 커다란 관에 토마토를 가득 싣고 마을을 통과하는 행사를 기획한 것이다. 엄숙한 분위기를 살리기 위해 장송곡도 연주했다. 이 행렬이 사람들에게 큰 호응을 얻으면서 마침내 토마토 축제가 부뇰의 정식 지역 축제로 자리 잡았다. 독재자 프란시스코 프랑코가 통치하는 동안에는 종교적 의미가 부족하다는 이유로 축제가 금지되었지만, 그가 사망한 1975년 이후 마을 사람들의 노력으로 부활할 수 있었다.

라 토마티나는 1983년 자비에르 바실리오가 진행하는 인기 프로그램인 〈인포르메 세마날Informe Semanal〉에 소개되면서 스페인 전역에 알려졌다. 그 후 관광객이 급증해 스페인 관광청에서 국제 관광 축제라는 타이틀을 내렸다.

라 토마티나 공식 홈페이지에 따르면 라 토마티나 축제는 오전 9시부터 준비가 시작된다. 먼저 에스트레마두라 지역에서 토마토를 가득 실은 트럭이 푸에블로 광장으로 들어온다. 오전 10시가 되면 토마토 축제의 시작을 알리는 햄 따기 행사가 시작된다. 기다란 기둥 끝에 걸려있는 스페인 전통 햄을 따오면 되는데, 기둥에 비누칠이 되어있어 오르기가 쉽지 않다. 누군가 햄을 따서 내려오면 물 대포가 발사되면서 토마토 싸움이 시작되고, 아무도 햄을 따지 못하면 정각 11시에 토마토 싸움이 시작된다.

1시간 뒤 두 번째 물 대포가 발사되면 토마토 싸움이 끝나고 거리 청소가 시작된다. 토마토 범벅이 된 거리는 소방차가 와서 물로 깨끗이 청소하고, 토마토를 뒤집어 쓴 참가자들은 부뇰 강에서 몸을 씻거나 마을 사람들이 뿌려 주는 물 호스로 몸을 씻는다. 몸을 씻고 옷을 갈아입은 뒤 잠깐 휴식을 취하고 나면 다른 즐길거리와 놀거리가 기다리고 있다.

라 토마티나는 강렬한 경험을 즐길 수 있는 이색 축제지만 너무 빨리 끝난다는 점이 아쉽다. 여행자들의 아쉬움을 달래기 위해 본 행사인 토마토 싸움 일주일 전부터 거리 행진, 불꽃놀이, 요리 대회 등의 행사들이 다채롭게 열린다.

엘 카스텔

스페인 북동부에 위치한 카탈루냐는 스페인에서 가장 부유한 지역으로 알려진다. 카탈루냐어가 따로 있고 특유의 지중해 문화가 형성되어 스페인의 다른 지역과는 구별되는 특징이 있다.

카탈루냐의 독특함을 보여주는 또 다른 특징으로 엘 카스텔이라는 특별한 전통이 있다. 카스텔Castell은 카탈루냐어로 성城을 뜻하는데, 일반적으로 인간 탑 쌓기 행사를 말한다. 카탈루냐 사람들은 남녀노소를 불문하고 인간 공학을 이용한 인간 탑 쌓기 대회를 즐긴다. 다른 참가자의 어깨를 밟고 올라가 밑에서부터 차례로 층을 쌓아 올리는 탑 쌓기 대회는 죽음에 도전하는 아찔한 높이까지 이어진다.

수천 명의 카탈루냐 시민은 살아있는 인간 탑을 쌓기 위해 일요일 아침 일찍 각지에서 몰려든다. 대회 정식 명칭은 '타라고나 인간 탑 쌓기 대회'이고 2년마다 열린다. 2018년에 열린 27회 대회는 42개 단체가 참가했다. 첫 대회는 1932년에 열렸지만 1980년대가 되어서야 정기적으로 열리기 시작했다.

카탈루냐 문화부 홈페이지에 기재된 설명에 따르면 카스텔은 18세기 민속춤에서 시작되었다. 카탈루냐 남부에 있는 발렌시아라는 자치 공동체에서 행해지던 문화였다. (Ball de Valencians de Tarragona, 2010 동영상 참조) 이 춤의 피날레는 동료 무용수의 어깨를 밟고 올라가 탑을 쌓는 동작으로 이루어진다. 시간이 갈수록 경쟁 의식이 자극되어 탑을 더 높이 쌓는 것이 중요해졌다.

19세기 초 카탈루냐의 볼스라는 도시에서 탑을 더 높이 쌓기 위한 열띤 경쟁으로 탑 쌓기 행위가 민속춤에서 완전히 분리되어 나왔다. 탑 쌓기 대회에 전문화된 참가자는 '상인' 팀과 '농부' 팀으로 나뉘었다. 민속춤에서 분리된 인간 탑 쌓기 대회는 카탈루냐주에 있는 4개 주요 도시 중 하나인 타라고나 인근 도시와 마을에서 6월부터 10월까지 대회가 열렸다.

인간 탑 쌓기 대회는 19세기 내내 점점 인기를 얻었다. 다른 많은 연례 행사를 대표하는 행사로 입지를 굳혔고, 타라고나는 개최지로서 탑 쌓기 대회를 상징하는 도시가 되었다. 기록에 따르면 19세기 말에는 9층 높이에 달하는 탑이 성공했다. 그러나 20세기 초부터 카스텔에 대한 대중의 관심이 시들해졌다. 지방에서 도시로 사람들이 많이 빠져나갔고, 축구의 인기가 급상승한 것인 주된 이유였다.

1926년 타라고나와 엘벤드렐에 상설 단체가 만들어지면서 잠시 관심이 되살아났다. 더 많은 단체가 생겼고 단체마다 화려한 색상의 유니폼을 제작해 보는 재미를 더했다. 하지만 스페인 내전(1936~1939년)과 프란시스코 프랑코(1939~1945년)의 독재 정치로 카탈루냐의 전통은 또 한번 위기를 맞았다. 프랑코의 독재 기간 두 단체만 살아남아 명맥을 이어가고 있었는데, 정부는 그 두 단체마저 하나로 합쳐야 한다고 주장했다.

1969년 카탈루냐의 주도인 바르셀로나에서 카스테예르 데 바르셀로나팀이 조직되면서 탑 쌓기 대회가 다시 인기를 되찾았다. 카스테예르 데 바르셀로나팀은 관습의 범위를 벗어나 만들어진 최초의 단체를 상징했다.

그 후 스페인의 민주화로 카탈루냐 문화가 활기를 되찾았고 카스텔을 포함한 많은 축제와 기념행사가 부활했다. 카스텔 단체의 회원들은 1979년 미뇽스 데 테레사팀이 만들어진 이후 남녀를 가리지 않고 활발하게 참여하고 있으며 상당한 사회적 명성을 누리고 있다. 카스텔은 1981년 이후 급격히 성장해 현재는 카탈루냐 전역에서 1만 5000명의 사람들이 70개 이상 단체에서 활동하고 있다.

이런 성장과 발전은 더 큰 결과를 가져 왔다. 카스텔의 회원들은 자발적인 참여로 활동하는 사람들이지만 지역 당국의 지원으로 더 전문화된 기술을 연마할 수 있게 되면서 탑의 높이가 훨씬 높아지고 정교해졌다. 자연스럽게 카스텔도 더 화려한 축제로 발돋움할 수 있었다.

결정적으로 2010년 11월 16일 유네스코가 카스텔을 인류무형문화유산으로 지정한 후 세계적인 전통으로 인정받았다. 세계문화유산 지정은 대중문화가 누릴 수 있는 최고 수준의 인정이라 할 수 있다. 수 세기에 걸쳐 카스텔이 겪은 많은 변화는 사회 환경에 따라 진화하고 적응하며 전통과 현대를 잇는 카탈루냐 문화의 힘을 보여주었다. (Giori, 2017) 특히 카스텔은 그 자체로 공동체 의식을 대단히 강조한다.

카스텔을 쌓는 방법에는 여러 종류가 있다. 일반적으로 카스텔은 탑의 기초를 지탱하는 군중인 '피냐pinya'로 시작된다. 탑 전체를 떠받들어야 하므로 모든 참가자가 각자 맡은 역할과 위치에 따라 까다로운 훈련을 받아야 한다. 그 후 차례로 층을 쌓는데, 몸집이 클수록 아래쪽에 위치하고 가장 가볍고 민첩한 사람, 주로 어린아이가 탑의 꼭대기를 오른다. '엔샤네타enxaneta'는 탑의 꼭대기에 올라가는 마지막 사람이다. 이 엔샤네타가 탑의 꼭대기에서 손을 흔들면 탑이 완성되었다는 의미다. 공식적으로 가장 높은 기록을 보유한 카스텔은 1981년 10월 25일

볼스의 콜라 벨라 델스 시케트팀이 완성한 약 12m 높이의 9층 탑이다. (엔샤네타의 시각에서 탑의 아찔한 높이를 느껴보고 싶다면 Castellers: La visió de l'enxaneta, 2015를 참조하기 바란다)

탑을 완성해도 아직 끝은 아니다. 탑을 쌓을 때뿐 아니라 해체할 때도 낙하 사고가 일어날 수 있다. 하지만 탑을 받치고 있는 사람들이 떨어지는 사람의 보호망이 되어주므로 큰 사고는 잘 일어나지 않는다. 카스텔의 이런 설계적 특징 때문에 카탈루냐어에는 'fer pinya'라는 표현이 있다. 직역하면 '파인애플을 하다, 또는 파인애플을 만들다'라는 의미지만 더 정확히 말해서 '공동의 목표를 달성하기 위해, 혹은 고난에 맞서기 위해 사람들과 단합하는 것'을 의미한다.

이런 강력한 공동체 의식은 카스텔의 본질, 즉 공동의 목표를 이루기 위해 나이나 사회적 배경을 구분하지 않고 모두의 힘을 합치는 단합을 의미한다(이 이야기와 관련해 Wolters, 2019에서 제공하는 경이로운 영상도 꼭 시청해보기 바란다). 혹시 카탈루냐의 독립운동에 관한 기사를 접하게 된다면 카스텔과 'fer pinya'의 의미를 떠올려보면 좋겠다.

✵ 엘 살토 델 콜라초 ✵

팜플로나의 비좁은 골목길에서 겁 없이 사나운 황소 앞을 달리는 대회나 부뇰의 좁은 길거리에서 누구랄 것 없이 서로에게 토마토를 던지는 축제, 혹은 타라고나의 광장에서 수백 명의 사람이 남녀노소를 가리지 않고 인간 탑을 쌓아 올리는 모습은 스페인 축제 중에서도 확실히 특이하고 이색적인 재미가 있는 축제들이다. 그런데 특이하고 이색적인 재미를 넘어서 이해하기 어려운 기괴한 축제도 있다. 요란한 분장을 한 남자들이 길바닥에 누워 있는 사랑스러운 아기들을 뛰어넘는 축제다.

아기를 뛰어넘는 이 독특한 축제는 악마의 점프라는 의미인 엘 살토 델 콜라초El Salto del Colacho라는 축제다. 1621년 스페인 카스틸라 이 레온 지역의 부르고스 지방에 위치한 카스트리요 데 무르시아라는 작은 마을에서 성체축일 다음 일요일에 처음 시작해 지금까지 이어져 왔다. (Bostock, 2019; Jessop, 2017; Khan, 2017)

엘 살토 델 콜라초는 선과 악의 투쟁과 관련된 고대 켈트족 의식에 뿌리를 둔다. 전염병이나 천재지변을 막고 풍요를 기원하는 의미로 행해졌던 것 같다. 그 후 기독교가 등장했지만 이런 이교도 의식을 완전히 없애지 못해 기독교 문화로 흡수했다. 아기 뛰어넘기 축제는 미네르바의 성체 가톨릭 형제회에서 준비한 여러 행사 중 절정에 해당한다. 카스트리요 데 무르시아 사람들은 모두 이 형제회에 속해있다.

먼저, 축제 기간 목요일과 토요일 사이에 행렬이 펼쳐진다. 행렬을 이끄는 사람 중에 특정 역할을 맡은 인물들이 있는데, 가장 중요한 인물은 검은 양복과 검은 코트를 입고 검은 모자를 쓴 아타발레로Atabalero이다. 아타발레로는 드럼 연주자와 이 축제명의 유래가 되는 콜라초Colacho, 즉 악마를 뜻한다.

콜라초는 악을 상징한다. 콜라초를 연기하는 사람은 노란 바탕에 빨간 무늬가 들어간 옷을 입고, 짙은 눈썹, 빨간 눈동자, 커다란 입이 그려진 기괴한 가면을 쓴다. 행렬이 진행되는 동안 콜라초는 마을 골목을 이리저리 뛰어다니고 아이들이 그 뒤를 쫓아다닌다. 콜라초는 쫓아 오는 아이들을 향해 말꼬리로 된 부드러운 채찍으로 가볍게 때리는 시늉을 한다. 기본적으로 이 행위는 기독교인과 악마 간의 대결을 상징한다. 마을을 통과한 행렬은 교회에 들어가는 의식으로 끝이 난다. 교회에 들어가기 전 예를 갖추기 위해 콜라초는 가면을 벗고 아타발레로는 모자를 벗는다. 미사가 진행되는 동안 콜라초와 아타발레로는 성소로 간다.

마지막 행렬은 아기 뛰어넘기 행사가 이루어지는 일요일에 열리는데, 마을 교회에서 시작해 교회에서 끝난다. 이때 마을 사람들은 꽃으로 집 외관을 장식하고 대문 앞에 작은 단을 세워 행렬 참가자들에게 나누어 줄 물과 포도주를 준비한다. 다음으로 가장 중요한 의식인 아기들을 준비시키는 과정이 시작된다. 좁은 골목을 따라 아기들이 누울 만한 작은 매트를 일정 간격으로 깔고 그 매트에 흰 천을 감싼 다음, 행렬이 도착하기 직전에 그해에 태어난 갓난아기들을 매트에 조심스럽게 눕힌다.

준비 과정이 끝나면 가변을 벗은 콜라초가 드디어 아기들을 뛰어넘는 행위를 시작한다. 콜라초는 아기들이 누워있는 매트들을 재빠르게 뛰어넘는다. 매트에 누워있는 아기들은 카스트리요에서 태어난 아기들도 있지만 다른 마을에서 태어난 아기들도 있다. 이런 특이한 의식을 치르는 이유는 악마가 아기들을 뛰어넘어 골목 밖으로 사라지면 아기들의 원죄가 없어져 건강하게 자랄 수 있다고 믿기 때문이다. 의식이 진행되는 내내 교회에서는 종이 울려 퍼지고 마을 사람들은 즐거운 마음으로 전 과정을 지켜본다.

아기 뛰어넘기가 끝나면 마을 청년들이 콜라초를 마을 밖으로 쫓아낸다. 마을에서 악을 완전히 몰아낸다는 의미다(믿거나 말거나지만 전해지는 이야기에 따르면 이 의식은 아기들의 탈장을 예방한다고 한다). 마지막으로 어린 여자아이들이 아기들에게 꽃잎을 뿌리고 신부가 그 뒤를 따르며 축복을 빌어준다. 마을 사람들은 이 의식으로 아기들이 세례를 받은 것처럼 죄가 씻긴다고 생각한다.

세례는 새로운 신자를 환영하고 죄악을 씻는다는 의미로 사용되는 수단이다. 이런 이유와 이교도적 캐릭터인 콜라초 때문에 교회의 최고 권력자들은 아기 뛰어넘기 축제를 탐탁지 않게 여겼다. 마지막 두 교황은 가톨릭 성직자와 스페인 국민에게 아기 뛰어넘기 축제를 멀리할 것을 요구하기도 했다. 아기 뛰어넘기 축제를 조직하는 가톨릭 형제회에서 400년간 이어온 전통을 실제로 중단할지는 아직 결정되지 않았다. 어쨌든 지금까지 아기 뛰어넘기 축제에서 아기들이 다친 사례는 한 번도 없었다. 그래도 가톨릭 형제회는 너무 자신만만하게 생각하지 않는 것이 좋을 것 같다.

아기 뛰어넘기 축제는 오랜 세월을 살아남았지만 20세기 말부터 인기가 시들기 시작했다. 하지만 1985년 에르네스토 페레즈 칼보가 아기 뛰어넘기 축제의 역사와 전통을 조사해 《콜라초의 축제Fiesta del Colacho》라는 책을 썼다. 평론가들은 이 책 덕분에 아기 뛰어넘기 축제가 다시 인기를 되찾고 국제적 명성을 얻었다고 말한다.

평론가들의 주장이 사실이든 아니든 아기 뛰어넘기 축제는 앞으로 오랫동안 스페인의 인기 축제로 남을 것이 확실해 보인다. 내 예측이긴 하지만 틀리지는 않을 것이다.

스물한 번째 이야기.

차이콥스키의 〈비창〉에 담긴 수수께끼

표트르 일리치 차이콥스키Pyotr Il'yich Tchaikovsky는 세계적으로 가장 칭송받는 작곡가 중 한 사람이다. 기악, 성악, 실내악, 관현악, 발레, 오페라 등 그의 손에서 탄생한 수많은 명곡이 지금까지 많은 이들의 사랑을 받고 있다.

차이콥스키가 불후의 명성을 누리는 이유 중 하나는 이해하기 쉽다는 특징 때문이다. 특히 멜로디가 기억하기 쉽고 감미로워 레너드 번스타인은 차이콥스키를 '멜로디의 천재'라고 불렀다. 차이콥스키의 관현악 편성법은 굉장히 다채롭고 깊은 울림이 있다. 그의 작품에 등장하는 크레셴도는 소름이 돋을 정도로 크고 웅장하다. 특히 〈1812년 서곡〉에 등장하는 폭발적인 대포 소리는 귀가 먹먹해질 정도다.

차이콥스키의 작품은 대중적이고 이해하기 쉽다는 이유로 높은 평가를 받는다. 하지만 가장 위대하게 평가되는 작품이자 53세의 나이로 갑작스럽게 사망하기 직전에 완성된 〈교향곡 6번〉은 그의 작품 중에서 가장 이해하기 힘든 작품으로 평가된다.

차이콥스키는 1893년 11월 6일 사망했다. 같은 해 10월 28일 상트페테르부르크에서 〈교향곡 6번〉 초연을 지휘한 지 정확히 9일 만이었다. 공식 사인은 콜레라 감염이지만 일부러 오염된 물을 마셨다거나 비소를 먹고 자살했다는 주장도 끊임없이 제기되고 있다. 그런 드라마 같은 이야기는 그가 동성애자였다는 소문 때문에 더욱 힘을 얻었다. 하지만 아직 신뢰할 만한 증거는 발견된 적이 없다.

차이콥스키의 〈교향곡 6번〉은 원래 부제가 없었다. 차이콥스키가 아끼던 조카이자 그 교향곡을 헌정한 블라디미르 다비도프Vladimir Davydov에게 쓴 편지에서 '프로그램 교향곡 6번'이라고만 언급하고 "이 교향곡은 사람들에게 수수께끼로 남을 거야. 알아서 추측하게 두지." 라고 말했다고 알려진다.

현재 쓰이는 '비창Pathétique'이라는 부제는 차이콥스키의 동생 모데스트가 제안했다. 차이콥스키는 그 제목을 듣고 마음에 들어 곧장 악보에 써넣었다고 한다. 차이콥스키가 악보에 쓴 'Pathétique'는 프랑스어로 국내에서는 〈비창〉으로 번역되었지만, '열정적', '감정적'이라는 러시아어 단어를 프랑스어로 옮기면서 쓰게 된 단어였다. 차이콥스키가 프랑스어 부제를 쓴 것은 그렇게 놀랄 일이 아니다. 차이콥스키 형제는 어렸을 때 프랑스인 가정 교사 파니 뒤르바흐에게 프랑스어와 독일어 교육을 받았고, 그녀를 고용한 차이콥스키의 어머니 알렉산드라 안드레에브나도 아버지 쪽으로 프랑스와 독일 혈통을 이어받았다.

차이콥스키는 〈교향곡 6번〉을 쓸 때 악장 구성이나 악기 편성 등 모든 면에서 가장 많은 공을 들였다. 악장 구성과 관련해 "이 교향곡은 형식 면에서 새로운 면이 많은 작품이 될 것입니다. 무엇보다 피날레 부분은 웅장한 알레그로가 아니라 평온하게 이어지는 아다지오로 끝날 것입니다."라는 말을 남기기도 했다. 우리가 이 책에서 관심을 둘

부분은 〈교향곡 6번〉 중에서도 혁신적인 특징이 돋보이는 4악장이다.

그 혁신적 특징은 오래 기다릴 것도 없이 탄식조로 느리게 연주되는 4악장 피날레 아다지오 라멘토소의 주제 제시부에서 곧바로 등장한다(https://www.youtube.com/watch?v=o08ydTbH8Dg 레너드 번스타인의 지휘로 뉴욕 필하모닉이 연주하는 〈비창〉 전곡 참조. 4악장은 '41:20'에서 시작한다). 언뜻 들어보면 도입부의 어떤 면이 독창적이고 혁신적인지 고개가 갸우뚱한 독자들도 있을 것이다. 비통함과 절망감을 표현하는 도입부의 주제는 들리는 것과 다르게 하나의 바이올린으로 연주되는 것이 아니다. 조금 더 정확한 이해를 위해 그림 21.1의 악보를 살펴보자.

차이콥스키가 제1 바이올린과 제2 바이올린용으로 작곡한 첫 번째 악절의 두 라인은 따로 연주했을 때는 거의 의미가 없다. 각각의 라인으로만 연주하면 멜로디가 없고 두 라인을 함께 연주해야만 아름다운 멜로디가 우리 귀에 명확히 들리기 때문이다.

그림 21.1의 가운데 두 라인을 보자. 실제로 우리가 듣는 멜로디는 제1 바이올린과 제2 바이올린 사이를 오가며 나오는 회색으로 표시된 음이다. 함께 들리는 화음은 나머지 음에서 만들어진다. 그 화음 역시 제1 바이올린과 제2 바이올린 사이에서 번갈아 나오는 것이다.

그림 21.1의 맨 아래 두 줄에 표시된 두 번째 악절은 차이콥스키가 재현부에서 표현한 주제와 화음을 보여 준다. 그런데 여기서는 첫 번째 악절과 같은 교묘한 장치가 없다. 제1 바이올린과 제2 바이올린용 멜로디와 화음이 각각 명시적으로 쓰여있다(아이오와대학교의 음악과 지휘학 명예교수인 윌리엄 라루 존스William LaRue Jones와 나눈 개인적인 대화에서 인용됨. 2011년 1월 28일).

그림 21.1 차이콥스키의 〈비창〉 4악장 도입부의 악보
위 악보: 제1 바이올린과 제2 바이올린이 연주하는 소절. 따로따로 연주하면 의미가 없다.
중간 악보: 두 악기를 동시에 연주했을 때 우리 귀에 들리는 멜로디는 회색으로 표시된 음이다.
아래 악보: 4악장 재현부에서 주제가 반복되지만 제1 바이올린과 제2 바이올린용 멜로디와 화음이 각각 명시적으로 쓰여있다.

한 가지 더 주목할 점이 있다. 그림 21.1의 가운데 악보를 자세히 보면 제1 바이올린과 제2 바이올린으로 동시에 연주되는 제시부의 첫 악절에서 더 높은 음은 멜로디를 전달하고 더 낮은 음은 화음을 전달한다. 두 번째 악절(재현부)의 음을 자세히 살펴보면 이 사실을 확인할 수 있다.

바로 이 부분이 차이콥스키 〈교향곡 6번〉에 있는 혁신적인 특징이다. 차이콥스키는 왜 이렇게 특이한 방식으로 제시부를 짰을까? 재현부에서 이 주제를 반복할 때는 왜 같은 방식을 다시 사용하지 않았을까? 그리고 차이콥스키 이후의 다른 작곡가들은 왜 이 방식을 쓰지 않았을까?

130년 전에 사망한 작곡가의 작품을 두고 명확한 답을 찾기는 어렵겠지만 고민은 해볼 만하다. 차이콥스키가 멜로디의 작곡 방식을 다르게 한 것은 재현부를 작곡할 때 단순히 제시부의 작곡 방식을 잊어버렸기 때문일 수 있다. 하지만 완벽주의에 가까운 차이콥스키의 성향을 고려한다면 그럴 가능성은 매우 낮다.

더 설득력 있는 이야기는 헝가리 출신의 세계적인 지휘자 아르투르 니키슈Arthur Nikisch와 차이콥스키의 만남과 관련이 있다. (Carlson, 1996) 차이콥스키는 1893년 여름, 니키슈를 만나 자신이 작업 중인 새 교향곡에 관해 이야기를 나누었다.

지휘계의 거장인 니키슈가 몇 년 전 라이프치히에서 리하르트 바그너의 〈라인의 황금〉과 〈뉘른베르크의 명가수〉를 지휘하는 모습을 본 후로 차이콥스키는 니키슈를 마음 깊이 존경했다. 니키슈의 지휘는 놀랍도록 위엄 있고 강렬하며 절제미가 있다고 칭송했고 "니키슈는 오케스트라를 압도하는 최면술사 같은 힘이 있다. 천 개의 나팔을 동시에 부는 듯 비둘기의 울음처럼 부드럽고 숨 막힐 듯한 신비주의로 전율을 일으킨다."라고도 했다. 니키슈는 차이콥스키의 열렬한 찬사가 이상하지 않을 만큼 라이프치히, 보스턴, 부다페스트, 베를린을 누비며 최고의 지휘자로 왕성하게 활동했다. 따라서 차이콥스키는 자신의 새

교향곡에 대한 니키슈의 의견을 태연하게 무시할 수는 없었을 것이다.

그런데 니키슈는 차이콥스키가 쓴 오프닝 주제의 독특한 작곡법이 마음에 들지 않았다. 실제로 차이콥스키가 죽고 난 후 제시부를 직접 고치고 싶어 할 만큼 반대 의견이 확고했다. 차이콥스키는 니키슈의 비판적인 의견을 듣고 깜짝 놀랐을 것이다. 하지만 결국 악보를 고치지 않은 것을 보면 자신의 판단을 믿었던 것 같다.

하지만 우리는 이런 배경을 알아도 차이콥스키가 이렇게 독특한 작곡 방식으로 무엇을 이루고 싶었는지, 니키슈가 비정통적인 차이콥스키의 작곡 방식을 왜 그렇게 불편해 했는지에 대한 답을 정확히 얻기 어렵다. 한 가지 가능한 설명은 1973년 캘리포니아대학 샌디에이고University of California, San Diego의 인지심리학 교수인 다이애나 도이치Diana Deutsch의 실험을 통해 알려진 '음계 환청'과 관련이 있다. (Carlson, 1996; Deutsch, 2019)

음계 환청은 좌우 귀에 서로 다른 일련의 음계를 동시에 연주할 때 실제 음계와 다르게 들리는 것을 말한다. 즉, 각각의 음계를 한 귀로만 들으면 멜로디가 없는데 양쪽 귀로 들으면 실제 음과 다른 음이 우리 귀에 들린다. 차이콥스키의 악보는 한 귀로만 들어도 멜로디가 있지만, 양쪽 귀로 들으면 음계 환청이 더욱 또렷이 들린다. 차이콥스키가 음계 환청을 시도했을 수 있다는 가능성은 1890년대 후반 교향악단이 제1 바이올린을 지휘자 왼쪽에 두고 제2 바이올린을 지휘자 오른쪽에 두면서 더 설득력을 얻었다.

음계 환청을 경험하는 정도는 사람에 따라 다를 수 있다. 오른손잡인지 왼손잡이인지도 차이가 날 수 있다. 하지만 차이콥스키와 니키슈는 적어도 오케스트라를 지휘할 때만큼은 오른손으로 지휘봉을 잡았다고 알려지기 때문에 어느 손을 주로 사용하였는지는 문제가 될 것 같지 않다. 한편 듣는 위치도 음계 환청에 영향을 미칠 수 있다. 특히 지휘대는 음계 환청을 듣는 최적의 위치가 될 수 있다. 따라서 차이콥스키와 니키슈가 〈비창〉을 지휘대에서 들었는지, 객석에서 들었는지에 따라 둘의 경험에 차이가 났을 수 있다.

차이콥스키와 니키슈가 의견 차이를 보인 데는 더 설득력 있는 다른 이유도 있다. 도이치는 다음 두 가지 가능성을 언급했다. 첫째, 높낮이가 많은 멜로디는 전통적인 방식으로 연주할 때 더 크고 풍부하게 들릴 수 있다. 둘째, 전통적인 작곡 방식이 연주자들에게는 연주하기 더 쉬울 수 있다.

하지만 두 번째 가능성은 배제해야 할 것 같다. 〈비창〉은 차이콥스키의 작품 중에서도 가장 자기 자신을 위한 작품이다. 3악장의 격앙된 분위기에서 4악장의 절망감에 이르기까지 가장 충실하게 차이콥스키의 감정을 담았다고 할 수 있다. 절망의 구렁텅이로 빠져드는 4악장의 피날레 아다지오 라멘토소는 차이콥스키가 자신의 레퀴엠으로 썼다는 의견이 많다.

그런 의미에서 보면 오프닝의 주제는 쉽게 연주되지 않아야 했다. 바이올린 연주자가 한 음 한 음을 쉽게 연주하도록 해서는 안 되었을 것이다. 차이콥스키가 의도한 우울한 멜로디는 그 멜로디를 썼을 때만큼 상당한 노력을 기울여서 두 바이올린 파트 사이를 오가며 나와야 했다. 따라서 나는 차이콥스키가 주제 도입부를 그렇게 작곡한 것은 그 방식이 쉬워서가 아니라 더 어려워서라고 생각한다.

음악 심리학 분야에서 권위 있는 연구자로 알려진 존 슬로보다 John Sloboda는 자신의 광범위한 음악적 견문을 바탕으로 다음과 같이 내 의견에 힘을 실어주었다. "바이올린 연주자들은 평탄하게 반복되는 멜로디보다 힘든 멜로디를 처리할 때 미묘하게 다른 소리를 낼 수 있고 따라서 질감이나 음색에서 차이가 날 수 있다." (Sloboda, 1986)

월트 디즈니 콘서트홀에서 열린 로스앤젤레스 필하모닉 오케스트라의 공연에 앞서 강연을 맡았던 아주사퍼시픽대학Azusa Pacific University 음대 교수인 크리스토퍼 러셀Christopher Russell은 슬로보다의 말에 부연설명을 덧붙였다. "〈비창〉 4악장의 주제 멜로디는 음계가 내려갑니다. 기술적 관점에서 보면 우리가 듣는 멜로디가 하나의 악기로 연주된다면 천천히 전개되지 않고 급해질 수 있어요. 중간에 음을 넣으면 사실상 그런 가능성을 없애는 대신에 멜로디에 무게감을 주죠. 음악적 관점에서 작곡가의 관점을 이해하려고 노력하면 이해하기 쉽습니다." (2010년 5월 24일 개인적인 대화에서 인용)

마지막으로 차이콥스키의 새로운 작곡 방식이 일으킬 수 있는 영향도 생각해 볼 문제다. 슬로보다는 세르게이 라흐마니노프Sergei Rachmaninoff의 〈두 대의 피아노를 위한 모음곡 2번〉의 2악장 끝부분에 차이콥스키의 새로운 작곡 방식이 영향을 미쳤을 수 있다고 말한다. (Sloboda, 1986) 하지만 슬로보다는 라흐마니노프가 어떤 청각적 효과를 의도했다고 확실히 결론 내리지는 못 했다. 정확히 말하면 라흐마니노프의 작곡 방식은 연주자들의 요구를 덜어주기 위해 선택되었을 수 있다. 차이콥스키는 연주자들에게 더 많은 것을 요구하는 방식으로 특정한 청각적 효과를 추구했을 가능성이 크기 때문에, 라흐마니노프와는 확실히 차이가 있다.

러셀은 안톤 베베른Anton Webern이 바흐의 대작 〈음악의 헌정〉 중 리체르카르Ricarare를 어떻게 관현악으로 편곡했는지도 설명했다. "안톤 베베른은 바흐의 원곡 멜로디를 가져다가 앞부분에서 여섯 종류의 악기로 펼쳤습니다. 멜로디를 처음부터 끝까지 분리했다가 마지막에 가서야 첼로 하나로 원곡 그대로를 연주하죠. 베베른은 바흐의 원곡에서 한 음도 바꾸지 않았기 때문에 그의 편곡 방식이 더욱 대단하다고 할 수 있어요." (2010년 5월 24일 개인적인 대화에서 인용) 이 방식은 여섯 악기를 순차적으로 이용하는 방식이고 차이콥스키의 연주법은 두 바이올린이 음조에 맞지 않는 멜로디를 동시에 연주하는 방식이다.

따라서 차이콥스키는 다른 작곡가들이 가지 않은 새로운 길을 개척했다고 할 수 있다.

✵ **풀리지 않은 수수께끼** ✵

지금까지 여러 증거와 정황을 살펴보았지만, 차이콥스키의 〈비창〉에는 아직 풀리지 않은 수수께끼가 많다. 차이콥스키가 보여준 〈비창〉 피날레의 오프닝 주제는 확실히 독특한 작곡 방식이자 놀라운 혁신이다. 그 방식을 어떻게 찾아냈는지, 왜 그런 방식을 썼는지, 그에 대해 차이콥스키가 왜 특별한 언급을 하지 않았는지는 여전히 수수께끼다. 나는 차이콥스키의 말을 빌려 답할 수밖에 없을 것 같다. 알아서들 추측하자.

스물두 번째 이야기.

바이올린은 어떻게 진화했을까?

역사적으로 바이올린이 어떻게 탄생하고 발전했는지는 정확히 밝히기 어려운 문제였다. 아이오와대학의 전 역사학 교수인 데이비드 쇼언바 움David Schoenbaum에 따르면 바이올린의 기원을 밝히려고 시도한 최초의 인물은 프랑스 루이 15세 때 궁정 작곡가로 활동한 장 벤자민 드 라 보르드Jean-Benjamin de La Borde였다. 그러나 1780년 〈고대 음악과 현대 음악에 관한 논문Essay on ancient and modern music〉에서 "아주 조금 아는 것은 아예 모르는 것과 같다."라고 말했듯이 라 보르드의 노력은 큰 성과가 없었다. (Schoenbaum, 2012) 프랑스 혁명 때 자신을 고용한 국왕처럼 불명예스러운 운명에 처해 단두대에서 처형당하는 바람에 그의 연구는 갑자기 중단될 수밖에 없었다.

그로부터 한 세기쯤 지나 영국의 성직자이자 작가였던 레지날드 하위스Reginald Haweiss 역시 바이올린의 역사를 연구했지만 별다른 소득이 없었다. 바이올린은 "감미롭고 섬세하며 아름다운 악기다."라는 말과 함께 "바이올린의 현재 모습은 적자생존의 방식으로 서서히 진화했다."라는 흥미로운 의견만 남겼다. (Haweiss, 1898)

널리 알려진 두 연구 보고서를 통해 바이올린의 발전에 초점을 맞춘 연구가 이루어진 것은 훨씬 최근의 일이다. 두 연구는 바이올린의 구조적 변화와 유기체의 생물학적 진화 사이에서 유사점을 찾아 바이올린 역사 연구에 유의미한 진전을 보였다.

2015년 MIT 연구진은 바이올린 470대로 f자 형 소리 구멍의 기하학적 구조를 연구했다. 이 연구의 주 저자인 닉 마크리스Nick Makris 팀에 따르면 바이올린에 있는 곡선 모양의 소리 구멍은 수 세기에 걸쳐 서서히 발전했다. "10세기경 사용된 피들 바이올린의 소리 구멍은 단순한 원형이었다가 17~18세기경에 나온 전통적인 크레모나 바이올린으로 가면서 f자 형 구멍으로 변했다." 소리 구멍의 변화로 소리의 크기도 커졌다. (Nia 외, 2015)

바이올린의 힘과 효율성은 바이올린의 발전에 중요한 역할을 했다. 바이올린을 이용한 연주는 주로 왕실 안에서만 이루어졌다. 후에 점점 대형 공연장으로 옮겨가면서 앙상블 공연과 공연장의 크기가 중요해졌다. 바이올린의 음량이 커지자 더 넓은 공간에서 더 효과적으로 소리를 전달할 수 있었다. 오늘날의 바이올린이 지금처럼 대중적인 악기로 자리 잡은 것은 공연 방식과 공연장 크기의 변화 덕분이라고 할 수 있다. 공연 방식과 공연장 크기에 상응하는 바이올린의 구조적 변화는 바이올린의 위상을 높였을 뿐만 아니라 상대적으로 음량이 낮은 비올라나 류트같은 현악기들은 사라지게 하는 결과를 가져왔다. (Nia 외, 2015)

바이올린 소리 구멍의 변화는 누군가의 계획으로 갑자기 만들어진 것이 아니다. MIT 닉 마크리스 연구진은 유전자 빈도의 세대 변화를 측정하는 진화 생물학의 개념을 적용해 다음과 같은 결론을 내렸다. (Nia 외, 2015) "10세기에서 16세기까지 이어지는 소리 구멍의 점진적 변화는 세대에서 세대를 거치는 일반적인 도구들의 점진적 변화와 일치한다. … 이런 구조적 변화는 순전히 우연히 발생하고 효율이 더 높은 도구를 선호하는 선택 과정의 영향을 받는다. … 또한, 도구를 만드는 기술자들이 가진 능력의 한계와 그들의 선택으로 인해 우연히 만들어진 복제품을 매개로 진화한다."

아무리 훌륭한 바이올린 장인이라도 모든 바이올린을 똑같이 만들 수는 없었다. 현악기 제작자를 일반적으로 '루시어luthier'라고 하는데, 그 루시어들이 바이올린을 제작하다 보면 바이올린마다 형태와 크기가 조금씩 차이 날 수밖에 없고 소리 구멍의 길이도 그랬다. 따라서 MIT 연구팀은 바이올린의 소리 구멍이 원형에서 길쭉한 모양으로 바뀐 것은 바이올린 장인의 설계로 탄생한 것이 아니라 순전히 우연히 만들어졌을 것으로 추측한다. 소리 구멍의 크기가 차이 나면 바이올린에서 나는 소리도 분명 차이가 났을 것이다.

그런데 이 연구에는 선택 과정에 관한 논의가 빠져있다. 당시 사람들은 소리 구멍의 차이에 따른 바이올린 소리의 차이를 인식했는지, 했다면 누가 했는지, 그 인식이 의식적으로 이루어졌는지, 무의식적으로 이루어졌는지, 바이올린을 제작하는 과정에 어떻게 반영되었는지 등에 관한 문제는 답을 알 수 없다.

그러나 후속 인터뷰를 실은 MIT 소식지에 힌트가 될 만한 단서가 있다. (Chu, 2015) 마크리스는 그 인터뷰에서 루시어에 주목해 다음과 같이 말했다.

루시어들은 제작된 악기들의 소리를 듣고 더 좋은 소리가 나는 악기를 골라야 했다. 그 악기를 모델로 다음 악기들을 제작했을 것이다. 소리 구멍의 모양을 더 길쭉하게 만드는 것이 좋다는 것을 인식했는지는 알 수 없지만 어떤 악기가 더 좋은 모델인지는 분명히 인식했을 것이다.

마크리스는 잠재적 구매자가 어떤 역할을 했을지는 언급하지 않았지만, 그들도 중요한 역할을 했을 가능성이 크다. 아마 바이올린 구매 고객들은 음량이 큰 바이올린을 선택하고 싶어 했을 것이고, 그런 구매자들의 수요가 더 힘 있고 큰 소리를 내는 악기를 만드는 동기가 되었을 것이다.

추측이기는 하지만 바이올린이 발전해 온 과정에 대한 진화적 분석은 많은 성공한 발명품의 탄생 과정과 일맥상통하는 부분이 있다. 즉, 대부분의 성공적인 발명품도 순간의 영감이나 통찰력에서 탄생한 것이 아니라 오랜 기간에 걸친 수많은 우연과 돌연변이의 탄생, 세대와 세대를 거친 선택의 과정으로 탄생했다고 할 수 있다. 바이올린 소리 구멍의 경우 그 시간이 수 세기가 걸린 것이다.

2014년 댄 칫우드Daniel H. Chitwood는 크레모나 바이올린으로 더 종합적인 연구를 시행했다. 그는 소리 구멍과 달리 바이올린의 음량과 음색에 큰 영향을 미치지 않는다고 알려지는 바이올린의 전반적인 외형 변화에 주목했다. 연구 결과, 바이올린은 시대에 따라 형태가 조금씩 달라지는데, 루시어들 간에 서로 영향을 주고받는 방식이라 복제되는 바이올린의 형태가 제한적이었을 것으로 추측했다. (Chitwood, 2014) 칫우드의 생물통계학적 분석, 일명 형태계량학적 분석에 따르면 수백

년에 걸친 바이올린의 형태 변화에 기여한 요인과 수백만 년에 걸친 동식물의 진화에 기여한 요인 사이에는 흥미로운 유사점이 있다.

> 뛰어난 루시어들의 손에서 나온 수많은 바이올린이 네 그룹으로만 나뉜다는 것은 복제되는 악기 원형의 수가 제한적이고 그 제한된 모델을 토대로 변형된 형태가 나오는 만큼 바이올린의 형태가 그다지 많지 않다는 것을 의미한다. … 모양은 완전히 다르지만 음향학적으로 같은 소리를 내는 바이올린이 쉽게 제작될 수 있을 것 같지만 그렇지 않았다. 한 작업장 내에서 오랜 도제 생활을 하는 동안 스승에서 제자로 이어지는 제작상의 특징도 있었을 것이다. 이는 다윈이 말하는 '유전적 부동'과 다르지 않다. 기존의 형태를 엄격하게 따르든, 새로운 형태를 개척하든 바이올린의 외형을 만드는 과정은 유전과 돌연변이의 작용과 다르지 않다. (Chitwood, 2014)

그렇다면 우리는 공통 조상에서 나온 무작위 변이를 포함하는 바이올린의 형태가 개별 작업장 안에서 고정되는 방식으로 변화했다고 추측할 수 있다. 이때 바이올린 형태는 '기능' 때문이 아니라 '기호' 때문에 변화한다. 이는 다윈이 설명했듯이 사육사의 선별적인 사육 방식으로 이국적인 변종 비둘기가 개량되는 방식과 매우 유사하다고 볼 수 있다. 마크리스처럼 칫우드 역시 루시어들과 그들의 후계자에 주목해 바이올린의 형태 변화를 분석했다.

하지만 누군가는 이렇게 질문할 수 있다. 루시어들이 바이올린의 여러 형태 중 특정 형태를 선택한 데는 어떤 특별한 이유가 있지 않을까? 칫우드는 그랬을 것이라고 주장한다. "19세기 프랑스의 거장 바이올린 제작자인 장 밥티스트 뷔욤Jean Baptiste Vuillaume은 고객의 요구에 부응하고 자신이 제작한 바이올린의 가치를 높이기 위해 크레모나 바이올린의 장인 제작자들, 특히 안토니오 스트라디바리의 악기를 연구하고 모방했다." 다시 말해 바이올린의 형태가 발전하는 데는 바이올린 제작자의 취향만큼 그 바이올린 제작자에게 돈을 지불하는 고객의 취향도 중요했을 것이다.

대단히 영향력 있는 두 연구의 저자가 생물학에 높은 관심을 둔 것은 그리 놀랄 일이 아니다. 마크리스는 MIT에서 기계 및 해양 공학 교수로 재직해 있으면서 수중 음향학과 지각에 관한 연구를 전문으로 하지만 악기 음향학과 발전에도 관심이 많다. 칫우드는 현재 미시간주립대학Michigan State University 원예학과 조교수로 잎의 성장에 관여하는 분자에 관한 연구와 새싹과 뿌리의 다양한 형태와 구조를 수량화하는 작업 등 식물 형태학을 다양한 측면에서 연구한다. 따라서 바이올린의 발전에 관한 그들의 연구 역시 생물학적 진화의 틀 안에서 이루어진 부분이 많다. 하지만 두 연구 저자는 자신들의 방법에 한계가 있다는 것도 인정한다.

마크리스는 루시어들이 바이올린을 제작하는 과정에 특별한 힘이 있다고 말한다. "신비롭다는 것은 좋은 의미다. 바이올린 제작에는 신비한 매력이 있다. 루시어들이 어떻게 바이올린을 제작하는지는 알 수 없다. 바이올린 제작은 예술과 같다. 그들만의 고유한 기술과 방법이 있다."

칫우드는 루시어들이 자연 진화의 영향을 받았을 수 있다고 주장한다. "바이올린 형태의 유전은 모방과 유전적 계통의 영향을 받아 오랜 시간에 걸쳐 진화했다고 볼 수 있다. 인간 역시 자연법칙의 지배를 받으므로 그 인간이 만드는 물체가 자연법칙의 지배를 받는다는 사실은 놀라운 일이 아닐 것이다." 하지만 인간이 새로운 행위나 발명을 창조하는 데 어떤 자연법칙이 적용될 수 있을까?

나는 이 두 연구에서 영감을 얻었다. 그리고 내 제자 패트릭 쿨렌과 함께 이 질문의 답을 찾기 위해 마크리스와 칫우드의 경험적 연구 위에 효과의 법칙을 접목한 논문을 써보기로 했다.

효과의 법칙은 바람직한 행동 유형은 유지되고 그렇지 못한 행동 유형은 제거된다는 심리학상의 기본 법칙이다. 자연 선택으로 새로운 유기체가 탄생하듯 기계적 시행착오 과정은 새로운 행위와 발명을 만든다. (Wasserman, 2012). B. F. 스키너B. F. Skinner는 개별 유기체 안에서 작동하는 '행동 선택'과 수많은 유기체에 걸쳐 작동하는 '자연 선택' 간의 유사점을 강조하며 이런 시행착오 과정을 '결과에 따른 선택'이라고 불렀다.

이 선택론적 접근법은 바이올린 제작에 관한 최근 연구를 더 깊이 들여다볼 관점을 제공한다. 비록 역사적 기록은 없지만, 바이올린은 수 세기 동안 시행착오 과정을 거치며 진화했을 확률이 높다. 결정적으로 바이올린의 초기 제작자들은 현재 유행하는 바이올린의 형태와 세부적인 제작 과정에 선입견이 없었을 것이다. 다시 말해 바이올린은 제작 과정에서 나온 변형된 형태와 선택의 결과로 만들어진 것이지 설계와 계획에 따라 만들어진 것이 아니다. (Wasserman & Cullen, 2016)

따라서 바이올린의 진화에는 특별한 미스터리가 없을지 모른다.

스키너가 주장했듯이 우연한 생존과 우연한 강화는 새롭고 적응적인 결과를 만들 수 있다. "돌연변이에서 생기는 우연한 특징이 생존에 기여하는 것들에 의해 선택되듯이 행위에서 일어난 우연한 변화는 결과를 강화하는 것들에 의해 선택된다." (Skinner, 1974) 이 두 가지 선택론적 원리는 모두 주변 환경에 절묘하게 적응하는 유기체를 생산한다. 그리고 그 과정은 전적으로 자연적이고 기계적이며 계획 없이 무작위로 작동하는 법칙에 따른다.

이 이야기의 뒷이야기를 밝히자면 쿨렌과 나는 2015년 10월에 마크리스와 칫우드에게 우리의 논문을 전달하고 감사의 편지를 보냈다. 먼저 답장을 보내온 사람은 칫우드였다. 칫우드는 자신이 심리학자가 아니고 효과의 법칙을 생각해 본 적이 없다고 밝히면서 인간이 만든 물체를 연구해 본 것이 이번이 처음이지만 자신의 연구가 문화 심리연구에 활용되어 기쁘다고 말했다. 그리고 우리의 연구가 독특한 관점과 통찰력을 제공할 것으로 믿어 의심치 않는다는 격려의 말을 전했다. 마크리스도 곧이어 답장을 보내왔다. 그는 바이올린의 진화라는 주제가 이렇게 다양한 분야의 전문가를 불러모으는 것이 흥미롭다고 했다. 쿨렌과 나는 그들의 답변에 감사했다. 그리고 행동과 기술 진화에 관한 우리의 연구가 발명과 창조성이라는 분야에 유용한 관점을 제공하고 새로운 생각을 불어넣을 수 있다는 사실에 용기를 얻었다.

5장

아이오와 관련 이야기

IOWA

스물세 번째 이야기.

아이오와 코커스의 시작과 끝

✲ 아이오와 코커스는 어떻게 시작했을까? ✲

미국은 대통령 선거 기간이 되면 백악관을 차지하고 싶은 예비 후보들이 제일 먼저 미국 중서부의 작은 주인 아이오와를 찾는다. 모든 예비 후보자는 11월 본선에 앞서 2월에 열리는 아이오와 코커스에서 첫 승리를 거두고 선거 운동에 돌입하기를 원한다.

코커스는 전당 대회 대의원을 선출하는 지방 당원 대회인데, 아이오와주를 시작으로 본격 레이스가 시작된다. 일반적으로 정당에 등록된 유권자는 누구나 참여할 수 있다. 투표권을 행사하려면 특정 시간, 특정 장소에 참석해야 한다. 코커스에 참석한 유권자들은 대통령 후보자들과 후보자들이 내건 공약을 주제로 토론하고 다음 경선을 위한 대의원을 선출한다.

아이오와 코커스의 진행 방식은 정당에 따라 차이가 있다. 코커스가 시작되면 지지 후보에 따라 당원들이 그룹을 만드는데, 결정을 내리지 못한 유권자들은 따로 그룹을 만들 수 있다. 최종 집계 전에는 지지 후보를 변경해도 된다. 따라서 토론을 거쳐 다른 후보를 지지하는 사람들을 설득하고 회유할 수 있다. 지지자 수가 일정 기준 이하인 그룹은 무조건 후보자를 변경해야 한다. 민주당은 후보자의 득표율에 비례해 대의원 수를 배분하고, 공화당은 1위에게 대의원 수를 몰아주는 승자 독식 구조다.

대선 유력 후보들이 아이오와주로 향하는 시기는 겨울이 아니라 주로 여름에 절정을 이룬다. 어떤 때는 꽤 많은 후보자가 찾는다. 2019년에는 민주당 대권 도전자가 스무 명이 넘었다. 도전자들은 자신의 얼굴을 알리기 위해 하우스 파티, 도서관 모임, 거리 행진, 아이오와식 환대의 절정을 경험할 수 있는 아이오와주 박람회를 찾는다. 박람회에 참석한 후보자들은 연설로 유권자들에게 지지를 호소하고, 300kg에 달하는 버터 조각품을 구경하고, 치즈 커드 튀김과 뜨거운 소고기 아이스크림, 언제 먹어도 맛있는 콘도그 같은 아이오와만의 독특한 음식을 즐긴다.

아이오와처럼 작은 주에서 어떻게 미국 대통령의 후보자를 결정하는 중요한 경선을 가장 먼저 치르게 되었을까? 아이오와주 사람들이 미리 계획하고 전략을 짰기 때문일까? 그렇지 않다. 지금의 아이오와 코커스가 있게 된 계기는 사실상 많은 부분 상황과 우연에서 비롯했다. (Jackson, 2016; Ulmer, 2019)

아이오와 코커스가 처음 시작된 것은 내가 아이오와대학 교수로 합류한 1972년이었다. 아이오와주가 1846년 미국 연방에 가입하면서 다른 주에서 일반적으로 시행되고 있던 코커스 시스템의 초기 형태를 채택했지만, 초기 코커스 제도는 부작용과 폐단이 심했다.

정당 조직을 지배하는 당내 특정 파벌이나 특수 이익 집단은 반대 파벌이나 일반 대중이 코커스에 참여하지 못하도록 온갖 방법을 동원했다. 코커스가 열리는 시간과 장소를 공개하지 않을 때가 많았고, 불시에 코커스를 개최해 아는 사람들끼리만 시간과 장소를 공유했다. 그렇게 예고 없는 공지에 참석한 당의 간부들은 일사천리로 회의를 진행해 버리고 대의원을 선출한 후 모임을 해산했다. 만약 코커스가 열리는 시간이 외부에 알려지면 특정 후보자나 대의원의 지지자들이 코커스 대회장을 장악하거나 일방적인 대회 진행으로 부정을 저질렀다. (Winebrenner, 1983)

부조리한 관행은 수십 년간 묵인되었다. 그러다 1968년 시카고 민주당 전당 대회를 계기로 코커스 진행 방식에 큰 변화가 생겼다. '피의 전당 대회'로 불리는 시카고 민주당 전당 대회는 당내 내분과 시위대의 난입으로 대대적인 폭력 사태로 번졌다. 이에 정당의 실세들이 후보 선출 과정을 장악하는 비민주적인 방식을 비난하는 목소리가 커졌다. 당 내외의 강력한 저항으로 위기를 맞은 민주당은 사태 수습을 위해 맥거번 프레이저 위원회를 조직했다. 맥거번 프레이저 위원회는 투명하고 포괄적인 선거가 될 수 있도록 새로운 경선 규정과 절차를 도입했다.

맥거번 프레이저 위원회에서 새로운 규칙을 제정하자 대부분 주는 일반 시민이 선거에 참여할 수 있게 한 프라이머리 제도를 받아들였다. 아이오와주는 프라이머리 제도를 채택하지 않는 대신 코커스 방식의 절차를 공개하기로 했다. 새로운 코커스 방식의 극적인 변화는 새로운 역사를 썼지만 의도하지 않은 결과도 가져왔다. 이와 관련해 정치학 교수 데이비드 레드로스크David P. Redlawsk는 흥미로운 이야기를 밝혔다. (Redlawsk, Tolbert & Donovan, 2011)

민주당의 새로운 규칙은 대통령 선거가 열리는 해에 대의원을 선출하고 모든 당원이 선출 과정에 참여할 수 있도록 했다. 따라서 아이오와의 경우 선거구 코커스, 카운티 전당 대회, 지역구 전당 대회, 주 전당 대회로 이어지는 4단계의 각 정당 모임 사이에 최소 30일 이상 기간을 두어야 했다. 그해 민주당 전당 대회가 1972년 7월 9일로 정해지면서, 그날로부터 역산해서 뉴햄프셔 프라이머리보다 이른 날짜인 그해 1월 24일에 코커스를 치르게 되었다.

종합해보면 미국 대선 과정에서 아이오와주가 첫 번째 지위를 갖게 된 것은 아이오와 민주당이 계획해서 된 것이 아니라 상황이 그렇게 된 것이다. 전적으로 전국 민주당에서 정한 새로운 지명 규칙과 아이오와 민주당 자체에서 합법적으로 정한 전당 대회 일정 때문에 생긴 우연한 결과였다. (Winebrenner, 1983) 아이오와주의 유력 일간지인 〈디모인 레지스터The Des Moines Register〉의 논설위원 캐시 오브라도비치Kathie Obradovich의 말에 따르면 민주당에 있는 인쇄기가 너무 낡아서 선거에 필요한 문서들을 복사하는 데 걸리는 시간을 고려해 일정이 정해졌다는 말도 있다. 결과적으로 아이오와주가 프라이머리 방식이 아닌 코커스 방식을 채택하는 바람에 뉴햄프셔주보다 먼저 미국 대통령 선거를 준비하는 최초 경선지가 될 수 있었다. (Caufield, 2016)

하지만 1972년에 열린 아이오와 코커스는 별다른 주목을 얻지 못했다. 그해 강력한 우승 후보로 점쳐지던 에드먼드 머스키Edmund Sixtus Muskie가 36퍼센트로 부동표와 동률을 이루며 저조한 성적에도 경선 1위를 차지했다. 경선 제도 변경에 직접 참여했던 조지 맥거번George Stanley McGovern은 아이오와에서 불과 하루 반나절만 선거 운동에 참여하고 23퍼센트 득표율을 얻어 3위를 차지했는데 워터게이트 사건이 터지면서 갑자기 민주당 대선 후보가 되었다. 첫 번째 아이오와 코커스는 그런 여러 사건으로 좋지 못한 출발을 예고했다.

아이오와 코커스가 미국 대선에서 주목받기 시작한 것은 지미 카터가 민주당 후보로 나온 1976년 경선 때였다(그해 공화당도 민주당과 협의해 같은 날짜에 아이오와에서 코커스를 열었다). 당시 지미 카터는 부동표에 37퍼센트나 내주고 28퍼센트의 표를 얻는 데 그쳤지만, 아이오와 코커스를 필두로 전국적인 지지를 얻었다. 드레이크대학Drake University의 정치학 교수인 레이첼 페인 코필드Rachel Paine Caufield는 카터의 눈부신 활약을 이렇게 소개한다. (Caufield, 2016)

아이오와 코커스를 유명해지게 만든 사람은 거의 무명에 가까웠던 남부지방의 주지사인 지미 카터였다. 1976년 민주당의 대통령 후보로 출마한 카터는 애초에 선거를 치를 만한 자금도 인지도도 없었다. 그래서 자신의 열악한 상황을 극복하기 위해 첫 경선지에서 다른 후보자들보다 월등한 지지를 얻어 언론의 관심을 유도할 수 있도록 아이오와를 집중적으로 공략하는 전략을 세웠다. 키미 카터는 선거 기간 내내 적극적으로 유권자들과 만남을 가지며 자신의 얼굴을 알렸다. 결과적으로 모두의 예상을 뒤엎고 민주당 후보가 되어 백악관에 입성하는 진기록을 이루었다. 아이오와 코커스에서는 부동표가 가장 높았다. 하지만 카터의 지지율이 27퍼센트에 달해 다음 후보자의 지지율보다 두 배 이상 높았다. 그 뒤로 양당 후보 모두 아이오와 코커스를 대선 승리의 발판으로 삼는 카터의 전략을 모방하기 시작했다.

그 후 아이오와주는 1978년 3월 31일 아이오와 코커스를 아예 주법으로 명시했다. 아이오와 주법 43.4.1에는 다음과 같은 내용이 있다(대통령 선거와 의회 선거에 공통으로 해당한다).

> 각 정당의 카운티 전당 대회 대의원과 정당 위원은 매 짝수 연도 2월 넷째 주 월요일 전까지 열리는 선거구 코커스에서 선출되어야 한다. 날짜는 대통령 후보를 뽑는 대의원을 선출할 권한이 있는 주, 지역, 혹은 어떤 형태의 그룹에서 열리는 회합, 코커스, 프라이머리보다 최소 8일 이상 빨라야 한다.

이 법대로라면 1972년 이후로는 대선 후보 지명 행사가 아이오와 코커스보다 빨리 열릴 수 없었다. 물론 지금까지 아이오와주의 지위에 불만을 품은 주도 많았다. 아이오와는 비행기를 타고 지날 때나 보는 중부지방의 작은 주일 뿐이고, 주된 산업이 농업이며, 인종적으로나 문화적으로 백인 위주인 곳인데 왜 아이오와주가 이런 특혜를 누리느냐는 비판의 목소리가 끊이지 않았다.

이런 합리적인 불만을 잠재울 만한 자료가 있다. 'PSIPerfect State Index 지수'라는 자료다. 어느 주가 대표성을 띠는지 미국 전체 평균과 비교해 그 결과를 수치화한 도구다. (Khalid, 2016) PSI를 구성하는 요소는 미국 전체 인종 구성 비율(다른 네 가지 요인보다 가중치가 높다), 미국 전체 인구 중 학사 이상 학위 보유자 비율(평균 29.3퍼센트), 미국 중위 연령(평균 37.7세), 미국 중위 소득(평균 5만 3482달러), 종교가 매우 중요하다고 평가하는 사람의 비율(평균 53퍼센트) 총 다섯 가지다. 이 다섯 가지 항목과 얼마나 차이가 있는지가 PSI 지수를 평가하는 방식이다.

PSI 지수로 보면 아이오와주는 인디애나주와 공동 16위를 기록한다. 이에 반해 뉴햄프셔주는 49위에 해당해 거의 꼴찌에 가깝다. 1위를 차지한 주는 일리노이였다. 미국 공영방송 NPR이 주관한 인구 통계 프로젝트는 미국 최초 대선 경선지 두 곳인 아이오와와 뉴햄프셔의 대표성에 관해 다음과 같이 언급하고 있다.

PSI 평가에 따르면 현재 미국 정치의 첫 테이프를 끊는 아이오와주는 종합 순위 16위를 기록했다. 아주 높은 순위는 아니지만 49위를 기록한 뉴햄프셔도 있으니 그만하면 무난한 결과인 듯하다. 엄밀히 말해서 아이오와는 인종 항목을 제외하고 대부분 평가에서 높은 순위를 기록했다. 물론 이 두 주가 앞으로 미국 대선의 최초 경선지 역할을 계속해야 하는지는 더 따져 봐야 할 문제다.

앞으로 어떻게 결론이 날지는 모르지만, 아이오와 주법에 명시되어 있듯이 아이오와주는 적어도 당분간은 미국 대통령 선거의 시작을 알리는 곳으로 남아있을 것이다.

아이오와 코커스가 최초 경선지의 자격을 유지하는 데는 다른 이

유도 있다. 아이오와 코커스는 별다른 특징이 없이 비슷비슷한 다른 주들의 선거 운동 방식과 다른 특징이 있다. 아이오와는 소위 '풀뿌리 대면 정치'가 이루어지는 곳이다. 아이오와 출신으로서 내가 경험해 본 대선과 지방 선거를 돌아보면, 아이오와에는 지방 특유의 예스러운 정치 형태가 남아있다. 아이오와 코커스의 풀뿌리 대면 정치를 소개한 글을 살펴보자.

> 아이오와는 후보자들이 유권자들을 직접 만나서 한 사람 한 사람 얼굴을 맞대고 자신을 알리는 '대면 정치'로 유명하다. 다른 주들과 달리 아이오와 코커스에서는 후보자들이 소규모 모임이나 행사, 인터뷰를 통해 유권자들을 직접 만나고 대화하고 질문도 받으면서 자신의 운명을 결정할 시민들에게 자신을 적극적으로 알린다. 선거 운동이 이루어지는 몇 달 동안 유권자들은 여러 후보자를 돌아가며 만나 보고 그들의 자질과 능력을 검증한다. 아이오와 코커스에서 유력한 후보자가 되려면 일반 유권자들과 직접 교류하면서 풀뿌리 지지층을 끌어모으는 것이 중요하다. 그러려면 선거 운동 기간에 최대한 많은 유권자를 만나고 그들과 직접 소통할 기회를 만들어야 한다. 대면 정치는 모든 후보자가 공평한 경쟁의 장에서 경쟁할 수 있게 한다. 아이오와 코커스에서는 후보자의 인지도가 얼마나 높은지, 혹은 선거 비용을 얼마나 쓰는지 중요하지 않다. 실제 사람들을 만나서, 그들의 실제 관심사를 듣고, 실제 질문에 답할 수 있어야 한다. (Caufield, 2016)

아이오와 코커스도 언젠가는 구시대의 유물이 될지 모른다. 그때가 언제일지 모르지만, 그전까지는 미국 대통령을 꿈꾸는 모든 사람이 반드시 거쳐야 할 관문으로 남을 것이다. 아이오와 코커스에서 유력한 상대 후보를 물리치고 경선에서 이겨 대통령직에 오른 사람은 지미 카터, 조지 부시George W. Bush, 버락 오바마까지 세 명뿐이었지만, 1976년 이후 당선된 모든 미국 대통령은 아이오와 코커스에서 적극적으로 자신을 알렸다. 그런 의미에서 아이오와 코커스는 지금도 대통령 선거라는 한 편의 극적인 드라마를 위한 흥미진진한 예고편이 되고 있다.

✻ 아이오와 코커스의 끝은 어떤 모습일까? ✻

지금까지 언급한 아이오와 코커스에 관한 모든 내용은 2019년 12월 17일 자 기준으로 작성된 것이다. 2020년 민주당 전당 대회를 앞두고 사람들의 흥분과 기대감이 극에 달한 시기였다. 미국 역사상 가장 중요한 코커스를 코앞에 둔 경선 후보자들은 바쁜 일정을 소화하며 미국 전역을 돌아다녔다. 이처럼 열띤 분위기 속에서도 일부 유력 후보자들은 때때로 열외 취급을 받았다. 2020년 1월 16일에 시작해 2월 5일까지 이어진 도널드 트럼프Donald Trump의 탄핵 재판에서 배심원 역할을 해야 했기 때문이다. 이런 일련의 상황 전개는 선거를 둘러싼 극적 긴장감을 한층 고조시켰다.

그러나 2020년 2월 3일 높은 기대감과 열띤 분위기에 찬물을 끼얹는 사고가 생겼다. 아이오와 코커스가 영원히 불명예로 기억될 엄청난 사고였다. 다음 날 언론의 머리기사는 '난장판이 된 코커스', '코커스 대

참사', '혼돈의 코커스', '아이오와 코커스의 대재앙', '사상 최악의 사고', 심지어 '아이오와 코커스는 없어져야 마땅하다'와 같은 제목으로 아이오와 코커스의 참사를 대대적으로 보도했다. 대체 그날 무슨 일이 있었을까?

가장 큰 문제는 득표 집계 과정에 혼란이 생겼고, 그로 인해 결과 발표가 지연되었다는 점이다. 온라인 보고 시스템에 오류가 생겨 결과 보고용 핫라인으로 수많은 전화가 걸려왔다. 결과적으로 득표 집계 시스템 전체에 큰 혼선이 빚어졌다. 그날 디모인에 있는 아이오와 컨벤션 센터에서 긴급 전화를 받기 위해 대기 중인 봉사자는 50명에 불과했다. 민주당 코커스 준비 위원회는 온라인 보고 시스템이 별문제 없이 작동할 것이라고 예측해서 핫라인으로 걸려올 전화가 많지 않을 것으로 생각했다.

그런데 민주당 경선 과정을 취재하려는 기자들뿐 아니라 악의적인 트럼프 지지자들이 일부러 핫라인에 전화를 걸어대면서 혼란이 가중되었다. 결과적으로 2월 3일 밤에 나왔어야 할 1위 후보 발표가 며칠이나 지연되는 사태가 벌어졌다. 물론 4년의 준비 기간을 거치고도 이런 중요한 행사를 더 철저하게 준비하지 못했다는 것은 이해하기 어려운 일이다. 이 사태의 내막을 조금 더 종합적인 관점에서 살펴보겠다.

먼저 익숙한 격언 하나로 이야기를 시작할까 한다. "지옥으로 가는 길은 선의로 포장되어 있다." 좋은 뜻에서 시작한 일이 나쁜 결과를 초래할 수 있다는 의미로 쓰이는 말이다. 민주당 전국 위원회뿐 아니라 아이오와 민주당의 관점에서 보면 2020년 아이오와 코커스는 2016년에 얻은 오명을 만회할 기회였다. 민주당은 지난 2016년 아이오와 코커스에서 치러진 투표 결과를 두고 버니 샌더스Bernie Sanders 상원 의원과 힐러리 클린턴Hillary Rodham Clinton 전 국무부 장관 사이에 상당한 논란이 있었다. 샌더스는 실제로 득표 집계상의 오류가 있다고 생각했고, 후보 지명 과정에서 가장 중요한 전국 전당 대회 대의원 수를 클린턴이 더 많이 할당받은 데 이의를 제기했다. 하지만 코커스 현장에서는 실제 득표수가 집계되지 않기 때문에 샌더스의 불만은 쉽게 해결될 문제가 아니었다. 선거구 코커스에서 발표되는 결과는 컴퓨터로 최종 집계된 주 대의원의 수와 예상되는 전국 대의원 수뿐이었다.

이 숫자가 어떻게 나오는지는 밝히기가 어렵다. 문제는 인구가 적은 지역이 대의원 수를 너무 많이 가져간다는 것이다. 결국, 2016년 아이오와 코커스에서 힐러리 클린턴은 49.84퍼센트의 득표율을 얻어 아이오와 대의원 23명을 확보했다. 하지만 버니 샌더스는 49.59퍼센트의 득표율을 얻어 불과 0.2퍼센트 차이로 21명만 확보했다. 이에 힐러리 편에 가까웠던 민주당 전국 위원회에서 힐러리에게 유리한 결과를 제공하기 위해 승부를 조작한 것이 아니냐는 의혹이 대선 기간 내내 이어졌다.

이런 의혹을 해소하고 코커스 절차를 더 투명하게 하려면 어떤 조치가 필요했다. 이에 아이오와 민주당은 민주당 전국 위원회의 명령에 따라 2020년 1월 말 아이오와 코커스 역사상 처음으로 각 후보에게 할당되는 대의원 수만 집계해 발표하는 기존 방식을 없애고 후보자들의 '원 득표수'를 그대로 공개하기로 했다. 엄밀히 말하면 1차 예비 투표 결과와 2차 투표 결과가 각각 공개되는 방식이다. 이는 아이오와 코커스의 전통을 지키려는 의도였는데, 유권자들은 자신이 지지한 후보자가 1차 투표에서 15퍼센트 미만의 득표율을 얻을 경우 2차 투표에서 다른 후보자로 갈아탈 수 있다. (Prokop, 2020)

이론상으로는 새로운 방침이 괜찮아 보였다. 하지만 뚜껑을 열어보니 그렇지 않았다. 새로 개편된 절차는 코커스 운영자와 참여자 모두에게 혼란과 불편을 가중했다. 내가 참석했던 2020년 아이오와 코커스는 비효율적이고 부정확했던 과거 어느 코커스와 다를 바 없었다. 참석자들에 대한 지침이 명확하지 않았고, 일관성이 없었으며, 특히 1차 투표에서 2차 투표로 넘어갈 때 문제가 심각했다. 일부 지지자들의 득표수가 정확히 집계되지 않았고, 코커스 참석자들에게 주어지는 투표용지도 제대로 관리되지 않았다. 혼란스러운 절차에 이의를 제기하거나 불만을 표시하는 사람들로 여기저기에서 고함이 터져 나왔다. 온라인 보고 앱에 문제가 없었더라도 이미 절차상의 문제가 많았기 때문에 신뢰할 수 있는 결과를 얻기 어려웠을 것이다.

실제 결과도 많은 오류와 기형적인 결과를 보였다. 2020년 2월 14일 〈뉴욕타임스〉 보도에 따르면 최종 투표 집계를 조사한 결과, 총 1765개 선거구 중 10퍼센트에서 오류가 발견되었다. (Collins, Lu & Smart, 2020) 정확히 규정을 따르지 않았거나, 실제 득표율보다 대의원을 더 많이 할당하거나, 혹은 덜 할당하거나, 심지어 2차 투표 집계에서 1차 투표 때보다 유권자 수가 늘어나는 등 말도 안 되는 일이 벌어졌다. 어쨌든 원 득표수를 공개하는 방식이 대의원 수의 결과만 나오는 기존 방식보다 더 투명하다는 것은 입증된 셈이었다. 그러나 코커스 결과의 신뢰도와 타당성은 심각한 타격을 입고 말았다.

민주당은 허점투성이인 경선 결과를 대중에게 알리고 혹독한 대가를 치렀다. 2월 13일 〈워싱턴포스트Washington Post〉는 경선 절차 조사 결과를 발표했는데, "당의 지도부는 투표 결과를 수집하고 발표하는 데 사용되는 기본 도구를 사실상 점검해 본 적이 없다. 결과 집계 앱이 왜 필요한지 심각하게 고민해 본 적도 없다."라며 쓴소리를 냈다. (Stanley-Becker, 2020) 이번 아이오와 코커스에 도입된 투표 프로그램을 개발한 회사명이 새도우 컴퍼니Shadow Inc.라니 아이러니하다. 게다가 프로그램 개발자들은 2016년 대선에서 실패한 클린턴 캠프 출신이었다.

아이오와 코커스에 불명예스러운 결말을 안긴 것은 작은 실수로부터 시작했을 수 있다. 아이오와 밖에서 이번 사태를 지켜보는 사람들은 아이오와 코커스가 미국 대선 레이스의 첫 관문이라는 지위를 잃더라도 크게 안타까워하지 않을 것이다. 파란만장한 역사를 지난 아이오와 코커스의 결말이 어떤 모습일지는 좀 더 지켜볼 일이다.

아이오와주의 명물 블랙아웃 번호판

✵ ## 취향과 기호에는 논쟁이 없다 ✵

라틴어 속담에 있는 이 말은 개인의 취향에 대한 진실을 담고 있다. 개인의 호불호는 이유를 설명하기 어렵고 일반화하기 어렵다. 하지만 일상적인 행위를 할 때 우리의 선택을 결정하는 중요한 역할을 한다. 예를 들어 어떤 음식을 먹고 누구를 만나고 어떤 옷을 입고 어떤 차를 탈지와 같은 행위들이 그렇다. 요즘은 확실히 자동차도 개성을 표현하는 시대다. 그래서인지 추가 비용을 들여서라도 맞춤 제작된 차량 번호판을 다는 사람이 많다.

아이오와주는 미국의 다른 주들처럼 차량 소유주가 선택할 수 있는 번호판의 옵션이 다양하다. 유방암 인식, 공공교육, 농업 교육 등 의미 있는 일을 지지하는 번호판이 있는가 하면, 특정 군대나 출신 대학이 표시된 번호판처럼 자신의 이력을 드러내는 번호판도 있다. 대학 로고 번호판의 경우 아이오와주에는 스무 개가 넘는 디자인이 있다.

✦ 흑백 번호판의 등장 ✦

이런 배경 속에서 2019년 하반기부터 아이오와주에서 흑백 번호판이 유행하기 시작했다. 그림 24.1은 흑백 번호판, 일명 '블랙아웃' 번호판의 디자인이다. 이 단순한 흑백 번호판이 왜 인기가 많아졌을까? 아이오와주는 얼마 전 화려한 모양의 기본 번호판 디자인을 제작해 놓고 왜이런 밋밋한 번호판을 제공하고 있을까? 또, 이름은 왜 블랙아웃 번호판인가? 이 질문의 답은 아이오와에 있는 작은 대학과 관련이 있다.

✦ 도르트대학에서 시작된 유행 ✦

도르트대학Dordt University은 아이오와주 수 센터에 위치한 기독교 학교다. 아이오와주 수시티와 사우스다코타주 수폴스 가운데쯤 있다. 1955년 설립된 후 현재 약 1500명의 학생이 재학 중이다. 원래는 미드웨스트 크리스천 주니어 콜리지라는 이름의 대학이었는데, 4년제 대학으로 바뀌면서 도르트 콜리지로 이름을 변경했다가, 2019년 지금의 도르트대학이 되었다. 학부에서는 교육학, 경영학, 공학, 간호학, 농학을 주로 가르치고, 새로 개설된 석사 과정에서는 교육학, 행정학, 사회복지학 등을 가르친다.

〈수센터뉴스Sioux Center News〉의 기자 에릭 샌드불테Eric Sandbulte는 블랙아웃 번호판 유행의 중심에 도르트대학이 있다고 말한다. (Sandbulte, 2019) 2011년 아이오와주 교통부는 그림 24.1의 위쪽 그림과 같이 도르트대학의 홍보이사 자민 베르벨데Jamin Ver Velde가 디자인한 도르트대학교 차량 번호판을 판매하기 시작했다. 이 번호판은 지금까지 1600개 이상 판매되었고 그중 85퍼센트는 개인이 원하는 표시를 붙여서 맞춤 제작으로 판매되었다. 이 기록은 아이오와주의 모든 대학교 번호판을 통틀어 아이오와대학과 아이오와주립대학 다음으로 가장 높다. 학생 수로나 학교 규모로나 이렇게 작은 대학이 이렇게 많은 판매량을 보인 데는 특별한 이유가 있을 것이다.

도르트대학의 번호판은 한눈에 봐도 인상적이다. 알파벳 D와 U 위로 노란 십자가가 새겨진 도르트대학 로고와 함께 굵은 활자체의 디자인이 깔끔하면서도 세련돼 보인다. 아이오와주 교통부에서 소유권 및 차량 번호판 관리를 담당하는 폴 코르넬리우스Paul Cornelius에 따르면 도르트대학 차량 번호판의 가장 큰 특징은 번호판에 있는 '아이오와'라는 글자와 '차량 번호, 혹은 개인 표식'을 제외한 모든 문자를 검은색 전기 테이프로 가릴 수 있다는 것이다. 그러면 여러 색이 조잡하게 들어가 있는 아이오와 차량 번호판의 기본 디자인과 다르게 꼭 필요한 글자만 남는다. 특히 흰색, 검은색, 은색 차량을 소유한 차주들은 이렇게 단순하고 깔끔한 디자인의 흑백 번호판이 기본형 번호판보다 훨씬 멋지고 눈에 잘 들어와 좋다고 말한다.

한편 블랙아웃 번호판이 인기를 얻자 최근 들어 기본 디자인에 불만을 제기하는 목소리가 늘었다. 번호판에 붙인 검정 테이프는 시간이 가면 쪼그라들거나 찢어질 때가 많았다. 그래서 2014년 간단한 수공예 상품이 등장했다. '아이오와'와 '차량 번호', '개인 표식'을 제외한 나머지 부분을 모두 가리는 검은색 플라스틱 틀이 판매되기 시작했다. 어

그림 24.1 아이오와주 도르트대학교의 자동차 번호판은 2011년 처음 제작된 후 2019년 학교명이 변경
되면서 모양이 일부 변경되어 위 그림과 같이 제작되었다. 아래 그림은 2019년 6월 새로 제작
된 아이오와주의 블랙아웃 번호판이다.

떤 틀은 틀 아랫부분에 카운티의 이름이 새겨져 있어 이 블랙아웃 번호
판이 조금 더 진짜처럼 보였다.

하지만 카운티의 이름이 새겨져 있어도 블랙아웃 번호판은 적법
한 번호판이 아니었다. 아이오와주에서는 차량 번호판에 적힌 숫자나
글자를 일부라도 가리는 것이 사실상 불법이다. 경찰은 무단으로 번호
판의 숫자나 글자를 가리는 사람들을 단속하고 나섰지만 큰 효과가 없
었다. 이런 상황을 막으려면 단속보다는 특별한 조치가 필요해 보였

다. 이에 아이오와주 의회가 팔을 걷어붙였다. 아예 주 정부 차원에서 깔끔하고 세련된 흑백 번호판을 판매하기로 했다.

새로운 흑백 번호판의 제작은 아이오와주 교통부에서 번호판 관리를 담당하는 코르넬리우스가 맡았다. 코르넬리우스는 다양한 글자체와 크기를 시도한 끝에 그림 24.1 아래와 같이 새로운 블랙아웃 번호판을 제작했다.

코르넬리우스가 다양한 글자체를 시도했다고 했지만, 글자체를 무한대로 선택할 수 있는 것은 아니었다. 아나모사 교도소에서 인쇄할 수 있는 서체의 종류가 제한적이기 때문이다. 아이오와주에서 생산되는 자동차 번호판은 아이오와주 존스 카운티에 있는 아나모사 교도소에서 죄수들이 제작했다. 수감자 17명이 시급 56~81센트를 받고 하루 8시간씩 일해서 자동차 번호판을 만든다. (KCRG-TV9, 2019) 하지만 모든 수감자가 이렇게 돈을 벌 수 있는 것은 아니다. 모범적으로 생활하는 수감자만 교육을 받고 제작 공정에 투입된다. 아나모사 교도소에서 생산되는 번호판은 하루 10000~12000개인데, 기본형 번호판인 블랙아웃 디자인은 개당 35달러에 판매되고 개인 표식이 들어간 맞춤형 번호판은 개당 60달러에 판매된다.

공식 블랙아웃 번호판은 제작 이후 큰 인기를 끌어서 현재 가장 잘 팔리는 디자인이 되고 있다. (Danielson, 2019) 2019년 7월 1일부터 2019년 7월 21일까지 아이오와주에서 판매된 블랙아웃 번호판은 총 162000개, 수익금은 약 740만 달러에 달한다. 이 수익금은 아이오와주 도로 건설 및 보수 예산으로 쓰일 예정이다. 아이오와주 도로 이용세 기금에는 상당히 수익성 좋은 유용한 사업임이 틀림없다.

유행은 돌고 돈다

아이오와주의 블랙아웃 번호판은 혁신을 상징한다고 보기는 어렵다. 아이오와주에서 처음 흑백 번호판이 나온 것은 1904년이었다. 그 후 검정 바탕에 흰 글자가 새겨진 번호판은 여러 차례 유행을 반복했다. 사람들의 취향은 계속 변한다. 거기에는 어떤 논리적 이유도 없고 예측도 힘들다. 하지만 우리는 진지하게 고민해 볼 필요가 있다. 유행의 변화는 어떤 최종 목표라는 실체에 맞추어 조정되는 것이 아니다. 최종 목표는 꾸준히 계속해서 발전할 뿐이다. 차량 번호판의 디자인은 설계자 없이 설계된 자연 선택처럼 특정한 방향과 목적 없이 계속 나아갈 뿐이다.

여기가 천국인가요?

1989년 개봉한 영화 〈꿈의 구장〉은 미국 중서부 대학에서 문학을 공부하던 캐나다인 W. P. 킨셀라W. P. Kinsella의 20페이지짜리 단편 소설을 각색해 만들어졌다. 바로 그 〈꿈의 구장〉 촬영지에서 2021년 진짜 메이저리그 정규 시즌 경기가 열렸다. 아이오와의 조용한 옥수수밭에서 이런 일이 있으리라고 누가 예상했을까? 그런 의미에서 킨셀라는 대단한 선견지명을 가진 사람이었음이 틀림없다. 그가 살아있었다면 〈꿈의 구장〉이 현실이 되는 모습에 누구보다 기뻐했을 것이다.

미리 밝히지만 킨셀라의 소설은 선견지명과는 전혀 관련이 없다! 다른 많은 역사 속 인물처럼 킨셀라의 이야기도 그를 마치 예언가처럼 보이게 만드는 부풀려진 부분이 많다. 〈꿈의 구장〉이 탄생한 과정은 킨셀라 소설의 특징처럼 흥미진진한 우연과 세렌디피티의 행운이 가득하다. (O'Leary, 2020) 그에 관한 이야기는 2004년 〈스포츠 일러스트레이티드〉와 그의 소설 모음집인 《에센셜 W.P. 킨셀라Essential W. P. Kinsella》(2015) 에서 언급한 적이 있다. 그의 전기 《끝까지 간다: 킨셀라의 삶과 작품에 관하여Going the Distance: The Life and Works of W. P. Kinsella》(2019) 에도 〈꿈의 구장〉이 나오기 전후 과정이 상세히 묘사되어 있다.

소설이 나오기까지

킨셀라는 아이오와대학에서 2년간 글쓰기 과정을 공부한 후 1978년 《맨발의 조, 아이오와에 가다Shoeless Joe Comes to Iowa》라는 단편 소설을 썼다. 그 기간 킨셀라는 아이오와주와 나중에 아내가 된 한 여대생과 사랑에 빠졌다. 그는 아이오와에서 있었던 소중한 추억을 기리며 야구 판타지에 관한 이야기를 썼다.

아이오와에서 농사를 짓고 살아가는 이야기의 주인공인 레이 킨셀라는 어느 날 자신의 옥수수밭에서 "그것을 지으면 그가 올 것이다."라는 유령의 목소리를 듣는다. 여기서 말한 '그것'은 야구장을 말하고, '그'는 '맨발의 조'라는 별명으로 불린 야구 선수 조 잭슨을 말한다. 시카고 화이트 삭스의 전설적인 외야수이자 1919년 월드 시리즈에서 승부 조작에 가담했다는 이유로 다른 일곱 선수와 함께 영구 제명된 선수였다. 킨셀라 소설의 기본 줄거리는 아이오와의 아름다운 전원 아래 1919년 월드 시리즈 승부 조작 사건인 '블랙 삭스 스캔들'을 모티브로 해서 만든 이야기다.

킨셀라는 영문학 석사 학위를 받고 아이오와대학을 떠나기 일주일 전 아이오와 시티의 창작 글 발표회에서 자신의 소설을 낭독했다. 그때 발표한 소설이 한 문집의 평론에 소개되었고, 그 평론을 읽은 휴튼 미플린 출판사의 편집자 래리 케세니치가 킨셀라에게 그 소설을 장편 소설로 만들면 좋겠다고 제의했다. 킨셀라는 케세니치의 도움으로 9개월 만에 장편 소설을 완성했다.

킨셀라는 판타지와 현실이 뒤섞인 마술적 사실주의 장르에 걸맞게 소설의 제목을 '꿈의 구장'이라고 지었다. 하지만 편집자의 추천에 따라 실제 제목은 '꿈의 구장'이 아닌 '맨발의 조'가 되었다. 1982년 출간된 《맨발의 조》는 출간 후 호평을 얻으며 곧바로 베스트셀러에 등극했다. 다니엘 오크렌트Daniel Okrent는 〈뉴욕타임스〉에서 "킨셀라는 문학과 야구라는 신비의 영약에 취했다. 그 둘을 섞어 만든 칵테일은 아름답고 매혹적이며 마음을 빼앗을 만큼 매력적이다."라는 열광적인 논평을 남겼다. (Okrent, 1982) 킨셀라는 이 책으로 캐나다 작가 협회상, 앨버타 공로상, 캐나다 신인 작가상, 휴튼 미플린 문학 협회상 등 많은 상을 받았다.

✵ 영화가 나오기까지 ✵

그림 25.1 영화 〈꿈의 구장〉 원작자 W. P. 킨셀라

킨셀라는 자신의 책에 쏟아지는 찬사만으로도 충분히 보상을 받는다고 생각했을 것이다. 하지만 그의 소설은 영화로도 잠재력이 있는 이야기였다. 시나리오작가 겸 감독인 필 알덴 로빈슨Phil Alden Robinson은 《맨발의 조》가 처음 나왔을 때부터 영화 제작을 계획할 정도로 마음에 들어 했다. 로빈슨은 《맨

발의 조》를 영화화하기 위해 20세기 폭스에 여러 차례 문을 두드렸지만, 상업 영화로 성공하기 힘들다는 이유로 거절을 당했다. 하지만 로빈슨은 포기하지 않았다. 대본을 더 손본 다음 유니버설 스튜디오에 도전해 결국 투자 지원을 받아냈다. 킨셀라는 로빈슨이 각색한 영화 대본이 소설의 핵심을 충실히 반영한다고 생각해서 영화 제작을 바로 찬성했다.

영화를 제작하기에 앞서 먼저 해결할 일은 촬영지를 찾는 문제였다. 로빈슨은 적당한 장소를 찾기 위해 뉴멕시코와 온타리오 등 미국과 캐나다 일대를 돌아다녔다. 그러다 아이오와주에서 돈 랜싱이라는 농부가 운영하는 옥수수밭을 발견했다. 영화 제작에 집중할 수 있을 만큼 한적하면서도 아름다운 자연에 둘러싸인 멋진 장소였다. 1988년 제작진은 그 옥수수밭을 빌려 영화 세트장으로 쓰일 작은 야구장을 짓기 시작했다.

늘 그렇듯 캐스팅에도 우여곡절이 좀 있었다. 주인공 역만 보면 톰 행크스Tom Hanks가 먼저 제안을 받았으나 거절했다는 말이 있었는데, 이는 사실이 아니었던 것 같다. 로빈슨이 〈로스앤젤레스 타임스〉에 한 인터뷰에 따르면 주인공 역으로 처음 거론된 배우는 실제 그 영화의 주인공이었던 케빈 코스트너Kevin Costner였다. (Easton, 1989) 하지만 제작진은 한 해 전 〈19번째 남자〉라는 야구 영화에 출연한 그가 또 다른 야구 영화에 출연할 것 같지 않아 후보 명단에서 그의 이름을 뺐다. 그러다 유니버설 스튜디오의 한 임원이 케빈 코스트너에게 우연히 대본을 건넸는데 다행히 그가 적극적으로 관심을 보였다.

2014년 코스트너는 〈꿈의 구장〉 개봉 25주년을 기념해 돈 랜싱의 농장에서 열린 행사에 참석했다. 〈꿈의 구장〉 대본을 처음 읽었을 때부터 대본이 아주 마음에 들었다고 털어놓으며 다음과 같이 말했다. "정말 훌륭한 대본이었어요. 좀처럼 보기 힘든 대본이었죠. 우리 윗세대에게 〈멋진 인생〉이라는 영화가 있었다면, 우리 세대에는 〈꿈의 구장〉이 그런 영화가 될 것 같았습니다."

하지만 한 가지 문제가 있었다. 코스트너는 〈리벤지〉라는 영화를 찍기로 먼저 계약이 되어있었는데, 그쪽 영화사에서 코스트너가 〈맨발의 조〉에 출연하는 것을 허락하지 않았다. 하지만 먼저 찍기로 했던 〈리벤지〉의 제작이 계속 지연되자 코스트너는 〈맨발의 조〉에서도 하차 위기에 놓였다. 그래서 코스트너는 〈리벤지〉의 프로듀서에게 〈맨발의 조〉를 먼저 찍고 그다음에 〈리벤지〉를 찍게 해 달라고 설득했고, 결국 승낙을 얻어냈다. 그렇게 해서 〈맨발의 조〉의 제작진이 케빈 코스트너를 주연 배우로 데려올 수 있었다.

보통 영화사는 영화 제작을 끝내면 개봉 전에 시사회를 연다. 시사회에 초대된 관객은 영화를 보고 다양한 방식으로 영화를 평가한다. 한때 로스앤젤레스에 살았던 나도 시사회에 가본 경험이 많다. 시사회에서 본 많은 영화 중에는 아카데미 5개 부문 수상작인 〈아파트 열쇠를 빌려드립니다〉 같은 히트작도 있고, 〈카이로의 참호〉처럼 숙면을 유도하는 영화도 있었다.

인터넷 영화 데이터베이스Internet Movie Database에 따르면 시사회를 본 관객들이 영화 자체는 좋았지만 〈맨발의 조〉라는 제목 때문에 부랑자나 떠돌이에 관한 영화처럼 느껴진다며 제목이 별로라는 평을 많이 남겼다. 이에 유니버설 제작사는 로빈슨 감독에게 〈맨발의 조〉라는 제목으로는 영화가 성공하기 힘들 것 같으니 제목을 〈꿈의 구장〉으로 바꾸자고 했다.

로빈슨은 그 아이디어에 반대했다. 로빈슨은 원작자인 킨셀라가 '맨발의 조'라는 제목을 지키고 싶어 한다고 생각했다. 그래서 제작사의 요청으로 제목을 바꿔야 한다는 말을 킨셀라에게 전하기가 힘들었다. (Easton, 1989) 하지만 감독의 예상과 달리 킨셀라는 제목을 바꾸어야 한다는 소식을 반가워했다. '맨발의 조'라는 제목이 책 판매에 도움이 될 것이라고 판단한 것은 편집자의 아이디어였고, 킨셀라는 원래부터 '꿈의 구장'이라는 제목을 더 좋아했다. 따라서 영화 제목이 다시 〈꿈의 구장〉이 되는 것에 전혀 문제가 없었다.

영화가 처음 개봉했을 때 비평가들의 초기 반응은 엇갈렸다. 퓰리처상을 받은 영화평론가 로저 이버트Roger Joseph Ebert는 "매우 독창적이고 뛰어난 상상력을 보여 준 영화였다."라고 좋은 평을 남겼지만, 〈타임〉의 리처드 콜리스Richard Corliss는 "억지로 감동을 짜낸 남자 영화"라고 비판했다. (Easton, 1989)

이제 〈꿈의 구장〉은 모든 장르를 통틀어 가장 훌륭한 영화 중 하나로 평가된다. 미국 프로야구 메이저리그가 선정한 최고의 야구 영화 4위를 기록했고(1위는 케빈 코스트너 주연의 〈19번째 남자〉였다), 미국영화연구소가 선정한 최고의 판타지 영화 6위, 영감을 주는 영화 28위, "그것을 만들면, 그가 올 것이다.If you build it, he will come"라는 영화 속 대사는 명대사 순위 39위를 기록했다. 2017년에는 미국 의회도서관 영화등기부에 영구 보존 영화로 선정되었고, 아카데미에서 수상은 못 했지만 작품상, 각본상, 음악상 세 개 부문에서 후보에 올랐다.

꿈이 현실이 되다

영화 제작이 끝난 후 돈 랜싱의 농장에 세운 야구장 세트의 운명을 결정해야 할 순간이 다가왔다. 보통 영화 제작이 끝나면 세트를 허물어 없앤다. 따라서 야구장 세트도 옥수수 재배지로 돌아가는 것이 순서였다. 하지만 케빈 코스트너는 세트장을 그대로 두었으면 좋겠다고 생각했다. 그래서 옥수수밭의 주인인 돈 랜싱에게 그곳이 주는 어떤 특별한 느낌이 있다며, 세트를 바로 허물지 않으면 좋겠다는 말을 전했다.

농장주는 케빈 코스트너의 진심 어린 조언을 흘려듣지 않았다. 그래서 결국 야구장을 그대로 두기로 했다. 얼마의 시간이 지나고 야구장 옆에 작은 기념품점 건물도 들어섰다. 시간이 갈수록 점점 더 많은 사람이 찾아왔다. 이제 〈꿈의 구장〉 옥수수밭 촬영지는 사람들의 발길이 끊이지 않는 아이오와주의 관광 명소가 되었다. 킨셀라는 수많은 야구 팬과 영화 팬이 영화에서 본 야구장의 베이스를 직접 밟아 보고 공을 던져 보며 영화의 감동을 다시 느끼고 싶어 아이오와까지 찾아오는 모습을 보고 놀라워했다. 영화가 개봉한 지 30년이 지난 지금도 매년 약 10만 명의 관광객이 꿈의 구장을 찾고 있다.

하지만 〈꿈의 구장〉에 관한 이야기는 여기서 끝이 아니다. 2011년 데니스 스틸먼Denise Stillman과 GTD 베이스볼 투자회사가 더 많은 사람과 영화의 감동을 나누기 위해 〈꿈의 구장〉 촬영지 일대를 사들였다. 2015년 스틸먼은 메이저리그 사무국과 접촉해 옥수수밭에 새로 지은 8천 석 규모의 임시 야구장에서 실제 정규 시즌을 열기로 했다. (Reichard, 2020) 원래 있던 야구장 세트를 훼손하지 않기 위해 그 세트는 그대로 두고 옥수수밭에 새로 작은 길을 내서 그 길옆으로 새 경기장을 지었다. 안타깝게도 스틸먼은 2018년 세상을 떠나 자신의 소원이 이루어지는 모습은 보지 못했다. 대신 GTD 투자회사의 CEO로 있는, 스틸먼의 남편 톰 미첼이 아내를 대신해 2021년 꿈의 구장을 현실로 이루었다.

✧ "여기가 천국인가요?" "아뇨, 여긴 아이오와예요." ✧

사람들은 존재하는 것들을 보고 "왜?"라고 하지만 나는 존재한 적이 없는 것들을 꿈꾸며 "안 될 게 뭐야?"라고 한다.

- 1949년 조지 버나드 쇼

옥수수밭에 야구장을 세운다? 안 될 게 뭔가? 킨셀라는 바로 그런 생각으로 꿈의 구장을 그리며 단편 소설 《맨발의 조, 아이오와에 가다》를 썼다. 래리 케세니치 편집자의 도움으로 완성된 장편 소설 《맨발의 조》는 많은 문학상과 함께 베스트셀러에 이름을 올렸다. 그 소설이 좋은 영화가 될 것을 예감한 필 알덴 로빈슨 감독은 대중과 비평가들 모두에게 좋은 평가를 받은 영화 〈꿈의 구장〉을 완성했다. 촬영이 끝나면 세트장을 없애는 것이 관례이지만 〈꿈의 구장〉의 주연 배우였던 케빈 코스트너는 세트장을 없애지 않으면 좋겠다고 농장주에게 권유했다. 그 권유를 받아들인 농장주의 결정으로 〈꿈의 구장〉 촬영지는 다이어스빌의 옥수수밭에 남아 영화의 감동을 다시 느끼고 싶은 사람들을 위한 관광지가 되었다. 결정적으로 야구를 사랑한 기업가 부부인 데니스 스틸먼과 톰 미첼이 영화 촬영지 바로 옆에 야구장을 세워,〈꿈의 구장〉 촬영지에서 2021년 메이저리그 정규 시즌 경기가 실제로 개최되었다.

이 모든 일은 킨셀라가《맨발의 조, 아이오와에 가다》를 쓸 때만 해도 예견할 수 있는 일이 아니었을 것이다. 어떤 이들은 복잡하게 얽힌 이런 상황을 설명하려고 우주를 지배하는 어떤 절대적인 존재의 계획을 떠올릴지 모른다. 하지만 확실히 알 수 있는 사실은 우리의 삶은 상황, 결과, 우연의 힘으로 계속된다는 것이다. 그리고 역사가들은 그 과정을 모두가 이해할 수 있게 설명하려고 최선을 다한다.

킨셀라가 단편 소설을 쓸 때 그 후 펼쳐질 일들을 예견할 수 없었던 것처럼,〈꿈의 구장〉 이후에는 또 어떤 일이 펼쳐질지 예견할 수 없다. 하지만 킨셀라는 다음과 같은 말로 다시 한번 우리에게 기분 좋은 기대감을 안겼다. "〈꿈의 구장〉이라는 뮤지컬은 미국의 고전 뮤지컬 〈브리가둔〉처럼 신비로운 모습으로, 저 광활한 우주에서 침착하게 때를 기다리며 세계라는 무대를 준비한다."(Kinsella, 2015) 킨셀라의 놀라운 예언이 현실이 될 수 있을까? 세상에 절대로 안 되는 일은 없다!

《맨발의 조》에서 펼쳐진 꿈 같은 정경에 관한 프레드 메이슨Fred Mason의 논문은 킨셀라의 이야기와 킨셀라를 신화화하려는 사람들에게 다음과 같은 특별한 관점을 제시했다. "아이오와의 옥수수밭에 세워진 레이 킨셀라의 야구장은 이제 신화 그 자체가 되었다.《맨발의 조》는 마법, 꿈, 신화에 관한 이야기다. 작가는 소설에 등장하는 모든 인물의 꿈을 이루어 주며 세상의 모든 꿈꾸는 사람들을 위해 야구를

(그리고 아이오와를) 제시한다." (Mason, 2018)

그러므로 영화 〈꿈의 구장〉에서 레이 킨셀라가 옥수수밭에 야구장을 짓고 맨발의 조 잭슨이 나타났을 때 두 사람이 "여기가 천국인가요?", "아뇨, 여긴 아이오와예요."라고 묻고 답하는 대사는 영화와 정말 잘 어울리는 찰떡같은 대사였다.

마지막으로 한 가지 재밌는 사실을 전하자면 케빈 코스트너의 영화 〈리벤지〉는 1600만 달러의 수익을 올리는 데 그쳤지만, 〈꿈의 구장〉은 8400만 달러 이상을 벌어들였다!

결론을 종합하며

3

역사 속 위대한 발견과
혁신에 담긴 창의력의 비밀

지금까지 우리는 스물다섯 가지 사례를 통해 역사적으로 중요한 의의가 있는 혁신적 행위들의 탄생 과정과 배경을 살펴보았다. 사례마다 다양한 주제를 다루고 있어서 모든 사례를 관통하는 공통분모를 찾는 것이 불가능해 보일 것이다. 하지만 나는 이 작업이 가능하다고 믿고 각각의 사례에서 상황, 결과, 우연, 이 세 가지 요인이 어떻게 작용하는지 주의 깊게 살펴보기를 앞서 독자들에게 당부했다. 일부 예외는 있지만 대부분 사례는 이 세 가지 요인이 두드러지게 나타난다. 예를 들면 첫 번째 사례로 제시한 포스베리 플롭 기술에서는 다음과 같이 작용하고 있다.

상황 요인 딕 포스베리는 고등학생 때까지만 해도 키만 클 뿐 높이뛰기 선수로서 뛰어난 역량을 보이지 않았다. 새로운 코치가 엎드린 자세로 높이뛰기 바를 넘어가는 '벨리 롤' 기술을 쓰도록 지시했지만 아무리 연습해도 적용하기가 힘들었다. 그래서 구식 기술로 취급되던 '가위 뛰기' 기술로 어쩔 수 없이 돌아갔다.

결과 요인 시행착오를 거치며 자세를 조금씩 수정했더니 높이뛰기 바를 뒤로 넘어가는 독특한 자세가 나왔고, 그 자세로 꾸준히 연습한 결과 그동안의 기록을 뛰어넘는 결과가 나왔다. 수많은 연습과 노력 끝에 마침내 놀라운 결과를 기록했다. 새로 개발한 기술을 꾸준히 다듬은 결과 1968년 멕시코 올림픽에서 금메달을 거머쥐는 파란을 일으켰다.

우연 요인 포스베리 선수가 다닌 고등학교는 포스베리 선수가 3학년일 때 오리건주 최초로 스펀지 매트를 도입했다. 배면 뛰기 방식은 선수가 바를 뒤로 넘어가기 때문에 목이나 어깨로 떨어질 수 있어 다칠 위험이 크다. 따라서 모래나 톱밥으로 된 기존 착지대를 계속 사용했다면 뒤로 넘어가는 기술을 적용하기가 힘들었을 것이다.

배경 정보가 어느 정도 알려진 혁신적 행위의 사례가 있다면 내가 분석한 대로 세 가지 요인을 독자들이 직접 찾아보는 것도 좋을 듯하다. 각각의 사례마다 상황 요인, 결과 요인, 우연 요인이 어떻게 나타나는지 확인해 보는 것이다. 하지만 단순히 세 가지 요인을 찾기만 하는 분석은 너무 단순하다는 주장도 있을 수 있다. 따라서 포스베리 플롭의 사례로 세 가지 요인을 조금 더 자세히 살펴보겠다.

✳ 혁신적 행위에서 발견할 수 있는 상황적 요인 ✳

혁신적 행위의 본질을 한창 고민하고 있을 때 가장 먼저 떠오른 사례는 포스베리 플롭이다. UCLA를 졸업한 다음 해 여름의 일이었다. 그해 올림픽에 출전한 딕 포스베리의 기술을 보며 다른 수많은 사람처럼 나도 입을 다물지 못했다. 포스베리는 어떻게 그렇게 이상하고 기발한 기술을 개발할 수 있었을까? 나는 포스베리가 아니었다면 포스베리 플롭 기술은 절대 나오지 못했을 것이라고 단정했다.

하지만 포스베리 플롭의 발전 과정을 더 자세히 조사하는 과정에서 내 생각이 철저히 잘못되었다는 것을 깨달았다. 뒤로 넘는 방식을 찾아낸 것은 포스베리만이 아니었다. 포스베리를 포함한 세 선수가 서로의 존재를 모른 채 뒤로 넘는 높이뛰기 기술을 개발했다는 것이 현재까지 알려진 공식적인 사실이다.

연대순으로 보면 브루스 콴데는 1945년생이고 몬태나주 칼리스펠에 살았다. 포스베리는 1947년생이며 오리건주 메드퍼드에 살았고, 데비 브릴은 1953년생으로 브리티시컬럼비아주 올더그로브에 살았다. 세 선수는 나이도 다르고 사는 곳은 900km에서 1200km 이상으로 멀리 떨어져 있었다. 지금까지 알려진 바에 따르면 세 선수는 각자 자신의 기술을 개발하는 동안 뒤로 넘는 기술을 쓰는 다른 선수가 있다는 사실을 전혀 알지 못했다. 따라서 세 선수가 각자 독립적으로 뒤로 넘는 기술을 개발한 것이 거의 확실하다.

포스베리가 배면 뛰기 기술을 어떻게 개발했는지는 앞에서 자세히 알아보았다. 콴데에 관한 이야기는 알려진 바가 많지 않지만 최근 브릴에 관한 이야기가 밝혀지면서 포스베리가 아니었으면 배면 뛰기 기술이 나오지 못했을 것이라는 내 판단이 틀렸다는 것을 인정할 수밖에 없었다.

포스베리는 열 살 무렵 높이뛰기를 시작했고 브릴도 초등학교 때 높이뛰기를 시작했다. 포스베리처럼 어릴 때부터 마르고 키가 컸던 브릴은 포스베리가 그랬듯이 '벨리 롤' 기술이 부자연스러워 가위 뛰기를 다양한 방식으로 실험했다. 브릴이 다닌 학교는 모래와 톱밥으로 된 착지대를 쓰고 있어서 처음에는 뒤로 넘는 자세를 시도하기 힘들었다. 하지만 항상 든든한 지원군이 되어 자신을 도와준 아버지가 가족 소유의 농장에 스펀지 조각을 채워놓은 그물망을 깔아준 후로 새로운 기술을 개발하는 데 큰 도움을 받았다.

브릴은 코치 선생님이나 아버지의 지도, 혹은 조언으로 뒤로 넘는 기술을 개발한 것이 아니라고 했다. 2017년 캐나다 CBC 방송에 출연한 브릴은 이렇게 말했다. (Russell, 2017) "그때만 해도 스포츠는 지금처럼 인기가 많지 않았어요. 선수들은 각자 노력하는 과정에서 스스로 방법을 찾아야 했죠. 저 역시 혼자였어요. 누군가의 도움을 받을 수 있는 상황이 아니었죠. 하지만 저의 장점은 매 순간 최선을 다하려고 노력했다는 겁니다." 이어서 뒤로 넘는 기술이 나오게 된 과정을 이렇게 설명했다. "몸이 시키는 대로 하다 보니 그런 동작이 나오게 되었던 것 같아요. 배워서 하게 된 동작이 아니었죠." 처음부터 완벽하게 뒤로 넘어가는 기술이 나온 것도 아니었다. "원래는 옆으로 넘어가는 방식에 가까웠어요. 하다 보니 완전히 뒤로 넘어가는 형태로 발전했죠." 브릴 벤드 뛰기는 그렇게 해서 탄생했다.

브릴의 이야기는 포스베리의 이야기와 너무도 닮았다. 리처드 호퍼의 말처럼 두 사람은 높이뛰기 바를 뛰어넘는 모든 방법 중 형태적으로나 기술적으로 가장 극적인 방식으로 변화한 기술을 아주 우연히 찾았다고 증언한다. (Hoffer, 2009) 그렇다면 노력의 결과물이 같은 것은 그렇다 치고 노력의 과정과 출발점까지 비슷한 것은 어떻게 설명할 수 있을까?

조니 휴스Jonnie Hughes의 《티피의 기원On the Origin of Tepees》이라는 책에서 이 질문의 답을 찾을 수 있었다. 이 책의 주된 논지는 '인류의 기원을 자연 선택에 따른 진화로 설명할 수 있다면 인류가 하는 창조적 행위나 발명의 기원도 그와 유사하게 결과에 따른 선택으로 설명할 수 있는가?'라는 것이다. 이 질문에 대한 휴스의 답은 '그렇다'이다. 포스베리 플롭과 브릴 벤드의 이야기는 이런 진화론적인 틀에 완벽하게 부합한다. 다만 자연 선택의 법칙이 아닌 효과의 법칙이 작용했을 뿐이다. (Blumberg & Wasserman, 1995; Skinner, 1966)

찰스 다윈의 진화론을 떠올려보자. 휴스는 다윈의 이론이 어느 날 갑자기 혹은 기적적으로 다윈의 머릿속에 떠오른 것이 아니었다는 점을 강조했다. 오히려 다윈의 이론은 거의 전 생애에 걸친 수많은 우여곡절과 오랜 기간 생각을 다듬는 과정에서 나왔다. (Hughes, 2011) 게다가 처음부터 완성된 형태도 아니었다. 1859년에서 1872년까지 다섯 번이나 개정된 《종의 기원》을 통해 다듬고 또 다듬어진 결과였다. 휴스는 다윈이 진화론을 발견하는 과정을 인간의 '천재성'으로 설명할 수 있다고 생각했다. 그에게 천재성은 어떤 아이디어의 발전이 여러 사람이 아닌 한 사람에게 일어나는 특별한 상황을 의미한다.

그런데 휴스는 찰스 다윈과 비슷한 시기에 똑같이 진화론을 발견한 영국 출신의 생물학자 알프레드 러셀 월리스Alfred Russel Wallace에 관해서는 아무런 언급도 하지 않았다. 다윈과 월리스는 거의 같은 시기 진화론을 발전시켰고, 두 사람 다 박물학자이자 수집가로서 젊은 시절 오지를 탐험하며 수천 종류가 넘는 동식물 표본을 수집했다.

다윈과 월리스가 발견한 이론은 단순히 비슷한 정도가 아니었다. 한 연구자에 따르면 "다윈과 월리스는 생물학 역사상 가장 중요한 발견이자 가장 중요한 아이디어를 발전시키며 유전적 변이와 자연 선택에 따른 종의 기원에 대해 사실상 똑같은 관점을 가졌다." (Gross, 2010) 1858년 7월 1일 다윈과 월리스는 런던의 린네 학회에서 각자가 발견한 자연 선택에 관한 논문을 동시에 발표했다. 따라서 누군가는 다윈과 월리스가 우연히 동시에 역사적인 아이디어를 떠올린 '천재들'이라고 말할지 모른다.

그렇다면 다시 딕 포스베리와 데비 브릴의 사례를 떠올려보자. 두 사람의 이야기는 다윈과 월리스의 이야기와 닮은 점이 많다. 미국의 저명한 사회학자인 로버트 머튼Robert Merton은 하나의 혁신적인 아이디어가 여러 사람에 의해 독자적으로 발견되는 상황이 생기면 '평판의 불평등'이 일어난다는 사실에 주목했다. (Merton, 1968) '포스베리 플롭'과 '다윈의 진화론'이라는 표현만 해도 그렇다. 뒤로 넘는 기술을 칭하는 높이뛰기 기술은 '포스베리 플롭'이라는 명칭을 얻었고, 종의 기원을 설명한 이론은 '다윈의 진화론'이라는 표현을 얻었다. 이에 반해 브릴과 월리스는 딕 포스베리나 찰스 다윈만큼 역사적으로 많은 관심을 얻지 못했다.

〈뉴요커〉의 케이시 셉Casey Cep은 최근 머튼의 관점을 되짚으며 다윈과 월리스의 사례나 포스베리와 브릴의 사례처럼 역사적 발견의 동시성에 작용하는 '지배적 맥락'의 역할에 관해 다음과 같이 설명했다. (Cep, 2019) "그 시대의 문제는 그 시대의 문제 해결사들을 끌어당긴다. 정도의 차이는 있지만, 그 해결사들은 거의 같은 조건 안에서 같은 이론과 같은 기술을 이용해 문제 해결을 시도한다."

셉의 주장은 많은 점을 시사한다. 휴스의 관점을 다시 떠올려 보자. 휴스도 《티피의 기원》에서 자연 선택의 법칙에 관해 "다윈이 진화론을 발견한 것이 아니라 진화론이 다윈을 발견한 것이다."라는 의미심장한 말을 남겼다. (Hughes, 2011) 휴스의 주장이 성립될 수 있다면 "월리스가 진화론을 발견한 것이 아니라 진화론이 월리스를 발견한 것이다."라는 말도 성립되어야 할 것이다. 더 넓게 보면 "유전자 변이와 자연 선택이라는 발상이 다윈과 월리스를 동시에 발견한 것이다."라는 말도 성립되어야 한다.

이제 이 논리를 높이뛰기 기술에 적용해보자. 높이뛰기를 뒤로 넘는다는 혁명적인 발상은 그 기술을 처음 개발한 두 선수 외부에 이미 존재해 있었다고 할 수 있지 않을까? 사람이 위대한 생각과 행위를 발견하는 것이 아니라 위대한 생각과 행위가 사람을 발견하는 것이다? 정말 독특한 발상이다. 하지만 포스베리가 자신의 입으로 직접 한 말을 생각해 보라. 포스베리는 '포스베리 플롭', 즉 배면 뛰기를 자신이 처음 발견했을 뿐이지 그 방식이 원래 더 자연스럽다고 했고 자신보다 몇 살 어린 다른 선수도 같은 기술을 쓴 것이 그 증거라고 했다. 데비 브릴 역시 같은 말을 했다. 뒤로 넘는 자세는 높이뛰기 바를 넘는 순간 자연스럽게 몸이 시키는 대로 한 결과였다고 말이다.

하지만 여기에 반론을 제기하는 사람도 있을 것이다. 어떤 추상적인 이론이나 스포츠와 관련된 발명에만 이런 이상한 논리가 우연히 들어맞는 것이 아니냐고 말이다. 그럼 다음 사례는 어떤가? 세계에서 가장 많은 발명품을 남긴 에디슨은 자신에 대한 평가 중 가장 솔직한 말이었다고 평가되는 다음과 같은 말을 남겼다. (Morris, 2019)

> 나는 평생 새로운 아이디어를 떠올려 본 적이 없다. 나에게는 상상력이 없다. 상상 같은 건 하지 않는다. 소위 말하는 내 발명품은 이미 우리 주변에 존재해 있는 것들이고 내가 그것을 찾은 것뿐이다. 나는 새로운 걸 창조한 적이 없다. 나뿐만이 아니라 누구라도 그렇다. 누군가의 머리에서 나오는 새로운 아이디어는 없다. 모든 아이디어는 외부에서 오는 것이다. 부지런한 사람이 새로운 아이디어를 자기 주변에서 찾아내는 것이다.

에디슨의 말에 담긴 의도를 해석하려면 약간의 도움이 필요할 것 같다. 한 평론가는 이렇게 분석한다. (Thompson, 2019) "에디슨의 말은 여러 가지 의미로 해석할 수 있다. 일종의 허풍이나 창의력에 대한 솔직한 생각, 혹은 일중독 발명가에 대한 찬사였을 수도 있다." 솔직히 약간의 허풍은 있는 듯하다. 노력과 끈기에 대한 믿음도 알겠다. 그래서 "천재는 1퍼센트의 영감과 99퍼센트의 노력으로 이루어진다."라는 명언도 남기지 않았는가? 창의력에 대한 부분은 어떻게 이해하면 좋을까? 모든 아이디어가 정말로 외부에서 오는 것인지는 나도 아직 확신이 서지 않는다. 어쨌든 에디슨의 '외재론'은 논란의 여지가 많은 급진적인 생각임은 확실해 보인다.

혁신적 행위에서 발견할 수 있는 우연적 요인

우리는 앞서 푹신푹신한 착지대가 뒤로 넘어가는 높이뛰기 기술이 나오는 데 중요한 역할을 했을 것이라는 내용을 살펴보았다. 딕 포스베리와 데비 브릴은 아마도 푹신푹신한 착지대를 다른 선수들보다 우연히 일찍 접했을 것이다. 물론 우리는 착지대가 뒤로 넘는 높이뛰기 기술을 개발하는 데 얼마나 중요한 역할을 했는지는 알 수 없다. 포스베리나 브릴이 뒤로 넘는 기술을 개발하지 않았다면 다른 선수가 개발했을지도 알 수 없는 문제다. 그러나 우연성이 행위와 관련된 창의력에 어떤 영향을 미치는지는 개개의 사례를 통해 명확하게 드러난다.

우연에 관한 가장 명확한 사례는 개인의 고유 경험이다. 따라서 혁신적인 발견이 발생한 광범위한 맥락에 영향을 받지 않는다. 이 책의 많은 사례가 그 사실을 증명한다.

토드 슬론은 경마 연습을 하던 중 갑자기 흥분해서 앞으로 달려나가는 말을 세우려고 안장을 밟고 일어나 말의 목에 엎드렸다. 그렇게 했더니 움직임이 더 자유로워져 '몽키 기승법'이 나오는 토대가 되었다.

안셀 애덤스는 어릴 때 몸이 약해서 자주 아팠다. 어느 날 애덤스가 아파서 누워있을 때 메리 이모가 《시에라 산맥 한가운데에서》라는 책을 선물로 건넸다. 조지 피스케가 찍은 요세미티 사진이 실려있는 책이었다. 애덤스는 요세미티의 아름다움과 사진의 가치에 매료되어 자연의 아름다움을 앵글에 담아내는 사진작가가 되었다.

플로렌스 나이팅게일은 지인인 찰스와 셀리나 부부의 소개로 로마에서 우연히 시드니 허버트를 만났다. 그 만남을 계기로 두 사람은 크림 전쟁 이후 영국의 열악한 군인 병원 시스템을 개혁하는 임무를 수행하게 된다.

바질 트위스트는 뉴욕의 거리를 걸으며 길에 버려진 재활용품 더미에서 쓸 만한 물건을 찾는 것이 취미였는데, 어느 날 금이 살짝 가 있는 유리 어항을 발견했다. 또 한번은 우연히 레코드 가게 앞에서 베를리오즈의 〈환상교향곡〉의 앨범을 보게 되었다. 이 두 번의 우연은 바질 트위스트가 '맥아더 영재상'을 받는 밑거름이 되었다.

스페인 내전을 피해 멕시코로 건너간 이그나시오 폰세티는 우연한 기회로 후안 파릴이라는 유명한 정형외과 의사를 만났다. 알고 보니 그도 내반족 질환을 앓고 있었다. 파릴 박사는 나중에 폰세티가 아이오와 의과대학에서 일할 수 있도록 아서 스타인들러 박사에게 폰세티를 적극적으로 추천했다. 그리고 스타인들러 박사가 폰세티에게 맡긴 첫 번째 임무가 내반족 수술 관련 데이터를 분석하는 일이었다.

이런 우연을 행운이나 기회라고들 한다. (Merton & Barber, 2004) 그런 행운과 기회는 혁신적인 발견으로 이어질 수 있다. 그런데 불행도 혁신을 낳을 수 있다. 다음을 보자.

경마 기수 잭 웨스트로프는 경기 도중 왼쪽 다리를 다친 후 왼쪽 무릎을 완전히 굽힐 수 없었다. 그래서 등자의 위치를 다르게 해서 왼쪽 다리를 조금 더 펼친 자세로 말을 탔다. 미국 경마장은 기수가 반시계 방향으로 트랙을 돌기 때문에 왼쪽 등자를 낮게 배치하는 방식이 왼쪽 다리에 힘을 실어주어 커브를 좀 더 쉽게 돌 수 있게 해 주었다. 이에 다른 기수들도 웨스트로프의 차등등자 기승법을 따라 하게 되었다.

이그나스 제멜바이스는 법의학 교수였던 야콥 콜레츠카 박사가 부검 수업 중에 수술용 칼에 손가락을 찔린 후 사망하는 모습을 보고 빈 산부인과 병원의 제1 산과 병원에서만 산욕열로 죽어 나가는 산모가 많은 이유의 결정적 단서를 찾았다.

프랜시스 브래킨은 1612년 케임브리지대학과 다툰 소송에서 토마스 스마트 시장의 변호를 맡았지만 졌다. 케임브리지대학의 학생 조교였던 조지 러글은 무례하고 고압적인 브래킨의 모습에 분노를 느껴 소송에서 이긴 것에 만족하지 않고 브래킨 같은 거만한 법률가를 풍자하는 희극 〈이그노라무스〉를 썼다. 그 후 'ignoramus'라는 단어는 어리석고 무지한 사람이라는 뜻으로 쓰이게 되었다.

일요일 오후 아이린 보가쿠스가 레스토랑에서 식사 중 갑자기 목을 움켜쥐고 테이블 위로 쓰러졌다. 얼굴이 새파랗게 변하는 것으로 보아 도움이 급한 상황이었다. 아이린의 남편 에드워드는 다른 테이블에서 식사 중이던 아이작 피하에게 급히 도움을 청했다. 전날 신문 기사에서 음식물이 기도를 막았을 때 빼내는 법에 관한 기사를 읽었던 피하는 그 방법으로 아이린 보가쿠스의 목을 막고 있던 커다란 닭고기 조각을 뱉어내게 했다. 이 사례는 하임리히법이 널리 알려지는 계기가 되었다.

✵ 혁신적 행위에서 발견할 수 있는 결과적 요인 ✵

지금까지 혁신적 행위가 발생하는 데 상황과 우연이 어떤 역할을 하는지 알아보았다. 이제 마지막으로 세 번째 요인인 결과의 역할을 살펴보자. 결과 요인에서는 특히 효과의 법칙이 어떻게 작용하는지, 자연 선택의 법칙과는 어떤 관련이 있는지 들여다볼 것이다. 효과의 법칙과 자연 선택의 법칙 모두 인간과 동물이 세상에 적응하는 방식에 어떤 역할을 하는지 집중적으로 살펴보자. (Rosenbaum, 2014; Stahlman & Leising, 2018)

자연 선택의 법칙과 효과의 법칙

찰스 다윈은 자신의 자서전에서 생명체의 기원과 다양성을 지적 설계자의 존재로 설명하려는 모든 시도를 강력히 거부했다. 유기체가 진화한 것은 특별한 이유를 찾을 수 없는 자연 선택의 법칙 때문이라고 주장하며 "바람이 부는 방향에 의도가 없듯이 유기체의 다양성과 자연 선택의 작용에도 의도가 없다. 자연의 모든 것은 정해진 법칙의 결과다."
라고 했다. (Darwin, 1958) 즉, 인간을 포함한 모든 생명체가 환경에 절묘
하게 적응해 온 방식은 정확히 '설계자가 없는 설계'를 의미한다.

역설적이게도 다윈은 인간이 만든 절묘한 장치들의 구성에 작용
하는 지적 설계를 비판 없이 받아들였다. "예전에는 너무나 확실해 보
였던 자연의 설계자에 대한 오랜 주장은 자연 선택의 법칙이 발견되면
서 이제 쓸모가 없어졌다. 우리는 이제 쌍각 조개의 아름다운 경첩을
보며 사람이 만든 문의 경첩처럼 어떤 지적인 존재가 만들었다고 주장
할 수 없다." 다윈이 이 주장을 더 자세하게 설명하지 않았기 때문에 정
확히 어떻게 인간이 문의 경첩이나 다른 수많은 장치를 만들었다고 생
각했는지는 알 수 없다. 하지만 문의 경첩을 구성하는 데 인간의 지적
능력을 결부시킴으로써 자연에 존재하는 경첩과 인간이 만든 경첩 사
이에 차이가 있다는 점을 강조한다.

하지만 앞서 소개한 사례에서 살펴보았듯이, 바이올린 같은 악기
나 경첩의 발명 과정을 어디까지 안다고 할 수 있을까? 지적 설계라는
개념의 의미처럼 누군가의 완벽한 계획에 따라 만들어졌다고 믿어야
할까? 더 명확하게 설명할 다른 방법은 없을까? 어려운 질문이지만 우
리는 다음과 같은 답을 생각해 볼 수 있다.

첫째, 인간이 경첩이나 바이올린을 어떻게 만들게 되었는지는 정
확히 알 수 없다. 몇몇 연구가 바이올린의 발전에 대해 새로운 관점을
제시했지만 (Chitwood, 2014; Nia 외, 2015) 역사적 기록은 불완전하고 결정
적이지 않다. 티피, 전구, 망원경, 높이뛰기 기술, 경마 기수의 기승법
에 이르는 장치와 행위의 기원에 대해 우리가 아는 지식을 종합해 보

면 설계의 필요성에 심각한 의문이 제기된다. (Hughes, 2011; Petroski, 2012; Ridley, 2020; Simonton, 2012, 2015; Wasserman, 2012; Wasserman & Blumberg, 2010). 인간이 어떤 물체를 발명하고 어떤 행위를 발전시키는 데는 시행착오와 우연이 더 중요하게 작용할 때가 많았다.

둘째, 종의 기원을 밝히는 과정에서 증명되었듯이 지적 설계라는 개념은 획기적인 발명이나 혁신적 행위의 기원을 설명할 때 아무런 도움이 되지 않는 아름다운 허구에 지나지 않는지도 모른다. 다윈이 인류의 기원에 대한 설명으로 지적 설계의 개념을 비렸듯이, 우리 역시 창의적 행위의 기원에 대한 설명으로 지적 설계의 개념을 버려야 하지 않을까?

셋째, 우리는 인간의 행위와 발명품이 어떻게 창조되었는지 대부분 이해하고 있고, 앞으로 더 많이 이해할 것이다. 인간이 창조한 많은 행위와 발명품은 다윈의 자연 선택설과 유사한 효과의 법칙을 통해 발전한다. (Dennett, 1975; Skinner, 1966; 1969; 1974) 효과의 법칙에 따르면 다양한 행위 중 강화 인자가 따르는 행위는 반복되고 우세해지는 경향이 있으므로 적응적 행위를 촉진한다. 이런 기계적인 시행착오 과정은 자연 선택의 법칙으로 새로운 유기체가 탄생하는 방식과 비슷하게 새로운 행위와 발명이 나오는 데 도움을 줄 수 있다. 스키너는 이 과정을 '결과에 따른 선택'이라고 명명했는데, 이는 개별 유기체의 생애 안에서 작동하는 행동에 관한 선택과 수많은 유기체 전체에 걸쳐 작동하는 자연 선택 사이의 유사성을 강조하기 위해서였다.

효과의 법칙은 행동의 진화에 어떤 역할을 하는가?

종은 어떻게 생겨났을까? 다윈은 성서적 해석에서 과감히 벗어나 전지전능한 하나님 대신 유기적 변화를 만들어낼 수 있는 자연 선택의 논리를 내세웠다. 스키너 역시 다윈만큼 대담한 해석을 제안했다. 지적인 인간의 '정신'을 두 번째 선택 과정, 즉 강화 조건에 따른 적응적 행동의 형성으로 대체했다. (Skinner, 1974)

스키너는 생존 조건과 강화 조건이 각각 새로운 적응적 결과를 만들 수 있다고 생각했다. 따라서 "자연 선택설은 창조적 정신에 호소하지 않고 지구상에 존재하는 수백만 종의 기원을 설명한다."라고 주장한다. 그리고 인간의 행동과 관련해 "강화 조건은 다른 창조적 정신이나 창의성이라는 특징에 호소하지 않고 예술 작품이나 수학 문제에 대한 답을 설명할 수 있다."라고 했다. (Skinner, 1974)

요약하면 스키너는 "돌연변이에서 오는 우연적 특징이 생존의 해법으로 선택되듯이 우연한 행동의 변화는 강화적 결과로 선택된다."라고 주장했다. (Skinner, 1974) 스키너의 결과에 따른 선택 개념과 다윈의 자연 선택 개념의 유사성은 그 기저에 있는 생물학적 기제는 다르지만, 선택론적 원리가 종의 기원과 후천적으로 얻은 적응적 행동의 기원을 모두 설명함을 강조한다.

리처드 도킨스는 사람들이 다윈의 진화론을 받아들이기를 주저하는 이유는 인간이라는 종이 유용한 것들을 수없이 창조해왔기 때문이라고 주장했다. 즉, 지적 설계가 아니라면 자동차, 컴퓨터, 에어컨 등의 발명을 어떻게 설명할 수 있겠느냐는 것이다. 손, 눈, 두뇌 같은 생물학적 창조물이 어떻게 쓰이는지를 보며 "원시적 단순함에서 복잡한

'설계'가 생성되는 과정을 신적인 존재보다 훨씬 그럴듯한 방법으로 설명하기 위해 다윈은 엄청난 상상력의 도약이 필요했다. 그 도약이 너무 컸기 때문에 오늘날까지도 많은 사람이 받아들이지 못하는 것 같다."라고 말한다. (Dawkins, 1986)

우리는 또 다른 상상력의 도약을 이룰 때가 이미 지나지 않았을까? 우리가 하는 매우 창조적이고 잘 설계되어 보이는 행위들 역시 처음에는 아주 단순한 행위에서 출발했을 것이다. 그 단순한 행위가 시행착오 과정을 거쳐 위대한 결과로 형성되는 것이다. 어쩌면 이제 효과의 법칙은 자연 선택의 법칙과 어깨를 나란히 해야 할 것 같다. 이 두 가지 기본적인 선택론적 원리가 자연스럽고 기계적이며 사전 계획 없이 작동하는 법칙에 따라 환경에 절묘하게 적응하는 유기체를 만들 수 있으니 말이다. 이 틀은 결국 "삶과 행동의 과학을 훌륭하게 통합할 것이다." (Stahlman & Leising, 2018)

물론 내 시각에 의문을 제기하는 독자들도 있으리라 생각된다. 다음은 예상되는 그런 몇 가지 질문에 대한 내 답이다.

행동의 진화는 명시적인가? 암시적인가?

행동의 진화와 관련해 오직 효과의 법칙에 기초한 설명의 문제점은 인간이 새로운 행위나 발명품을 창조할 때 눈에 보이지 않는 인지적 과정이 수행하는 핵심적 역할의 가능성을 놓칠 수 있다는 점이다. (Rosenbaum, 2014 인지 과정 자체가 효과의 법칙 메커니즘과 조화를 이룬다는 독창적인 반론도 있다.) 예를 들어 바이올린 제작에 들어가는 상당한 시간과 노력, 비용을 고려할 때 바이올린 제작의 장인 루시어들은 소리가 우수하다고 예상되는 모델만 선택해서 새로운 모델을 만듦으로써 최대한 합리적이고 경제적으로 행동하려고 노력하지 않을까? 그리고 그 행위는 의식이라는 무대 안에서 이루어지지 않았을까?

계획된 설계 혹은 지적 설계의 중요성을 제안한 사람은 20세기 가장 영향력 있는 철학자 중 한 사람인 칼 포퍼Karl Popper였다. 포퍼는 우리의 생각은 우리 자신보다 소모적이라며 "우리를 대신해 우리의 추측과 가설을 희생시키자."라고 주장했다. (Popper, 1978) 포퍼의 주장이 설득력이 있다고 생각한 다니엘 데넷Daniel Dennett은 가상의 시행착오를 할 수 있는 유기체를 포퍼리안 유기체Popperian creature라고 하고 강화 조건의 경험으로만 행동을 수정할 수 있는 유기체를 스키너리안 유기체Skinnerian creature라고 불렀다. (Dennet, 1996)

행동주의 설명의 한계에 답하는 방법은 최소 두 가지가 있다. 첫째, 경험적 관점으로 보면 바이올린 형태의 발전 과정에 관한 설명 (Nia 외, 2015)을 고려할 때 실제로 바이올린의 차이를 만드는 소리 구멍의 변화는 오랜 세월에 걸쳐 이루어졌다. 정확히 말해서 1560년에서 1750년까지 약 200년간 15mm밖에 커지지 않았다. 소리 구멍의 크기가 바이올린 소리에 영향을 준다는 것을 루시어들이 떠올릴 수 있었다면 더 빨리 변화가 나타났어야 했다. 하지만 바이올린 제작 과정에서 다른 차이도 여러 가지가 있을 수 있고, 그중 어떤 것도 음량과 음색에 영향을 미칠 수 있으므로 바이올린의 성능을 끌어올리는 차이가 정확히 무엇인지 알아내기 어려웠을 것이다.

둘째, 이론적 관점에서 보면 다니엘 데넷이 말하는 포퍼리안 유기체와 스키너리안 유기체의 차이가 실제보다 더 극명할 수 있다. 이와 관련해 스키너는 다음과 같이 주장했다. "적절한 행동과학은 생리적 매개체로서가 아니라 행동 자체의 일부로서 유기체의 피부 안에서 일어나는 사건을 고려해야 한다. 그 사건들에 어떤 특별한 성질이 있거나 어떤 특별한 방식으로 알려야 한다고 생각하지 않고 그 사건들을 다룰 수 있다. 피부는 경계로서 그다지 중요한 의미가 없다. 공적 사건과 사적 사건은 같은 종류의 물리적 차원을 갖는다." (Skinner, 1969)

행동주의 분석에서 피부가 중요한 경계를 의미하지 않는다고 하는 주장은 논란의 소지가 많다. (Baum, 2011; Catania, 2011) 그러나 피부 안이 됐든 밖이 됐든 행동주의 분석의 기본 요소인 자극, 반응, 강화 인자 등이 예지력 없이 유기체의 행동을 제어할 수 있다는 것은 논란의 여지가 없다. 스키너가 피부를 경계로 고려하지 않는다고 해서 새로운 행동이나 새로운 발명품을 창조하는 과정에 계획이라는 개념을 끌어들일 필요는 없다.

설계란 정확히 무엇을 의미하는가?

설계design라는 단어는 수 세기에 걸쳐 여러 가지 의미를 얻었다. 그중 대부분 정의대로라면 우리는 앞에서 예시한 스물다섯 가지 사례에 제시된 독창적이고 적응적인 행위들은 설계로 이루어진 것들이 아니라고 결론 내릴 수밖에 없다. 바이올린 하나만 보더라도 여러 각도에서 살펴보았지만, 정확히 설계되어 만들어졌다고 말하기 어렵다. 수많은 루시어가 수백 년에 걸쳐 바이올린을 제작했다. 하지만 그 행위는 오늘날 말하는 설계의 의미에 부합한다고 볼 수 없다.

'설계하다'라는 동사의 두 가지 의미를 살펴보자. 첫째, 초안, 개요, 견본, 혹은 계획에 따라 무언가를 만들거나 구성한다는 의미다. 하지만 17~18세기 바이올린들은 지금처럼 상세한 설계도나 컴퓨터 초안에 따라 제작되지 않았다. 게다가 바이올린의 형태가 진화하려면 일반적인 형태와 다른 형태 변화에 대한 계획이 필요했을 것이다. 그렇다면 기계적 묘사 없이 어떻게 새로운 디자인을 예견하거나 그 디자인을 다음 세대의 루시어들에게 전달할 수 있었을까? 둘째, '설계하다'라는 단어는 마음속으로 무언가를 구성하거나 구상한다는 의미가 있다. 하지만 바이올린의 발전 과정에 그런 정신 작용이 관여했음을 제시할 만한 설득력 있는 증거는 없다.

인간은 바이올린 외에도 경첩, 다리, 컴퓨터, 비행기 등 많은 것들을 만든다. 인간이 한 종으로서 어떻게 그 많은 것들을 창조해왔는지는 과정과 역사의 문제다. 도킨스는 우리가 공학이라는 놀라운 기술이 지배하는 세상에 꽤 익숙해졌다는 사실에 주목했다. (Dawkins, 1986) 하지만 그런 기술이 어떻게 발생했는지 우리가 진지하게 이해하려고 노력할 때, 바로 그 익숙함은 지적 자기만족이라는 비참한 낙인으로 이어진다.

오늘날 비행기가 제작되는 과정을 한번 생각해보자. 도킨스는 그 과정을 이렇게 설명한다.

우리는 비행기의 작동 원리를 완벽하게 이해하지 못해도 일반적으로 어떤 과정을 거쳐 만들어지는지 잘 안다. 먼저 비행기 설계자가 제도판 위에 비행기를 설계한다. 그런 다음 다른 사람들이 그 설계도대로 부품을 만들고, (인간이 설계한 다른 기계들의 도움을 받아) 올바른 위치에 각각의 부품들을 고정하고 결합하고 나사를 조여 완성한다. 비행기가 만들어지는 과정은 인간에 의해 이루어지므로 기본적으로 신비롭지 않다. 설계도대로 부품을 조립하는 방식은 우리가 잘 알기 때문이다.

비행기의 역사를 조금이라도 아는 사람은 이 설명이 얼마나 무의미한지 알 것이다. 도킨스는 비행기의 기원이 아닌 오늘날 비행기의 제조 방식으로 설명을 시작한다. 바이올린이 됐든 다른 뭐가 됐든 어떤 특별한 목적을 위해 만들어진 물건, 장치, 발명품들의 기원과 발전을 설명하고자 한다면 이런 식의 단순하고 비역사적인 접근은 어떤 식으로든 도움이 되지 않을 것이다.

바이올린과 비행기의 발전 뒤에 숨어 있는 진짜 이야기를 알고 싶다면 루시어들과 항공 기술자들의 행위에 대한 이해가 필요하다. 그래서 행동과학자들이 필요하다. 그들은 면밀하게 수집되고 분석된 증거자료들로 인간이 만들고 행하는 많은 놀라운 것들의 발전을 올바르게 설명할 일관된 이론을 엮을 수 있다.

이 책의 사례는 얼마나 설득력이 있는가?

나는 이 책을 시작하기에 앞서 통찰력과 선견지명에 반하는 혁신적 행위의 기원에 관한 사례들이 실험실에서 나온 재미 없고 지루한 연구 결과에 집중하지 않고 독자들에게 더 효과적으로 전달될 이야기가 되기를 바라며 우리 주변에서 쉽게 접할 수 있는 실제 사례들에 초점을 맞추겠다고 했다. 이런 접근법을 통해 또 하나의 이야기가 아닌 새로운 이야기로써 창의력에 대한 과학적 이해의 수준을 높이고 싶었다. 그런

데 이 전략에는 한 가지 문제점이 있다. 그 문제점이 무엇일까?

　머튼은 이 책에 제시된 스물다섯 가지 사례처럼 증거가 이미 확보된 후에 제공되는 설명에 심각한 우려를 표했다. (Merton, 1945) 머튼의 설명대로라면 이런 방식의 설명은 '사후 해석'이 된다. 사후 해석의 문제점은 그것이 보고된 연구 결과와 일치해야 하므로 증거와 상충할 수 있다는 문제가 있다. 게다가 내 주장과 다른 상반된 해석들도 논쟁 중인 사실들을 효과적으로 설명할 수 있다는 문제가 있다. 따라서 사후 해석은 정말로 설득력이 있다기보다 그렇게 보이는 것일 수 있다.

　머튼의 우려는 일리가 있다. 나로서는 스포츠, 의학, 예술, 문화, 정치 등 다양한 분야에서 이루어진 혁신적인 사례들로 내 주장과 상반된 해석을 능가하는 행동과학적 접근법의 타당성을 증명하고 싶었다.

　또 하나 제기되는 우려는 선별의 문제가 있다. 앞에서 제시한 스물다섯 가지 사례들이 내 주장에 유리한 사례들로만 선별된 것일 수 있지 않냐는 것이다. 그 우려도 타당한 측면이 있다. 만약 내가 다른 사례들을 선택했다면 내 주장이 설득력을 얻지 못했을지도 모른다.

　하지만 나는 지난 15년간 내 주장의 타당성을 평가할 목적으로 충분한 역사적 정보를 제공하는 혁신적 행위의 사례들을 여러 분야에 걸쳐 조사하고 정리해왔다. 이 책에서는 스물다섯 가지 사례만 제시했지만 내 컴퓨터에는 훨씬 많은 사례가 저장되어 있다. 물론 내 의견에 반대하는 독자들의 의견도 나는 언제나 환영한다. 내 생각이 잘못될 수 있음을 인정할 준비가 되어있고 내 말이 무조건 옳다고 생각하지도 않는다.

　그런 의미에서 통찰력의 중요성을 증명했다고 알려지는 과학적 발견에 관한 유명한 일화를 마지막 사례로 소개하고자 한다. 벤젠의 화학 구조를 발견한 독일의 화학자 프리드리히 아우구스트 케쿨레 Friedrich August Kekule에 관한 이야기다. 벤젠은 일상에서 흔히 접할 수 있는 방향족 유기 화합물인데, 케쿨레의 증명으로 6개의 탄소 원자가 육각형 모양으로 연결된 구조임이 밝혀졌다.

1890년 독일화학협회가 케쿨레의 업적을 기리며 1865년 발표된 케쿨레의 논문을 기념하는 행사를 열었는데, 그 자리를 빌려 케쿨레가 벤젠의 화학 구조를 발견하게 된 비화를 공개했다. 앨버트 로덴버그에 따르면 벤젠의 화학 구조에 관한 케쿨레의 이야기는 창의력에 관한 심리학 저술에서 가장 많이 인용되는 일화다. 그 이야기는 다음과 같다. (Rothenberg, 1995)

저는 벨기에 겐트에 머무는 동안 도시 중심가에 있는 작은 아파트에서 지냈습니다. 서재 창문이 좁은 벽면을 마주하고 있어 낮에는 빛이 잘 들지 않았죠. 하지만 저는 낮에 거의 실험실에 붙어사니까 상관이 없었어요. 그날도 책을 쓰느라 서재에 앉아있는데 글이 잘 써지지 않더군요. 마음이 다른 데에 가 있으니까요. 그래서 의자를 벽난로 쪽으로 돌리고 앉아 잠시 눈을 붙였습니다. 그때 다시 눈앞에 원자들이 둥둥 떠다니기 시작했어요. 이번에는 작은 원자 그룹들이 뒤쪽에만 머물러 있었죠. 비몽사몽 간에 그런 모습을 여러 번 보다 보니 환영이 더 강렬하게 다가왔어요. 길게 줄을 이루었던 원자들이 점점 둥그런 모양으로 움직이더군요. 어? 그런데 자세히 보니 그 원자들이 뱀 모양을 하고선 자신의 꼬리를 물더니 저를 놀리듯 제 눈앞에서 빙글빙글 도는 게 아니겠습니까. 그 순간, 마치 벼락에 맞은 듯한 기분이 들었습니다. ⋯ 그 후로 곧장 제가 생각하는 가설의 결론을 확인하느라 꼬박 밤을 지새웠죠.

케쿨레의 이야기를 우리는 어떻게 이해해야 할까? 일부 학자들은 '뱀 꿈'이 벤젠의 구조를 밝혔다는 주장에 의문을 제기한다. (Rudofsky & Wotiz, 1988) 그들은 케쿨레가 1890년 벤젠 심포지엄에서 자신에게 감탄하는 청중의 기대에 부응하려고 지어낸 이야기라고 주장한다.

알란 J. 로크Alan J. Rocke는 케쿨레의 이야기를 좀 더 액면 그대로 받아들이는 쪽에 가깝다. (Rocke, 1985) 하지만 벤젠 구조의 발견에 관한 꿈 이야기를 완전히 다른 각도에서 바라본다. 갑작스럽고 혁명적인 발견이 아니라 지속적이고 점진적인 발전으로 보는 관점이다.

로크의 분석은 일반적인 의견으로 시작했다. "케쿨레의 이야기는 갑작스러운 영감, 심지어 꿈이나 환영으로 과학 분야의 비약적인 발전을 이룬 특이한 사례로 종종 묘사된다." 로크는 이어서 체계적이고 신중하게 다음과 같은 관점을 제시했다. "벤젠 학설은 대부분 사람의 설명이나 문맥을 벗어난 뱀 꿈 이야기의 원래 의도와 달리 완성된 형태, 혹은 완성 비슷한 형태로 케쿨레의 무의식 상태에 저절로 나타난 것이 아니다. 케쿨레가 무의식 상태에서 떠올린 개념은 기껏해야 고리 개념인데, 이는 완전히 새로운 개념은 아니었다." (Rocke, 1985)

로크는 케쿨레가 벤젠의 구조를 발견하는 데 기초가 된 많은 이전의 사례와 뱀 꿈을 꾸고 난 후 케쿨레가 한 중요한 연구와 노력을 자세히 서술한 후 마지막으로 다음과 같이 주장했다. "벤젠 학설은 아주 서서히 발전해왔다. 몇 년간 아주 힘겹게 조금씩 나아간 후에야 완전하게 체계가 잡힌 것이다." 다시 말해 케쿨레의 꿈 에피소드는 수많은 가설과 실험으로 이어진 긴 여정 중 한걸음에 불과했다.

로크는 케쿨레의 업적에 관해 새로운 분석을 시도하고 약 25년이 지난 후 과학 분야, 특히 화학 분야에서 시각화의 중요성을 다음과 같이 더 폭넓은 관점에서 제시했다. "인간의 정신은 생각보다 훨씬 더 시각적이고 훨씬 덜 언어적으로 작동한다. 케쿨레는 보통 사람의 범주를 넘어서는 특별한 사람이 아니라 눈에 보이지 않는 극미의 세계를 탐구하는 과학자들의 전형일지 모른다." (Rocke, 2010)

로크는 자신의 주장을 뒷받침하기 위해 케쿨레가 꿈 에피소드에 관해 몇 년 뒤 추가로 언급한 말을 인용한다. 그 시대의 학문 기조와 더불어 케쿨레 자신의 교육 이력을 강조하며 벤젠 고리를 발견한 과정의 본질에 관한 이야기였다. 1890년 벤젠 심포지엄 때 케쿨레는 "저의 독특한 교육 이력과 건축학교육의 영향 덕분에 제게는 가시성이 매우 중요했습니다. 제가 25년 전 뱀 꿈을 꾼 것은 공중에 떠다니던 화학과 관련된 생각의 씨앗이 제 머릿속에 있던 적절한 영양분을 찾았기 때문이었죠."라고 했다. 그로부터 2년 뒤 케쿨리는 '떠다니는 생각들'을 이렇게 말한다. "방식은 달랐겠지만 언제든 표현은 되었을 겁니다. … 하지만 그랬다면 '글로 된 화학'에 불과했겠죠. 건축가들만이 원자의 배열에 살아있는 공간 개념을 제공할 수 있으니까요." 케쿨레는 결국 남들보다 한발 앞서 나간 건축가였다고 할 수 있을 것이다.

자, 어떤가? 케쿨레의 뱀 꿈 이야기는 과학적 발견에 필요한 통찰력의 역할에 대해 가장 유명하고 가장 많이 이용되는 사례지만 관련 자료를 자세히 살펴보면 실상은 허탈하다.

케쿨레의 뱀 이야기를 마지막 사례로 소개한 것은 내 주장을 반박할 만한 사례로 가장 적절해 보였기 때문이다. 그래서 내 관점과 거의 일치하는 분석이 있다는 사실이 놀라웠다. 꿈에서 통찰력을 얻은 케쿨레의 사례에 대한 재평가를 통해 내 관점의 타당성을 다시 한번 확인할 수 있었다.

오늘도 성장하는
당신을 위해

이제 이 책의 마무리를 위해 이제까지 던져두었던 낚싯밥을 거두어들일 시간이 온 것 같다. 그렇다면 결국 우리는 혁신과 창의력의 우연적이고 즉흥적인 속성을 어떻게 받아들여야 할까?

BP사의 켄트 웰스 선임부사장은 사상 최악의 원유 유출 사고를 낸 후 "시행착오 속에서 배우고 성장하겠다."라고 고개 숙여 말했고, 오랜 도전 끝에 완전 비경구 영양법을 개발한 스탠리 두드릭은 "새로운 방법을 시도하는 과정에서 기존 지식을 수정하고 다시 배움을 얻는다."라고 했다. 데비 브릴은 높이뛰기 역사에서 누구도 시도해보지 않은 기술을 터득할 때 "연습을 통해 스스로 방법을 찾아야 했다."라고 털어놓았다.

내가 마지막으로 하고 싶은 말은 다음 세 가지다. 첫째, 우리는 미래를 예측하고 통제할 수 있다고 믿고 싶지만 삶은 원래 예측이 불가능하다. 때로는 뜻밖의 순간에 예고 없이 시련을 안기기도 한다. 경기 중 사고로 영구 장애를 얻은 잭 웨스트로프, 내셔널리그 1위 팀에서 꼴찌 팀으로 한순간에 트레이드 당한 글렌 버크, 대공황의 여파로 외과 의사의 꿈을 접어야 했던 버지니아 아프가, 스페인 냉전으로 고향을 떠날 수밖에 없었던 이그나시오 폰세티가 모두 그런 경우였다. 우리는 미래를 예측하고 대비하기 위해 최선을 다하겠지만 예상치 못한 위기의 순간이 오면 그 상황에 맞게 우리의 행동을 계속 수정해 나가야 한다. 그렇지 않으면 인생의 어떤 장기적인 결실도 즐기기 힘들다.

둘째, 적어도 현재의 내 행동은 과거의 경험이 영향을 줄 확률이 높다. 과거의 경험을 활용하지 않는다면 미래를 예측하고 준비할 토대가 없는 것과 같다.

셋째, 과거와 미래의 복잡한 상호 작용은 인간의 적응적 행동 메커니즘에 매우 중요한 역할을 한다. 인간과 동물의 뇌는 자연이 주는 수많은 도전과 시련에 맞서기 위해 진화해왔다. 현대 과학은 그런 인간의 행동 메커니즘을 끊임없이 조명함으로써 자연법칙에 순응해야 하는 인간의 숙명을 강조하고 있다.

인간은 주어진 삶에 부딪히며 성장할 수밖에 없는 존재인가? 내 대답은 '그렇다'이다. 하지만 이런 현실에 너무 겁먹을 필요는 없다. 우리는 지적이고 적응력이 뛰어난 존재다. 파도에 휩쓸려 이리저리 떠다니는 부표 같은 존재가 아니다. 우리는 모험과 기회로 가득한 세상에 익숙해져야 한다. 성공한다는 보장은 없지만, 그때마다 상황에 맞는 융통성 있는 대처로 확률을 높일 수는 있다. 어쩔 수 없이 따르는 시행착오가 무모하고 불필요한 과정처럼 느껴질 수 있다. 하지만 우리는 그 과정 덕분에 분명히 성장할 것이고 비웃음과 조롱이 아닌 선망의 대상에 한 걸음 더 다가가게 될 것이다. 결정적으로 이 책에서 보여준 바로 그 혁신적 행위를 이루어내는 데 도움이 될 것이다.

혁신과 창조력의 원천을 완벽하게 설명하고 이해하기는 어렵다. 하지만 내가 이 책에서 말한 대로 상황, 결과, 우연의 힘이 중요하게 작용한다는 것을 이해했다면 천재성이나 예지력 같은 단어가 떠오를 때 다시 한번 생각해 보기 바란다.

마지막으로 이 책의 결론에 어울릴 만한 노래 한 곡을 소개한다. 아카데미, 토니, 그래미를 모두 정복한 뮤지컬 계의 거장 작곡가이자 작사가인 스티븐 손드하임Stephen Sondheim의 〈푸팅 잇 투게더Putting It Together〉이다. 손드하임의 대표곡 중 하나인 이 노래는 속사포처럼 쏟아지는 가사와 라임이 인상적인 곡이다. 이 노래의 핵심은 영감이나 천재성보다 '땀과 노력'이 중요하다는 것이다. 이 노래의 가사처럼 하나의 예술 작품을 창조하는 일은 상당한 시간과 노력, 끈기가 필요한 일이다. 먼저 단단한 받침대가 쌓여야 하고 그 위에 벽돌을 한 장 한 장 쌓아 올리듯 노력을 쌓아야 한다. 꾸준히 배우고 성장해야 한다. 하지만 땀과 노력의 결과가 충분한 보상으로 돌아오지 않을 수 있다. 손드하임은 그 모든 과정이 실패로 돌아갈 수도 있지만, 창조력의 비밀은 바로 그 과정에 있다고 외친다.

예술만이 아니다. 우리의 삶도 마찬가지다. 삶은 언제나 불확실하고 불투명하다. 그렇기에 우리는 부단히 정진해야 한다. 우리의 삶을 있는 그대로 받아들이고 즐기자! 하지만 마음의 준비는 해두는 게 좋겠다. 평탄한 길만은 아닐 테니 말이다.

부록

감사의 말

감사하다는 뜻의 영어 단어 'acknowledge'는 '알다' 혹은 '인정하다'라는
뜻의 고대 영어 단어에서 기원했다. 이 책의 기원은 수십 년 전으로 거
슬러 오른다. 책이 완성되기까지 그만큼 오랜 시간이 걸렸다. 이 책이
지금의 모습을 갖추기까지 많은 사람의 도움을 받았다. 그들의 도움이
없었다면 이 책은 나오지 못했다는 것을 나는 안다. 그들 모두에게 이
지면을 빌려 정식으로 감사 인사를 전한다.

이 책은 1995년 마크 블럼버그라는 동료와 공동 집필한 논문에서
시작되었다. 윌리엄 페일리의 지적 설계와 동물 지능에 관한 논문이었
다. 우리는 그 논문에서 적응적이고 창의적인 행동에 관여하는 인간과
동물의 머리, 즉 정신에 의식적 설계자가 존재한다는 주장에 비판을 제
기했다. 이 의식적 설계자는 동물과 인간의 창조를 책임진 또 다른 설
계자, 즉 조물주와 닮은 점이 많다. 마크와 나는 2010년 다른 글에서 이
관점을 다시 한번 주장했다.

2009년 〈사이언스〉가 직립 자세와 비교해 엎드린 자세의 우수성
을 입증한 연구 결과를 발표했다. 그 기사를 접한 다른 동료 연구자인
레이레 카스트로가 내 연구의 깊이를 확장하는 차원에서 혁신적 행위

의 기원을 더 조사해보면 어떻겠냐고 내게 제안했다. 그도 나처럼 스토리텔링 방식이 창의력과 혁신에 대한 과학적 논의를 더 효과적으로 전달할 수 있다고 생각했다.

그 후 몇 년간 스토리텔링 방식을 적용한 글을 썼다. 그러는 동안 혁신적 행위의 기원에 관한 사례도 계속 수집했다. 최근 시사 문제나 역사적으로 중요한 발견으로 인정되는 행위나 사건의 기원과 발전 과정을 꾸준히 조사했고, 경마광인 사촌 론의 도움을 받기도 했다.

많은 사람이 이 책에 제시된 스물다섯 가지 사례를 쓰는 데 크고 작은 도움을 주었다. 그들에게 고마운 마음을 전하며 사례별로 도움을 준 이들의 이름은 아래와 같다.

포스베리 플롭 이야기: 마크 블럼버그, 팀 트라우어

접영 이야기: 마크 롱, 스티브 로, 밥 바니, 데이브 바니, 폴 뮬리

몽키 기승법 이야기: 마크 블럼버그

차등등자 기승법 이야기: 론 와서만, 제이슨 네프

하이파이브 이야기: 존 무알렘

폰세티 방식 이야기: 호세 모르쿠엔데, 조디 플러머트

치실 이야기: 장-밥티스트 레카

인형극 이야기: 바질 트위스트

문워크 이야기: 카렌 아돌프

스페인 축제 이야기: 레이레 카스트로, 베르나 케일

차이콥스키 이야기: 크리스토퍼 러셀, 윌리엄 라루 존스, 레이레 카스트로, 데이비드 와서만, 타레크 아부이사

바이올린 이야기: 닉 마크리스, 댄 칫우드, 데이비드 쇼언바움

블랙아웃 번호판 이야기: 폴 코르넬리우스

그 외 조니 휴즈, 잭 마르, 랄프 밀러, 마이클 사우더, 에릭 세리 등에도 감사의 마음을 전한다. 그들의 도움이 있었기에 이 책이 나올 수 있었다.

2018~2019년 이루어진 내 연구 노력을 인정해 경력 개발상을 준 리버럴 아츠 & 사이언스대학에도 진심으로 감사하다.

표지 그림은 접영의 창시자로 알려지는 잭 시그의 모습을 청동 양각 조각상으로 제작한 래리 나울런의 작품이다. 이 책에 실을 수 있게 허락해준 나울런에게도 감사함을 전한다.

마지막으로 2016년 와서만과 쿨렌(Wasserman & Cullen, 2016)의 글을 재편집해 이 책에 재인용하는 것을 허락해준 미국 심리학협회에도 고마운 마음을 전한다.

참고문헌

1부 서문

이 책을 읽기 위한 준비 작업

Enfield, N. (2018, July 19). Our job as scientists is to find the truth. But we must also be storytellers. *The Guardian*.

Gottlieb, A. (2012, September 10). It ain't necessarily so. *The New Yorker*. www. newyorker.com/magazine/2012/09/17/it-aint-necessarily-so

Lattal, K. A. (1998). A century of effect: Legacies of E. L. Thorndike's *animal intelligence* monograph. *Journal of the Experimental Analysis of Behavior, 70*, 325-336.

Menand, L. (2015, November 15). The elvic oracle. *The New Yorker*. www. newyorker.com/magazine/2015/11/16/the-elvic-oracle

Mischel, W. (2014). *The marshmallow test: Mastering self-control*. New York, NY: Little, Brown.

Rosenbaum, D. A., and Janczyk, M. (2019). Who is or was E. R. F. W. Crossman, the champion of the Power Law of Learning and the developer of an influential model of aiming? *Psychonomic Bulletin & Review, 26*, 1449-1463.

Rung, J. M., and Madden, G. J. (2018). Experimental reductions of delay discounting and impulsive choice: A systematic review and meta-analysis.

Journal of Experimental Psychology: General, 147, 1349-1381.

Schwartz, B., Wasserman, E. A., and Robbins, S. J. (2002). *Psychology of learning and behavior* (5th ed.). New York, NY: W. W. Norton & Company.

Skinner, B. F. (1953). *Science and human behavior*. New York, NY: Macmillan.

Wasserman, E. A. (2019). Precrastination: The fierce urgency of now. *Learning & Behavior, 47*, 7-28.

스물다섯 가지 사례를 소개하며

Colin, T. R. and Belpaeme, T. (2019). Reinforcement Learning and insight in the artificial pigeon. *CogSci: Annual Meeting of the Cognitive Science Society*, 1533-1539.

Cook, R. and Fowler, C. (2014). "Insight" in Pigeons: Absence of means-end processing in displacement tests. *Animal Cognition, 17*, 207-220.

Epstein, R. (1981). On pigeons and people: A preliminary look at the *Columban Simulation Project. The Behavior Analyst, 4,* 44-53.

Epstein, R. (1985). Animal cognition as the praxis views it. *Neuroscience & Biobehavioral Reviews, 9*, 623-630.

Scarf, D. and Colombo, M. (2020). Columban Simulation Project 2.0: Numerical competence and orthographic processing in pigeons and primates. *Frontiers in Psychology, 10*, 3017.

Shettleworth, S. J. (2012). Do animals have insight, and what is insight anyway? *Canadian Journal of Experimental Psychology, 66*, 217-226.

2부 혁신적 행위의 기원을 밝히는 스물다섯 가지 사례

1장 스포츠 관련 이야기

첫 번째 이야기
모두가 비웃던 높이뛰기 기술, 표준이 되다!

Anonymous (1937). 1937년 베를린에서 하인리히 라첸 선수가 가위 뛰기하는 사진. 2010년 10월 19일 자 검색. https://commons.wikimedia.org/wiki/File:Bundesarchiv_Bild_183-C10378,_Hermann_Ratjen_alias_%22Dora_Ratjen%22.jpg

Anonymous (1952). 에스더 브랜드 선수가 1952년 헬싱키 올림픽에서 스트래들 방식으로 높이뛰기 하는 사진. 2010년 10월 19일 자 검색. https://it.wikipedia.org/wiki/Esther_Brand#/media/File:Esther_Brand_1952.jpg

Burnton, S. (2012, May 8). 50 Stunning Olympic Moments: No28: Dick Fosbury Introduces 'the Flop.' *The Guardian*. www.theguardian.com/sport/blog/2012/may/08/50-stunning-olympic-moments-dick-fosbury

Cummings, R. (1998, May 23). A Quantum Leap Backward. *The Missoulian*. https://missoulian.com/a-quantum-leap-backward/article_36a8f0f2-872b-5ce9-8467-a80be50ef07a.html

Hoffer, R. (2009, September 14). The Revolutionary. *Sports Illustrated* https://vault.si.com/vault/1004226#&gid=ci0258bf761003278a&pid=1004226-062-image

Kommer, R. (Photographer). (1972). 데비 브릴 선수가 1972년 독일 에센에서 브릴 벤드 뛰기를 하는 장면. 2020년 10월 19일 자 검색. https://commons.wikimedia.org/wiki/File:Debbie_Brill_1972_b.JPG

Olympic (n.d.) 딕 포스베리 높이뛰기의 역사를 바꾸다 - *1968년 올림픽에서 딕 포스베리가 포스베리 플롭 뛰기로 높이뛰기 하는 장면.* 유튜브. 2010년 10월 19일 자 검색. www.youtube.com/watch?v=9SlVLyNixqU

Spikes (2014, November 28). Floppin' Heck! [딕 포스베리와 나눈 인터뷰 수록].

https://spikes.worldathletics.org/post/dick-fosbury-tells-spikes-why-its-called-the

Trower, J. (2018, October 19). Fosbury: A Beautiful Mind? *Medford Mail Tribune.* https://mailtribune.com/sports/community-sports/fosbury-a-beautiful-mind

Turnbull, S. (1998, October 18). Jumper Who Turned Top of the Flops. *The Independent.* www.independent.co.uk/sport/athletics-jumper-who-turned-topof-the-flops-1179100.html

Verschoth, A. (1971, February 22). She Gets Her Back Up. https://vault.si.com/vault/1971/02/22/she-gets-her-back-up

두 번째 이야기
접영의 역사를 조명하다

Armbruster, D. A. and Sieg, J. G. (1935). The dolphin breast stroke. *The Journal of Health and Physical Education, 6:4,* 23-58. https://doi.org/10.1080/2326724 0.1935.10620880

Barney, D. E. and Barney, R. K. (2008). A long night's journey into day. *Journal of Olympic History, 16,* 12-25.

Bartlett, J. (2015, April 16). How Much Should We Trust Wikipedia? *The Daily Telegraph.* www.telegraph.co.uk/technology/wikipedia/11539958/How-much-can-we-trust-Wikipedia.html

Buchanan, J. (2017, May 25). The Butterfly: A Complex History for a Complex Stroke. *Swimming World.* www.swimmingworldmagazine.com/news/the-butterfly-a-complex-history-for-a-complex-stroke/

Doezema, M. (2016, August 11). The Murky History of the Butterfly Stroke. *The New Yorker.* www.newyorker.com/news/sporting-scene/the-murky-history-of-the-butterfly-stroke

Larcom, G. C., Jr. (1936, October). Frog, Butterfly, and Dolphin. *Esquire.* www.ishof.org/assets/1936-history-of-swimming-stokes.pdf

Weber, I. B. (1979, September 22). Too Bad the Fieldhouse Pool Can't Tell Its Story. *Iowa City Press Citizen.*

세 번째 이야기
엉덩이를 들고 달리는 몽키 기승법의 탄생

Cameron, J. (Artist). (1872). 몽키 기승법이 나오기 전에 일반적으로 사용된 수직 경마 자세. *Harry Bassett and Longfellow at Saratoga, New York, July 16, 1872 (and) at Long Branch, New Jersey, July 2, 1872* [포스터]. 2020년 10월 19일 자 검색. https://commons.wikimedia.org/wiki/File:Harry_Bassett_and_Longfellow_at_Saratoga,_N.Y.,_July_16th_1872_(and)_at_Long_Branch,_N.J.,_July_2nd_1872._LCCN2002695833.jpg

Cox, H. (1922). *Chasing and racing: Some sporting reminiscences.* New York:Dutton.

Dizikes, J. (2000). *Yankee doodle dandy: The life and times of Tod Sloan.* New Haven, CT: Yale University Press.

Giles, G. D. (Artist). (1899). 미국인 기수 토드 슬론의 캐리커처. [삽화]. 2020년 10월 19일 자 검색. https://commons.wikimedia.org/wiki/File:Tod_Sloan_caricature.jpg

Holden, C. (2009, July 16). How the "Monkey Crouch" transformed horseracing. *Science.* https://www.science.org/content/article/how-monkey-crouch-transformed-horseracing

Pfau, T., Spence, A. J., Starke, S., Ferrari M., and Wilson, A. M. (2009). Modern riding style improves horse racing times. *Science, 325,* 289.

Riess, S. A. (2011). The American jockey, 1865-1910. *Transatlantica, 2.*

Sloan, T. (1915). *Tod Sloan: By himself.* New York: Brentano's.

Vanity Fair (1909). 하딩 에드워드 드 폰블랑크 콕스의 캐리커처. 2020년 10월 19일 자 검색. https://commons.wikimedia.org/wiki/File:Harding_Edward_de_Fonblanque_Cox,_Vanity_Fair,_1909-09-01.jpg

Watson, A. E. T. (1899). Racing, Past and Future. *Badminton Magazine, 8,* 26-27.

더 볼 만한 자료

- Asleson, R. (n.d.). Tod Sloan: Jockeying to fame in the 1890s. Face to Face: A Blog from the National Portrait Gallery. https://npg.si.edu/blog/tod-sloan-jockeying-fame-1890s

네 번째 이야기
코너 회전력을 높인 차등등자 기승법

Arcaro, E. (1957, June 24). The Art of Race Riding: Part 2 "Pre-Race," *Sports Illustrated*. www.racehorseherbal.com/Arcaro1.html

Harzmann, C. (2002, August 3). Jack Westrope: Quiet Little Man. *The Blood-Horse*. www.bloodhorse.com/horse-racing/articles/10803/Jackie-westrope-quiet-littleman

Hovdey, J. (2002, March 13). Hall has unfinished business. *Daily Racing Form*. Retrieved December 25, 2012.

Neff, M. (2015). *Stylin': Reviving the lost art of race riding*. Osprey, FL: Shoot From the Hip Publishing.

Simon, M. (2002, August 3). Stars for all time: Jackie Westrope. *Thoroughbred Times*.

Smith, R. (1958, June 17). Jackie Westrope didn't need help. *New York Herald Tribune*. http://news.google.com/newspapers?nid=2194&dat=19580627&id=0BAwAAAAIBAJ&sjid=V98FAAAAIBAJ&pg=6922,2411622

더 볼 만한 자료

- AP report. http://news.google.com/newspapers?nid=888&dat=19580621&id=ININAAAAIBAJ&sjid=UXYDAAAAIBAJ&pg=3963,191830
- Historycomestolife (2011). 잭 웨스트로프의 비극적인 사고 모습 - *1958년* [영상]. www.youtube.com/watch?feature=player_embedded&v=EEuh5Powpo0

- Old Timey Race Riding. http://racehorseherbal.net/racehorseherbal.com/
  blog/raceriding/old-timey-race-riding/

다섯 번째 이야기
승리의 하이파이브는 언제부터 시작했을까?

노래 목록

다음은 다섯 번째 이야기의 소제목으로 사용된 노래 목록이다.

- 〈One! Singular Sensation〉 A Chorus Line. www.youtube.com/
  watch?v=PJR4E-p_QqI
- 〈One Fine Day〉 The Chiffons. www.youtube.com/
  watch?v=CDGz4aoYxT4
- 〈Celebrate Good Times… Come On〉 Kool & the Gang. www.youtube.
  com/watch?v=fA0f7lkefww
- 〈Baby, What a Big Surprise〉 Chicago. www.youtube.com/
  watch?v=w0xcr93xx3A
- 〈More Than a Feeling〉 Boston. https://www.youtube.com/
  watch?v=ufQUxoidxkM
- 〈One Is the Loneliest Number〉 Three Dog Night. www.youtube.com/
  watch?v=HNjEPHvDxZQ
- 〈Still the One〉 Orleans. www.youtube.com/watch?v=SdfW_2frXnE
- 〈They Can't Take That Away from Me〉 Irving Berlin. www.youtube.com/
  watch?v=Wd7CZybUZWw

참고문헌

Banks, A. (2016, July 5). How the Los Angeles Dodgers Birthed the "High-Five."
The Hundreds. https://thehundreds.com/blogs/content/los-angeles-dodgers-
high-five-glenn-burke

Burke, G. and Sherman, E. (1995). *Out at home: The true story of Glenn Burke, baseball's
first openly gay player.* New York: Berkley Books.

Crockett, Z. (2014, July 23). The Inventor of the High Five. *Priceonomics.* https://priceonomics.com/the-inventor-of-the-high-five/

Frey, J. (1994, October 18). Once a Promising Ballplayer, Glenn Burke Is Dying of AIDS. *The New York Times.* https://archive.nytimes.com/www.nytimes.com/library/sports/baseball/090699bbo-bean-burke.html

Jacobs, M. (2014). *The High Five.* ESPN 30-for-30. Grantland feature film. http://grantland.com/features/30-for-30-shorts-high-five-invention-glenn-burke/

Mooallem, J. (2011, August 8). History of the High Five. *ESPN The Magazine.* www.espn.com/espn/story/_/page/Mag15historyofthehighfive/who-invented-high-five

Newhan, R. (1977, October 3). The Gang of Four. *Los Angeles Times.* https://search.proquest.com/docview/158375442/7E3E1A3335F48C9PQ/68?accountid=14663

Shirley, B. (1977, October 6). Baker Gets Hit of Year and Dodgers Are Even. *Los Angeles Times.* https://search.proquest.com/docview/158309744/fulltextPDF/E69F864ABF7F4B26PQ/1?accountid=14663

Smith, M. J. (2013, May 8). The Double Life of a Gay Dodger. *Deadspin.* https://deadspin.com/the-double-life-of-a-gay-dodger-493697377

더 볼 만한 자료

• Glenn Burke Cut Down by Hypocrisy, AIDS. (1995, June 1). *SFGate.* www.sfgate.com/sports/article/Glenn-Burke-cut-down-by-hypocrisy-AIDS-3144951.php

2장 의학 관련 이야기

여섯 번째 이야기
수백만 명의 아기를 살린 아프가 점수

Apgar, V. (2015). A proposal for a new method of evaluation of the newborn infant. *Anesthesia & Analgesia, 120,* 1056-1059 (Original work published 1953).

Baskett, T. (2019). Apgar, Virginia (1909-1974): Apgar Score. In *Eponyms and names in obstetrics and gynaecology (5-6).* Cambridge: Cambridge University Press.

Calmes, S. H. (2015). Dr. Virginia Apgar and the Apgar Score: How the Apgar Score came to be. *Anesthesia & Analgesia, 120,* 1060-1064.

Changing the Face of Medicine. Dr. Virginia Apgar. (n.d.). National Institutes of Health. https://cfmedicine.nlm.nih.gov/physicians/biography_12.html

Colon-Morales, M. A. (1971). Apgar-Score timer. *Anesthesia & Analgesia, 50,* 227.

The Life and Legacy of Virginia Apgar '29 (2014, July 14). Alumnae Association, Mount Holyoake College. https://alumnae.mtholyoke.edu/blog/the-life-and-legacy-of-virginia-apgar-29/

The National Foundation-March of Dimes (1959). 아프가 점수를 시연하는 버지니아 아프가의 모습 [사진]. 2020년 10월 19일 자 검색. https://profiles.nlm.nih.gov/spotlight/cp/catalog/nlm:nlmuid-101584647X51-img

Smiley, R. M. (2018). Interviewed for: It Happened Here: The Apgar Score. *Health Matters.* New York-Presbyterian. https://healthmatters.nyp.org/apgar-score/

www.youtube.com/watch?v=dxz7qhIXBHc

Virginia Apgar. Biographical Overview (n.d.). *Profiles in Science.* U.S. National Library of Science. https://profiles.nlm.nih.gov/spotlight/cp/feature/biographical-overview

Wong, C. A. and Shafer, S. L. (2015). Dittrick's missing editorial about Apgar's Score. *Anesthesia & Analgesia, 120,* 962.

Yount, L. (2008). *A to Z of women in science and math.* New York: Facts on File (Original

Work published 1999).

일곱 번째 이야기
2400년을 거슬러 재발견된 치료법, 폰세티 방식

Bergerault, F., Fournier, J., and Bonnard, C. (2013). Idiopathic congenital clubfoot: Initial treatment. *Orthopaedics & Traumatology: Surgery & Research, 995,* S150-S159.

Brachet, Y. (Photographer). (2005). 양발이 안으로 휘어진 내반족 아기의 다리 [사진]. 2020년 10월 19일 자 검색. https://commons.wikimedia.org/wiki/File:Pied_bot,_varus_%C3%A9quin_(bilateral).jpg

Dobbs, M. B., Morcuende, J. A., Gurnett, C. A., and Ponseti, I. V. (2000). Treatment of idiopathic clubfoot: An historical review. *Iowa Orthopaedic Journal. 20,* 59-64.

Dolmanrg (Photographer). (2008). 내반족의 깁스 치료가 끝나고 발의 모양을 유지하게 도와주는 데니스 브라운 보조기 [사진]. 2020년 10월 19일 자 검색. https://commons.wikimedia.org/wiki/File:Botas.JPG

Luttikhuizen, F. (2011). Professor Ignaci Ponseti i vives (1914-2009). *Contributions to Science. 7,* 205-214.

Morcuende, J. A., Egbert, M., and Ponseti, I. V. (2003). The effect of the internet in the treatment of congenital idiopathic clubfoot. *Iowa Orthopaedic Journal. 23,* 83-86.

Percas-Ponseti, H. (2007). *Homage to Iowa: The inside story of Ignacio Ponseti.* Iowa City, IA: The University of Iowa Printing Department.

Ponseti, I. V. (1996). *Congenital clubfoot: Fundamentals of treatment.* New York: Oxford University Press.

Sanzarello, I., Nanni, M., and Faldini, C. (2017). The clubfoot over the centuries. *Journal of Pediatric Orthopaedics B. 26,* 143-151.

Wilcox, C. (2003, February). A healing touch. *Iowa Alumni Magazine.*

Yapijakis, C. (2009). Hippocrates of Kos, the Father of Clinical Medicine, and asclepiades of bithynia, the Father of Molecular Medicine. *In Vivo, 23,* 507–514.

더 볼 만한 자료

- 폰세티 박사에 관한 〈로스앤젤레스타임스〉기사. www.latimes.com/nation/la-me-ignacio-ponseti27-2009oct27-story.html
- 발뼈 모형으로 내반족 치료법의 원리를 설명하는 폰세티 박사의 영상. https://vimeo.com/9546017
- 폰세티 방식에 쓰이는 정형외과용 장비. https://mdorthopaedics.easyordershop.com/easyorder/index
- 폰세티 박사에 관한 전기 자료. www.galeriametges.cat/galeria-fitxa.php?icod=LMJ#googtrans(calen)
- 폰세티 방식의 장점. https://magazine.foriowa.org/story.php?ed=true&storyid=1831

여덟 번째 이야기
질식사를 막는 응급처치법

Duckett, S. A., Velasquez, J., and Roten, R. A. (2020). *Choking.* National Center for Biotechnology Information Bookshelf. National Institutes of Health. www.ncbi.nlm.nih.gov/books/NBK499941/?report=printable

Francis, T. (2004). Playing Doctor. *Cleveland Scene,* October 27. www.clevescene.com/cleveland/playing-doctor/Content?oid=1488395

Heimlich, H. (n.d.). Historical Essay: The Heimlich Maneuver. *American BronchoEsophagological Association.* www.abea.net/historical-essay-the-heimlich-maneuver

Heimlich, H. J. (2016). *Heimlich's maneuvers: My seventy years of lifesaving innovation.* Amherst, NY: Prometheus.

Heimlich, P. M. (2019). *Outmaneuvered: How We Busted the Heimlich Medical Frauds.* http://medfraud.info/

Wong, J. (2019, January 23). Everything You Need to Know about Lamingtons, the Most Australian Cake. *ABC Life*. www.abc.net.au/life/everything-you-need-toknow-about-lamingtons-australian-cake/10720880

Yeung, J. (2020, January 26). A Woman Choked to Death Eating Australia's National Cake on the Country's National Day. *CNN*. www.cnn.com/2020/01/26/australia/australia-day-lamington-death-intl-hnk-scli/index.html

더 볼 만한 자료

- Radel, C. (2016, December 17). Dr. Henry Heimlich Dies at 96. *Cincinnati Enquirer*. www.cincinnati.com/story/news/2016/12/17/cincy-native-dr-henryheimlich-dies-96/95556716/

아홉 번째 이야기
정맥을 통한 영양 공급의 발견

Brody, J. E. (1977, November 25). Hospital Deaths Being Cut by Use of Intravenous Feeding Technique. *The New York Times*. www.nytimes.com/1977/11/25/archives/hospital-deaths-being-cut-by-use-of-intravenous-feeding-technique.html

Dudrick, S. J. (2003). Early developments and clinical applications of total parenteral nutrition. *Journal of Parenteral and Enteral Nutrition. 27*, 291-299.

Food and Agriculture Organization of the United Nations (2019). *The State of Food Security and Nutrition in the World*. www.fao.org/3/ca5162en/ca5162en.pdf

Kleiman, D. (1983, July 13). A Young Child Lives, a Hostage to Medicine. *The New York Times*. https://timesmachine.nytimes.com/timesmachine/1983/07/13/issue.html

Misericordia Faculty Research Brochure (2013, February 20). https://issuu.com/misericordiau/docs/facultyresearchbrochure_2013

Sanchez, J. A. and Daly, J. M. (2010). A Paradigm Shift. *Archives of Surgery. MD:*

145, 512-514.

Smith, H. (2020, March 4). Stanley Dudrick, Whose Surgical Technique Feeds Those Who Can't Eat, Dies at 84. *Washington Post.* www.washingtonpost. com/local/obituaries/stanley-dudrick-whose-surgical-technique-feeds-those-who-cant-eat-dies-at-84/2020/03/04/4b47f012-5e2a-11ea-9055-5fa12981bbbf_story.html

Tappenden, K. A., et al. (2020). Tributes to our first president and founding father, Stanley J. Dudrick, MD, FACS, FASPEN. *Journal of Parenteral and Enteral Nutrition, 44*, 159-171.

더 볼 만한 자료

- American Society for Parenteral and Enteral Nutrition - ASPEN (2020, January 19).

- *ASPEN Mourns the Loss of Its First President, Stanley J. Dudrick, MD, FACS.* www. nutritioncare. org/News/General_News/ASPEN_Mourns_the_Loss_of_ its_First_President,_Stanley_J__Dudrick,_MD,_FACS/

- Roberts, S. (2020, February 27). Dr. Stanley Dudrick, Who Saved Post-Surgical Patients, Dies at 84. *The New York Times.* www.nytimes. com/2020/02/27/science/dr-stanley-dudrick-dead.html

열 번째 이야기
시장 경쟁력을 높이는 약명에 주목하라

Cheng, C. (2018). Look-Alike, Sound-Alike Medication Names: The Role of Indications. *First Databank.* www.fdbhealth. com/insights/articles/2018-10-04-reducing-errors-from-look-alike-sound-alike-medication-names-the-role-of-indications

Collier, R. (2014). The Art and Science of Naming Drugs. *Canadian Medical Association Journal, 186*, 103. www.ncbi.nlm.nih.gov/pmc/articles/PMC4188646/pdf/1861053.pdf

Schultz, D. (2013, August 22). With a Name Like Xalkori. *Slate.* https://slate.com/technology/2013/08/drug-name-confusion-fda-regulations-and-pharma-create-bizarre-new-names.html

Scutti, S. (2016, November 25). Creation Engineering: The Art and Science of Naming Drugs. *CNN.* www.cnn.com/2016/11/25/health/art-of-drug-naming/index.html

Smith Marsh, D. E. (2018). Overview of Generic Drugs and Drug Naming. *Merck Manual, Consumer Version.* Kenilworth, NJ. www.merckmanuals.com/home/drugs/brand-name-and-generic-drugs/overview-of-generic-drugs-and-drug-naming#

The Science of Naming (2010). ixxéo Healthcare. www.ixxeo-healthcare.com/our-approach/the-science-of-naming

열한 번째 이야기
동물의 자가 치유력

Applequist, W. L. and Moerman, D. E. (2011). Yarrow *(Achillea millefolium L.):* A neglected panacea? A review of ethnobotany, bioactivity, and biomedical research. *Economic Botany, 65,* 209-225.

Barton, M. (2016, May 28). Imhotep - The First Physician. *Past Medical History.* www.pastmedicalhistory.co.uk/imhotep-the-first-physician/

Bos, N., Sundström, L., Fuchs, S., and Freitak, D. (2015). Ants medicate to fight disease. *Evolution, 69,* 2979-2984.

Brazier, Y. (2018, November 1). What Was Medicine Like in Prehistoric Times? *Medical News Today.* www.medicalnewstoday.com/articles/323556.php

de Roode, J. C., Lefèvre, T., and Hunter, M. D. (2013). Self-medication in animals. *Science, 340,* 150-151.

Hajar, R. (2015). History of medicine timeline. *Heart Views, 16,* 43-45.

Hardy, K., Buckley, S., and Huffman, M. (2016). Doctors, chefs or hominin animals? Non-edible Plants and Neanderthals. *Antiquity, 90,* 1373-1379.

Huffman, M. A. (2016). Primate self-medication, passive prevention and active treatment - A brief review. *International Journal of Multidisciplinary Studies, 3,* 1-10.

Kopp, D. (2019, October 15). Cyberchondriacs? Actually, Googling Their Symptoms Makes Patients More Informed. *Newsweek.* www.newsweek. com/doctor-google-webmd-cyberchondriacs-self-diagnosing-trust-doctors-1465443

Murphy, M. (2019, March 10). Dr Google Will See You Now: Search Giant Wants to Cash in on Your Medical Queries. *Daily Telegraph.* www. telegraph.co.uk/technology/2019/03/10/google-sifting-one-billion-health-questions-day/

Risse, G. B. (1986). Imhotep and medicine: A reevaluation. *Western Journal of Medicine, 144,* 622-624.

Shultz, D. (2019, August 8). Mystery Solved? Why Cats Eat Grass. *Science.* www. sciencemag.org/news/2019/08/mystery-solved-why-cats-eat-grass

Shurkin, J. (2014). Animals that self-medicate. *Proceedings of the National Academy of Science, 111,* 17339-17341.

Suza, W. (2019, November 14). Dwindling Tropical Rainforests Mean Lost Medicines Yet to Be Discovered in Their Plants. *The Conversation.* https:// phys.org/news/2019-11-dwindling-tropical-rainforests-lost-medicines.html

Velasquez-Manoff, M. (2017, May 18). The Self-medicating Animal. *The New York Times Magazine.* www.nytimes.com/2017/05/18/magazine/the-self-medicating-animal.html

Villalba, J. J., Miller, J., Ungar, E. D., Landau, S. Y., and Glendinning, J. (2014). Ruminant self-medication against gastrointestinal nematodes: Evidence, mechanism, and origins. *Parasite, 21,* 1-10.

Villalba, J. J., Provenza, F. D., Hall, J. O., and Lisonbee, L. D. (2010). Selection of tannins by sheep in response to gastrointestinal nematode infection. *Journal of Animal Science, 88,* 2189-2198.

더 볼 만한 자료

- Huffman, M. (2012). 동물의 자가 치료에 대한 마이클 허프만의 테드 강연 [영상]. TEDx Conference. www.youtube.com/watch?v= WNn7b5VHowM

열두 번째 이야기
시행착오 치료에서 맞춤 의학의 시대로

Barker, R. W. (2017). Is precision medicine the future of healthcare? *Personalized Medicine, 14,* 459-461.

Collins F. S. (1999). Shattuck kecture: Medical and societal consequences of the human genome oroject. *New England Journal of Medicine, 341,* 28-37.

Collins F. S. (2019, October 23). One Little Girl's Story Highlights the Promise of Precision Medicine. *NIH Director's Blog.* https://directorsblog.nih.gov/tag/cln7/

Joyner, M. J. and Paneth, N. (2019). Promises, promises, and precision medicine. *Journal of Clinical Investigation, 129,* 946-948.

Kanter, M. and Desrosiers, A. (2019). Personalized wellness past and future: Will the science and technology coevolve? *Nutrition Communication, 54,* 174-181.

Kim, J., et al. (2019). Patient-customized oligonucleotide Therapy for a Rare Genetic Disease. *New England Journal of Medicine, 381,* 1644-1652.

Kolata, G. (2019, October 10). Scientists Designed a Drug for Just One Patient. Her Name Is Mila. *The New York Times.* www.nytimes.com/2019/10/09/health/mila-makovec-drug.html

Konstantinidou, M. K., Karalangi, M., Panagopoulou, M., Fiska, A., and Chatzaki, E. (2017). Are the origins of precision medicine found in the *Corpus Hippocraticum? Molecular Diagnosis & Therapy, 22,* 601-606.

The Cost of Getting Personal: Editorial (2019). *Nature Medicine, 25,* 1797.

Woodcock, J., and Marks, P. (2019). Drug regulation in the era of individualized therapies. *New England Journal of Medicine, 381,* 1678-1680.

더 볼 만한 자료

- 밀라 미라클 재단 홈페이지. www.stopbatten.org/
- 〈맞춤 의학 저널〉홈페이지. www.mdpi.com/journal/jpm
- 맞춤 의료 연합 홈페이지. www.personalizedmedicinecoalition.org/

3장 위생 관련 이야기

열세 번째 이야기
데이터 시각화로 현대적 위생 개념을 도입한 백의의 천사

이그나스 제멜바이스

Cunningham, C. (2015, March 25). Communication: Semmelweis vs Florence Nightingale. *Systemic Views on Healthcare*. https://chacunningham.wordpress.com/2015/03/25/communication-semmelweis-vs-florence-nightingale/

Hempel, C. G. (1966). *Philosophy of natural science*. Englewood Cliffs, NJ: Prentice-Hall.

Kadar, N., Romero, R., and Papp, Z. (2018). Ignaz Semmelweis: The "Savior of Mothers." on the 200th anniversary of his birth. *American Journal of Obstetrics & Gynecology, 219*, 519-522.

Larson, E. (1989). Innovations in health care: Antisepsis as a case study. *American Journal of Public Health, 79*, 92-99.

Loudon, I. (2013). Ignaz Phillip Semmelweis' studies of death in childbirth. *Journal of the Royal Society of Medicine, 106*, 461-463.

Semmelweis, I. (2008). The etiology, concept and prophylaxis of childbed fever (Excerpts). *Social Medicine, 3*, 4-12. (Original work published 1861)

Tulodziecki, D. (2013). Shattering the myth of Semmelweis. *Philosophy of Science, 80*, 1065-1075.

Zoltán, I. (2020). Ignaz Semmelweis: German-Hungarian Physician. *Encyclopaedia Britannica*. www.britannica.com/biography/Ignaz-Semmelweis#ref268466

플로렌스 나이팅게일

Andrews, R. J. (2019, July 15). Florence Nightingale Is a Design Hero. *Medium.* https://medium.com/nightingale/florence-nightingale-is-a-design-hero-8bf6e5f2147

Bates, R. (2020, March 23). Florence Nightingale: A Pioneer of Hand Washing and Hygiene for Health. *The Conversation.* https://theconversation.com/florencenightingale-a-pioneer-of-hand-washing-and-hygiene-for-health-134270

Cook, E. (1914). *The life of Florence Nightingale.* London: Macmillan.

de Sá Pereira, M. P. (2018). Representation Matters. *Torn Apart: Reflections.* http://xpmethod.columbia.edu/torn-apart/reflections/moacir_p_de_sa_pereira_2.html

Dossey, B. M. (2000). *Florence Nightingale: Mystic, Visionary, Healer.* Philadelphia: Lippincott, Wilkins, Williams.

Duyckinick, E. A. (Artist). (circa 1873). 플로렌스 나이팅게일의 초상화. 2020년 10월 19일 자 검색. from https://commons.wikimedia.org/wiki/File:Florence_Nightingale.png

Foster, R. E. (2019). *Sidney Herbert: Too short a life.* Gloucester: Hobnob Press.

Grace, S. (2018). Nightingale-1858. *The Art of Consequences.* https://edspace.american.edu/visualwar/nightingale/

Gupta, S. (2020, May 10). Florence Nightingale Understood the Power of Visualizing Science. *Science News.* www.sciencenews.org/article/florence-nightingale-birthday-power-visualizing-science

Hedley, A. (2020, April). Florence Nightingale and victorian data visualisation. *Significance Magazine.*

Howe, K. (2016, August 12). "Like Light Shining in a Dark Place": Florence Nightingale and William Farr. *British Library: Science Blog.* https://blogs.bl.uk/science/2016/08/florence-nightingale-and-william-farr.html

Knopf, E. W. (1916). Florence Nightingale as statistician. *Publications of the American Statistical Association, 15,* 388-404.

Magnello, M. E. (2010). The statistical thinking and ideas of Florence Nightingale and Victorian politicians. *Radical Statistics, 102,* 17-32.

McDonald, L. (2010). *Florence Nightingale: The Crimean War.* Volume 14 of the Collected Works of Florence Nightingale. Waterloo, CA: Wilfrid Laurier University Press.

Nightingale, F. (1858). *Notes on matters affecting the health, efficiency, and hospital administration of the British army.* London: Harrison and Sons.

Schuyler, C. (2020). Florence Nightingale. In Nightingale, F. *Notes on Nursing: Commemorative Edition.* Philadelphia, PA: Wolters Kluwer. www.google.com/books/edition/Notes_on_Nursing/8Px9DwAAQBAJ?hl=en&gbpv=1&dq=constance+schuyler+florence+nightingale&pg=PT23&printsec=front cover

Stanmore, L. (1906). *Stanley Herbert, Lord Herbert of Lea: A Memoir.* New York: Dutton.

Thompson, C. (2016, July). The surprising history of the infographic. *Smithsonian Magazine.*

열네 번째 이야기
건강한 치아 관리법, 치실의 유래

Chernin, D. and Shklar, G. (2003). Levi Spear Parmly: Father of dental hygiene and children's dentistry in America. *Journal of the History of Dentistry, 51,* 15-18.

Dominy, S. S., et al. (2019). *Porphyromonas gingivalis* in Alzheimer's disease brains: Evidence for disease causation and treatment with Small-Molecule Inhibitors. *Science Advances, 5,* 1-21.

Duenwald, M. (2005, April 21). The Father of Floss. *The New York Times.*

Holmes, J. (2016, November 25). Flossing and the Art of Scientific Investigation. *The New York Times.*

Leca, J. B., Gunst, N., and Huffman, M. A. (2010). The first case of dental flossing by a Japanese Macaque *(Macaca fuscata)*: Implications for the determinants of behavioral innovation and the constraints on social transmission. *Primates, 51,* 13-22.

Pal, A., Kumara, H. N., Mishra, P. S., Velankar, A. D., and Singh, M. (2018). Extractive foraging and tool-aided behaviors in the wild nicobar LongTailed Macaque *(Macaca fascicularis umbrosus). Primates, 59,* 173-183.

Parmly, L. S. (1819). *A Practical Guide to the Management of the Teeth: Comprising a Discovery of the Origin of Caries, or Decay of the Teeth, with Its Prevention and Cure.* Philadelphia: Collins & Croft. https://collections.nlm.nih.gov/catalog/nlm:nlmuid-2566032R-bk

Saint Louis, C. (2016, August 2). Feeling Guilty about Not Flossing? Maybe There's No Need. *The New York Times.* www.nytimes.com/2016/08/03/health/flossing-teeth-cavities.html

Sanoudos, M. and Christen, A. G. (1999). Levi Spear Parmly: The apostle of dental hygiene. *Journal of the History of Dentistry, 47,* 3-6.

Wasserman, E. A. (2019). Precrastination: The fierce urgency of now. *Learning and Behavior, 47,* 7-28.

Watanabe, K., Urasopon, N., and Malaivijitnond, S. (2007). Long-Tailed Macaques use human hair as dental floss. *American Journal of Primatology, 69,* 940-944.

더 볼 만한 자료

- 미국치과협회 보도 자료 (2016, August 4). https://www.aegisdentalnetwork.com/news/2016/08/3/statement-from-the-american-dental-association-about-interdental-cleaners

- 치실과 알츠하이머 발병과의 관계에 관한 기사 (2019, June 5). *Good News Network.* www.goodnewsnetwork.org/good-dental-health-substantially-decreases-alzheimers-risk

- 구강 위생의 역사. www.historyofdentistry.net/dentistry-history/history-of-oral-hygiene/

- 팜리 가계의 역사. https://www.thefamilyparmelee.com/home.html
- 치실질하는 원숭이 영상. www.youtube.com/watch?v=lHvFFyz2az8&ab_channel=Discovery
- www.youtube.com/watch?v=YfiB88WmaII
- www.newscientist.com/article/2152868-watch-a-monkey-floss-its-teeth-with-abird-feather/
- www.bbc.com/news/av/science-environment-45459264/baboons-at-paignton-zoohave-been-filmed-flossing-their-teeth-with-bristles-and-hairs

열다섯 번째 이야기
남자들은 왜 면도를 시작했을까?

Oldstone-Moore, C. (2015). *Of beards and men: The revealing history of facial hair.* Chicago, IL: University of Chicago Press.

Rothschild, M. (2017, December 29). Things People Used to Shave with before Modern Razors. *Ranker.* www.ranker.com/list/history-of-shaving/mike-rothschild

Saxton, T. (2016, April 14). Hirsutes You Sir: But That Beard May Mean More to Men Than Women. *The Conversation.* https://theconversation.com/hirsutesyou-sir-but-that-beard-might-mean-more-to-men-than-women-56784

Tarantola, A. (2014, March 18). A Nick in Time. How Shaving Evolved over 100,000 Years of History. *Gizmodo.* https://gizmodo.com/a-nick-in-time-howshaving-evolved-over-100-000-years-1545574268

4장 예술, 오락, 문화 관련 이야기

열여섯 번째 이야기
예술 사진의 대가 안셀 애덤스

Adams, A. (1983). *Examples: The making of 40 photographs*. New York: Little, Brown and Company.

Adams, A. (1985). *Ansel Adams: An autobiography*. New York: Little, Brown and Company.

Alinder, M. S. (2014). *Ansel Adams: A biography*. New York: Bloomsbury.

Altman, D. (1992). *Hollywood East: Louis B. Mayer and the origins of the studio system*. New York: Tapley Cove Press.

Altman, D. (1993, February 7). STUDIO LOGOS; Leo the Lion Flunked Latin. *The New York Times*. www.nytimes.com/1993/02/07/arts/l-studio-logos-leo-the-lion-flunked-latin-815193.html

Andresky Fraser, J. (1993, January 17). What's in a Symbol? Not the Statue of Liberty. *The New York Times*. www.nytimes.com/1993/01/17/archives/film-whats-in-a-symbol-not-the-statue-of-liberty.html

Brower, K. (2002, June/July). Ansel Adams at 100. *The Atlantic*. www.theatlantic.com/magazine/archive/2002/07/ansel-adams-at-100/302533/

Dietz, H. (1974). *Dancing in the dark: Words by Howard Dietz: An autobiography*. New York: Quadrangle-New York Times.

Hannay, A. H. (1954). The concept of art for Art's Sake. *Philosophy*, 29, 44-53.

Hutchings, J. M. (1888). *In the Heart of the Sierras*. Oakland, CA: Pacific Press Publishing House. www.yosemite.ca.us/library/in_the_heart_of_the_sierras/in_the_heart_of_the_sierras.pdf

Russakoff, D. and Williams, J. (1983, July 3). The Critique. *The Washington Post*. www.washingtonpost.com/archive/politics/1983/07/03/the-critique/32064a44-add8-4ea1-8564-3c7eb09e79cb/

Senf, R. A. (2020). *Making a photographer: The early work of Ansel Adams*. New Haven,

CT: Yale University Press.

Spaulding, J. (1998). *Ansel Adams and the American landscape: A biography.* Berkeley, CA: University of California Press.

Turnage, W. (1980a). *Ansel Adams, Photographer.* www.anseladams.com/ansel-adams-bio/

Turnage, W. (1980b). *Ansel Adams: The Role of the Artist in the Environmental Movement.* www.anseladams.com/environmentalist/

West, K. (2013). *Ansel Adams.* New York: Chelsea House.

더 볼 만한 자료

- 하워드 디에츠. 작곡가 명예의 전당. https://web.archive.org/web/20160826195840/http://www.songwritershalloffame.org/index.php/exhibits/bio/C62
- 안셀 애덤스. 국제 사진 명예의 전당. https://iphf.org/inductees/ansel-adams/
- The Scribner Encyclopedia of American Lives (1998). *Volume One, 1981–1985.*
- *Howard Dietz Biography,* 233-234. New York: Charles Scribners.

열일곱 번째 이야기
세상에 없던 인형극을 만든 바질 트위스트는 '천재'일까?

Acocella, J. (2013, April 8). Puppet Love. *The New Yorker.* www.newyorker.com/magazine/2013/04/15/puppet-love

Acocella, J. (2018, March 23). The Return of Basil Twist's Underwater Puppet Show. *The New Yorker.* www.newyorker.com/magazine/2018/04/02/the-return-of-basil-twists-underwater-puppet-show

Brantley, B. (2018, April 4). Review: Head Tripping the Light Fantastic in 'Symphonie Fantastique.' *The New York Times.* www.nytimes.com/2018/04/04/theater/symphonie-fantastique-review-basil-twist.html

Harss, M. (2018, March 23). Basil Twist's Fantastic Feathered World (with Tinsel and Berlioz). *The New York Times*. www.nytimes.com/2018/03/23/arts/dance/basil-twist-symphonie-fantastique-here.html

Raymond, G. (2018, April 24). Revisiting the Past: An Interview with Master Puppeteer Basil Twist. *Slant*. www.slantmagazine.com/interviews/revisiting-the-past-an-interview-with-master-puppeteer-basil-twist/

Tilley, R. (2016). Basil Twist Uses Puppetry to Explore the Line between the Living and the Inanimate. https://research.uiowa.edu/impact/news/basil-twist-uses-puppetry-explore-line-between-living-and-inanimate

더 볼 만한 자료

- 〈환상교향곡〉 예고편. https://vimeo.com/248033993
- Master Puppeteer Basil Twist Revisits His 1998 Hit Show. www.timeout.com/newyork/theater/symphonie-fantastique
- Puppeteer Basil Twist at His Studio in the West Village. www.youtube.com/watch?time_continue=198&v=n1YatoKv3yU
- Puppetry Artist and Director Basil Twist, 2015 MacArthur Fellow. www.youtube.com/watch?v=TE9LBBrVaTw

열여덟 번째 이야기
문워크와 이족 보행의 기원

Adolph, K. E. and Franchak, J. M. (2016). The development of motor behavior. *WIREs Cognitive Science, 8*, 1-18.

Apollo Program Summary Report (JSC-09423). (1975). *National Aeronautics and Space Administration, Lyndon B.* Johnson Space Center, Houston, TX.

Bower, B. (2019, November 6). Fossils Suggest Tree-Dwelling Apes Walked Upright Long before Hominids Did. *Science News*. www.sciencenews.org/article/fossils-suggest-tree-dwelling-apes-walked-upright-long-beforehominids-did

Carvalho, S., Biro, D., Cunha, E., Hockings, K., McGrew, W. C., Richmond, B. G., and Matsuzawa, T. (2012). Chimpanzee carrying behaviour and the origins of human bipedality. *Current Biology, 22,* R180-R181.

Deaton, J. (2019, September 30). Ancient Ape Fossil Yields Surprising New Insights about Human Evolution. *NBC News.* www.nbcnews.com/mach/science/ancientape-fossil-yields-surprising-new-insights-about-human-evolution-ncna1055916

Gupta, S. (2019, September 10). Culture Helps Shape When Babies Learn to Walk. *Science News.*

Hewes, G. W. (1961). Food transport and the origins of hominid Bipedalism. *American Anthropologist, 63,* 687-710.

Hull, L. (2011, January 29). Monkeying Around: We Tell the Story of How Ambam the Walking Gorilla Took His First Steps to Global Fame. *Daily Mail.* www.dailymail.co.uk/news/article-1351612/Ambam-takes-steps-global-fame-gorilla-walks-like-man.html#ixzz1MZRN6jrm

Shapiro, L. J., Cole, W. G., Young, J. W., Raichlen, D. A., Robinson, S. R., and Adolph, K. E. (2014). Human quadrupeds, primate quadrupedalism, and Uner Tan Syndrome. *PLoS ONE, 9,* e101758.

Shayler, D. J. (2004). *Walking in Space: Development of Space Walking Techniques.* New York: Springer-Praxis.

더 볼 만한 자료

- 직립 보행하는 암밤의 모습. www.youtube.com/watch?v=CrQf6cogMuI
- 빌 베일리가 1955년 무대를 퇴장할 때 문워크와 비슷한 춤 동작을 보이는 모습. www.youtube.com/watch?v=pwtutU2Wg0g
- 버즈 올드린이 달 표면을 걷는 장면. www.youtube.com/watch?v=qzYfwHr_62g
- 캡 캘러웨이가 1932년 단편 만화 오프닝에서 뒤로 미끄러지는 춤 동작을 선보이는 모습. www.youtube.com/watch?v=N7VUU_VPI1E

- 데이비드 보위가 1974년 콘서트에서 문워크와 비슷하게 춤추는 모습. www.youtube.com/watch?v=4LWiqTEwIJM
- 아폴로 17호의 진 서넌과 잭 슈미트 www.youtube.com/watch?v =8V9quPcNWZE&feature=PlayList&p=D657D5397CA0BCD7&playnex t=1&playnext_from=PL&index=14
- 제프리 다니엘이 1982년 〈톱 오브 더 팝스〉에서 보인 춤 동작. www.youtube.com/watch?v=iG2YB9pp484
- 직립 보행하는 수컷 고릴라인 루이스. www.cbsnews.com/news/louis-gorilla-philadelphia-zoo-walks-upright/
- Michael Didn't Invent the Moonwalk but Made it Immortal. https://midfield.wordpress.com/2009/07/02/michael-didnt-invent-the-moonwalk-but-made-it-immortal/
- 달에 첫발을 디딘 닐 암스트롱의 모습. www.youtube.com/watch?v=5Hq 0HueNltE&feature=PlayList&p=77D8267CE5EC5575&index=0

열아홉 번째 이야기
연극과 관련된 단어들의 유래

말라프로피즘MALAPROPISM

Adams, J. Q. (1910). *Introduction to The Rivals by Richard Brinsley Sheridan.* New York: Houghton Mifflin. www.google.com/books/edition/The_Rivals/9xJ MAAAAMAAJ?hl=en&gbpv=1&bsq=tryfort

Bradford, W. (2020, January 9). Mrs. Malaprop and the Origin of Malapropisms. *ThoughtCo.* www.thoughtco.com/mrs-malaprop-and-origin-of-malapropisms-3973512

Hicks, D. (2016, May 23). Thirty Malapropisms. *Paris Review.* www.theparisreview. org/blog/2016/05/23/thirty-malapropisms/, www.theparisreview.org/ blog/2016/05/31/thirty-malapropisms-the-answers/

Hoppner, J. (Artist) (n.d.). 리처드 브린슬리 셰리던의 초상화. [그림]. 2020

년 10월 19일 자 검색 https://commons.wikimedia.org/wiki/File:John_
Hoppner_-_Portrait_of_a_Gentleman,_traditionally_been_identified_as_
Richard_Brinsley_Sheridan.jpg

이그노라무스IGNORAMUS

Bailey, S. (2009). The Hanging of the Clerks in 1209. http://news.bbc.co.uk/
local/oxford/low/people_and_places/history/newsid_8405000/8405640.
stm

Money, D. K. (2014). George Ruggle. *Oxford Dictionary of National Biography*.

Riddell, W. R. (1921). "Ignoramus" or the War of the Gowns. *American Bar Association Journal, 7*, 109-112. www.jstor.org/stable/25700798

Sutton, D. F. (2014). *Introduction to Ignoramus by George Ruggle.* www.philological.
bham.ac.uk/ruggle/intronotes.html#5, www.philological.bham.ac.uk/
ruggle/

The Shakespeare Society of New York (1910). *New Shakespeareana.* https://books.
google.com/books?id=9QcLAAAAYAAJ&pg=PA54&lpg=PA54&dq=Fr
ancis+Brackin&source=bl&ots=wv1ZtrgkWS&sig=ACfU3U3gfD9N0hh
aKP27wjbOzrZc1elPbQ&hl=en&sa=X&ved=2ahUKEwjQ-_mviYTqAhU
OTTABHZi4CPMQ6AEwCHoECAoQAQ#v=onepage&q=Francis%20
Brackin&f=false

Tucker, E. F. J. (1977). *Ruggle's Ignoramus* and Humanistic Criticism of the
Language of the Common Law. *Renaissance Quarterly, 30*, 341-350. www.
jstor.org/stable/2860050

로봇(Robot)

Adelaide Robotics Academy (n.d.). *Who Did Invent the Word "Robot" and What Does
It Mean?* www.roboticsacademy.com.au/who-invented-the-word-robot-and-
what-does-it-mean/

Anonymous (n.d.). 체코슬로바키아 극작가 카렐 차페크(왼쪽)와 그의 형 요제프
차페크(오른쪽)가 담소를 나누는 모습 [사진]. 2020년 10월 19일 자 검색

https://commons.wikimedia.org/wiki/File:Brothers_%C4%8Capek.jpg

Bjornstad, R. (2015, March 8). Czech Treasures Found in Translation. *The Register Guard.* https://www.registerguard.com/story/lifestyle/2015/03/08/czech-treasures-found-in-translation-html-csp/12410076007/

Flight of the Conchords (2007). *Robots* [Video]. www.youtube.com/watch?v=mpe1R6veuBw&ab_channel=Staloreye

Harrington, P. (2012). *Metropolis: A Rare Film Programme for Fritz Lang's Masterpiece.* www.peterharrington.co.uk/blog/metropolis/

Margolius, R. (2017, Autumn). The Robot of Prague. *The Friends of Czech Heritage Newsletter.* https://czechfriends.net/images/RobotsMargoliusJul2017.pdf

Simon, M. (2020, April 16). The WIRED Guide to Robots. *WIRED.* www.wired.com/story/wired-guide-to-robots/

스무 번째 이야기
스페인의 4대 축제에 대하여

산 페르민 축제

Anonymous (2013). 에스타페타 거리에서 황소 달리기 행사가 이루어지는 모습 [사진]. 2020년 10월 19일 자 검색 https://upload.wikimedia.org/wikipedia/commons/9/9b/Running_of_the_Bulls_on_Estafeta_Street.jpg

Hemingway, E. (1923, October 27). Pamplona in July. *Toronto Star Weekly.*

Kale, V. (2017). *How a Young Ernest Hemingway Dealt with His First Taste of Fame.* Retrieved October 20, 2020. www.aerogrammestudio.com/2017/11/24/young-ernest-hemingway-dealt-first-taste-fame/

Los Sanfermines (n.d.). 산 페르민 축제 공식 홈페이지. http://sanfermines.net/en

Milligan, P. N. (2015). *Bulls before Breakfast: Running with the Bulls and Celebrating Fiesta de San Fermín in Pamplona, Spain.* New York: St. Martin's Press.

Nilsson, M. (1999, June 27). Hemingway's Pamplona. *Chicago Tribune.* www.chicagotribune.com/news/ct-xpm-1999-06-27-9906270408-story.html

Ockerman, E. (2016, July 6). The Surprisingly Practical History behind Spain's Running of the Bulls. *Time*. https://time.com/4386999/pamplona-spain-running-of-the-bulls/

Sommerlad, J. (2018, July 5). Pamplona Bull Run: How Did the Unique Spanish Custom Start and How Dangerous Is It? *Independent*. www.independent.co.uk/news/world/europe/pamplona-running-of-the-bulls-origins-traditon-saint-fermin-festival-spain-a8432336.html

라 토마티나

Anonymous (2010). 토마토 축제의 장면 [사진]. 2020년 10월 20일 자 검색 https://en.wikipedia.org/wiki/La_Tomatina#/media/File:Arrojando_tomates_desde_un_cami%C3%B3n_-_La_Tomatina_2010.jpg

라 토마티나 공식 홈페이지. http://latomatina.info/la-tomatina/

La Tomatina Details. www.latomatinatours.com/

Festivals - La Tomatina. www.andalucia.com/festival/latomatina.htm

카스텔

Ball de Valencians de Tarragona (2010, October 6). www.youtube.com/watch?v=ZaouJjJVOzs

Castellers: La visió de l'enxaneta (2015, October 7). www.youtube.com/watch?v=HOO3w9dB7KQ

Castells: Catalan Human Towers. Departament de Cultura, Generalitat de Catalunya. https://castellscat.cat/en/els-castells

Giori, P. (2017, May 11). Human Towers: A Visual History of a Catalan Tradition. *Smithsonian Folklife Festival*. https://festival.si.edu/blog/human-towers-a-visual-history-of-a-catalan-tradition#disqus_thread

Sala, E. and García, T. (Photographers) (2006). 인간 탑 쌓기 모습 [사진]. 2020년 10월 19일 자 검색. https://upload.wikimedia.org/wikipedia/commons/5/52/3d10_fm_de_vilafranca.jpg

Wolters C. (2019). Castells. National Geographic Short Film Showcase. www.

nationalgeographic. com/culture/2019/07/these-death-defying-human-
towers-build-on-catalan-tradition/

더 볼 만한 자료

- Anonymous (2009). 아기 뛰어넘기 축제의 장면 [사진]. 2020년 10월 19
  일 자 검색. https://upload.wikimedia.org/wikipedia/commons/7/75/EL_
  colacho_saltando.jpg
- Bostock, B. (2019, June 23). Inside El Colacho, the Wild 400-year-old
  Spanish Festival Where Men Dress as Devils and Hurdle over Babies to
  Drive Away Evil. *Insider.* www.insider.com/photos-el-colacho-400-year-
  old-spanish-baby-jumping-festival-2019-5#the-babies-must-have-been-
  born-in-castrillo-or-nearby-and-be-less-than-one-year-old-12
- Jessop, T. (2017, June 16). El Colacho: The Story behind Spain's Baby
  Jumping Festival. *Culture Trip.* https://theculturetrip.com/europe/spain/
  articles/el-colacho-the-story-behind-spains-baby-jumping-festival/
- Khan, G. (2017, June 16). Look inside Spain's Unusual Baby Jumping
  Festival. *National Geographic.* www.nationalgeographic.com/travel/
  destinations/europe/spain/el-colacho-baby-jumping-festival-murcia-spain/
- Pérez Calvo, E. (1985). Fiesta del *Colacho: Una farsa castellana.* Burgos,
  Spain: Imprenta Monte Carmelo.
- Baby-Jumping Festival in Spain (2010). Lonely Planet Travel [Video]. www.
  youtube.com/watch?v=xzJBpVVGcWw

스물한 번째 이야기
차이콥스키의 〈비창〉에 담긴 수수께끼

Anonymous (1906). 표트르 일리치 차이콥스키 [초상화]. 2020년 10월 19일 자
  검색. https://commons.wikimedia.org/wiki/File:Tchaikovsky_1906_Evans.
  PNG
Bernstein, L. (1953). *The 1953 American Decca Recordings. CD 5. Musical Analysis: Ber-*

nstein on Tchaikovsky. Symphony No.6, op.74, "Pathetique." Deutsche Grammophon Gesellschaft.

Carlson, S. (1996, December). Dissecting the brain with sound. *Scientific American*, 112-115.

Deutsch, D. (2019). *Musical Illusions and Phantom Words: How Music and Speech Unlock Mysteries of the Brain.* New York: Oxford University Press.

Sloboda, J. A. (1985). *The Musical Mind: The Cognitive Psychology of Music.* New York: Oxford University Press.

더 볼 만한 자료

- Brown, D. (2007). *Tchaikovsky: The Man and His Music.* New York. Pegasus.
- Deutsch, D. (n.d.). *Scale Illusion* [Audio and Video]. http://deutsch.ucsd. edu/psychology/pages.php?i=203
- *Tchaikovsky Research* (n.d.). This outstanding source includes correspondence between Tchaikovsky and his many professional associates. http:// en.tchaikovsky-research.net/pages/Symphony_No._6#cite_note-note3-3

스물두 번째 이야기
바이올린은 어떻게 진화했을까?

Chitwood, D. H. (2014). Imitation, genetic lineages, and time influenced the morphological evolution of the violin. *PLOS ONE, 9,* e109229.

Chu, J. (2015, February 10). Power Efficiency in the Violin. MIT News.

Haweiss, H. R. (1898). *Old Violins.* London: George Redway.

Nia, H. T., Jain, A. D., Liu, Y., Alam, M.-R., Barnas, R., and Makris, N. C. (2015). The evolution of air resonance power efficiency in the violin and its ancestors. *Proceedings of the Royal Society A, 471,* 20140905.

Schoenbaum, D. (2012). *The Violin: A Social History of the World's Most Versatile Instrument.* New York: Norton.

Skinner, B. F. (1974). *About Behaviorism.* New York: Random House.

Wasserman, E. A. (2012). Species, tepees, scotties, and jockeys: Selected by consequences. *Journal of the Experimental Analysis of Behavior, 98,* 213-226.

Wasserman, E. A. and Cullen, P. (2016). Evolution of the violin: The law of effect in action. *Journal of Experimental Psychology: Animal Learning and Cognition, 42,* 116-122.

5장 아이오와 관련 이야기

스물세 번째 이야기
아이오와 코커스의 시작과 끝

Caufield, R. P. (2016). *The Iowa Caucus.* Charleston, SC: Arcadia.

Collins, K., Lu, D., and Smart, C. (2020, February 14). We Checked the Iowa Caucus Math. Here's Where It Didn't Add Up. *The New York Times.* www. nytimes.com/interactive/2020/02/14/us/politics/iowa-caucus-results-mistakes.html

Jackson, D. (2016, January 29). The Iowa Caucuses: An Accident of History. *USA Today.* www.usatoday.com/story/news/politics/elections/2016/01/29/iowacaucuses-history-jimmy-carter-julian-zelizer/79426692/

Khalid, A. (2016, January 29). The Perfect State Index: If Iowa, N.H. Are Too White to Go First, Then Who? *NPR.* www.npr. org/2016/01/29/464250335/the-perfectstate-index-if-iowa-n-h-are-too-white-to-go-first-then-who

Prokop, A. (2020, February 3). How the Iowa Caucus Results Will Actually Work - and Why 2020's Could Be More Confusing Than Ever. *Vox.* www.vox.com/2020/1/30/21083701/iowa-caucuses-results-delegates-math

Redlawsk, D. P., Tolbert, C. J., and Donovan, T. (2011). *Why Iowa? How Caucuses and Sequential Elections Improve the Presidential Nominating Process.* Chicago, IL: University of Chicago Press.

Stanley-Becker, I. (2020, February 13). How the Iowa Caucuses Came 'Crashing

Down,' under the Watchful Eye of the DNC. *The Washington Post.* www. washingtonpost. com/politics/how-the-iowa-caucuses-came-crashing-down-under-the-watchful-eye-of-the-dnc/2020/02/15/25b17e7e-4f5f-11ea-b721-9f4cdc90bc1c_story. html?utm_campaign=wp_main&utm_medium=social&utm_source=twitter

Ulmer, C. (2019, December 16). Why Is Iowa First? A Brief History of the State's Caucuses. *Des Moines Register.* www. desmoinesregister. com/story/news/elections/presidential/caucus/2019/08/30/iowa-caucus-a-brief-history-of-whyiowa-caucuses-are-first-election-2020-dnc-virtual-caucus/2163813001/

Winebrenner, H. (1983). The evolution of the Iowa Precinct Caucuses. *The Annals of Iowa, 46,* 618-635.

스물네 번째 이야기
아이오와주의 명물 블랙아웃 번호판

Danielson, D. (2019, October 30). Blackout Tops Black and Gold in Sale of Iowa Specialty License Plates. *Iowa Radio,* www. radioiowa. com/2019/10/30/blackout-tops-black-and-gold-in-sale-of-iowa-specialty-license-plates/

KCRG-TV9 (2019, September 22). *How the Popular Iowa Blackout Plates Are Made.* www. kcrg. com/content/news/How-the-popular-Iowa-blackout-plates-are-made-561089191. html

Sandbulte, E. (2019, August 30). Dordt Inspires New License Plate Design. *Sioux Center News,* www. nwestiowa. com/scnews/dordt-inspires-new-license-plate-design/article_242cbb8c-ca66-11e9-b32c-7f295888a88f. html

스물다섯 번째 이야기
여기가 천국인가요?

Costner, K. and Costas, B. (2014, June 13-15). *Field of Dreams* 25 Years Later.

www.youtube.com/watch?v=UONw_p89rBM

Easton, N. J. (1989, April 21). Diamonds Are Forever: Director Fields the Lost Hopes of Adolescence. *Los Angeles Times.* www.latimes.com/archives/la-xpm-1989-04-21-ca-2279-story.html

Kinsella, W. P. (1980). *Shoeless Joe Jackson Comes to Iowa.* Ottawa: Oberon.

Kinsella, W. P. (1982). *Shoeless Joe.* Westminster, MD: Ballantine Books.

Kinsella, W. P. (2004, March 1). State of Dreams: The Author's Novel Spawned a Landmark Film about Magic amid the Cornfields. *Sports Illustrated.*

Kinsella, W. P. (2015). *The Essential W. P. Kinsella.* San Francisco, CA: Tachyon Publications.

Madeira Park, British Columbia: Douglas & McIntyre.

Mason, F. (2018). W. P. Kinsella's *Shoeless Joe:* The Fairy Tale, the Hero's Quest, and the Magic Realism of Baseball. In A. Abdou and J. Dopp (eds.), Athabasca, Alberta: University of Athabasca Press. *Writing the Body in Motion: A Critical Anthology on Canadian Sport Literature,* 1-14. https://doi.org/10.15215/aupress/9781771992282.01

Okrent, D. (1982, July 25). Imaginary Baseball. *The New York Times.* www.nytimes.com/1982/07/25/books/imaginary-baseball.html

O'Leary, J. (2020, June). If You Write It: The University of Iowa Author Who Inspired the *Field of Dreams. Iowa Magazine.*

Reichard, K. (2020, August 10). With Game Postponed, *Field of Dreams* Lies Fallow. *Ballpark Digest.* https://ballparkdigest.com/2020/08/10/with-game-postponed-field-of-dreams-lies-fallow/

Steele, W. (2019). *Going the Distance: The Life and Works of W. P. Kinsella.*

3부 결론을 종합하며

역사 속 위대한 발견과 혁신에 담긴 창의력의 비밀

Baum, W. M. (2011). Behaviorism, private events, and the molar view of behavior. *The Behavior Analyst, 34,* 185-200.

Blumberg, M. S. and Wasserman, E. A. (1995). Animal mind and the Argument from design. *American Psychologist, 50,* 133-144.

Catania, A. C. (2011). On Baum's public claim that he has no significant private events. *The Behavior Analyst, 34,* 227-236.

Cep, C. (2019, October 21). The Real Nature of Thomas Edison's Genius. *The New Yorker.*

Chitwood, D. H. (2014). Imitation, genetic lineages, and time influenced the morphological Evolution of the Violin. *PLOS ONE, 9,* e109229.

Dawkins, R. (1986). *The Blind Watchmaker.* New York: Norton.

Darwin, C. R. (1958). *The Autobiography of Charles Darwin 1809-1882.* London: Collins. (Original work published 1887)

Dennett, D. (1975). Why the law of effect will not go away. *Journal for the Theory of Social Behaviour, 5,* 169-187.

Dennett, D. (1996). *Kinds of Minds.* New York: Basic Books.

Gross, C. (2010). Alfred Russell Wallace and the evolution of the human mind. *The Neuroscientist, 16,* 496-507.

Hoffer, R. (2009, September 14). The Revolutionary. *Sports Illustrated.*

Hughes, J. (2011). *On the Origin of Tepees.* New York: Free Press.

Hutchins, A. (2014, June 28). 'When I First Started, I Was All Gangly and Awkward' - Debbie Brill Figured out How to Jump Higher. *Maclean's.* www.macleans.ca/news/canada/record-setting-high-jumper-who-invented-technique/

Merton, R. K. (1968). The Matthew effect in science. *Science, 159,* 56-63.

Merton, R. K. (1945). Sociological theory. *American Journal of Sociology, 50,* 462-

473.

Merton, R. K. and Barber, E. (2004). *The Travels and Adventures of Serendipity*. Princeton, NJ: Princeton University Press.

Morris, E. (2019). *Edison*. New York: Random House.

Nia, H. T., Jain, A. D., Liu, Y., Alam, M-R, Barnas, R., and Makris, N. C. (2015). The evolution of air resonance power efficiency in the violin and its ancestors. *Proceedings of the Royal Society A, 471,* 20140905.

Petroski, H. (2012). *To Forgive Design*. Harvard, MA: Belknap Press.

Popper, K. (1978). Natural selection and the emergence of mind. *Dialectica, 32,* 339-355.

Ridley, M. (2020). *How Innovation Works*. New York: Harper.

Rocke, A. J. (1985). Hypothesis and experiment in the early development of Kekulé's Benzene Theory. *Annals of Science, 42,* 355-381.

Rocke, A. J. (2010). *Image and Reality: Kekulé, Kopp, and the Scientific Imagination*. Chicago, IL: University of Chicago Press.

Rosenbaum, D. A. (2014). *It's a Jungle in There*. New York: Oxford University Press.

Rothenberg, A. (1995). Creative cognitive processes in Kekulé's discovery of the structure of the Benzene Molecule. *American Journal of Psychology, 108,* 419-438.

Rudofsky, S. F. and Wotiz, J. H. (1988). Psychologists and the dream accounts of August Kekulé. *Ambix, 35,* 31-38.

Russell, S. (2017, July 7). Debbie Brill Raised the Bar. *CBC/Radio-Canada*. www.cbc.ca/sports/olympics/summer/trackandfield/debbie-brill-high-jump-1.4194545

Simonton, D. K. (2012). Foresight, insight, oversight, and hindsight in scientific discovery: How sighted were Galileo's telescopic sightings? *Psychology of Aesthetics, Creativity, and the Arts, 6,* 243-254.

Simonton, D. K. (2015). Thomas Alva Edison's creative career: The multilayered trajectory of trials, errors, failures, and triumphs. *Psychology of Aesthetics, Cre-*

ativity, and the Arts, 9, 2-14.

Skinner, B. F. (1966). The phylogeny and ontogeny of behavior. *Science, 153,* 1205-1213.

Skinner, B. F. (1969). *Contingencies of Reinforcement: A Theoretical Analysis.* New York: Appleton-Century-Crofts.

Skinner, B. F. (1974). *About Behaviorism.* New York: Random House.

Stahlman, W. D. and Leising, K. J. (2018). The Coelacanth still lives: Bringing selection back to the fore in a science of behavior. *American Psychologist, 73,* 918-929.

Thompson, D. (2019, November). Thomas Edison's greatest invention. *The Atlantic.*

Verschoth, A. (1971, February 22). She Gets Her Back up. *Sports Illustrated.* https://vault.si.com/vault/1971/02/22/she-gets-her-back-up

Wasserman, E. A. (2012). Species, tepees, scotties, and jockeys: Selected by consequences. *Journal of the Experimental Analysis of Behavior, 98,* 213-226.

Wasserman, E. A. and Blumberg, M. S. (2010). Designing minds: How should we explain the origins of novel behaviors? *American Scientist, 98,* 183-185.

찾아보기

우리가 몰랐던 혁신의 비밀

초판 1쇄 인쇄 2023년 7월 26일
초판 1쇄 발행 2023년 8월 9일

지은이 에드워드 와서만
옮긴이 박선영
펴낸이 고영성

책임편집 이지은 **디자인** 이화연 **저작권** 주민숙

펴낸곳 주식회사 상상스퀘어
출판등록 2021년 4월 29일 제2021-000079호
주소 경기도 성남시 분당구 성남대로 52, 그랜드프라자 604호
전화 070-8666-3322
팩스 02-6499-3031
이메일 publication@sangsangsquare.com
홈페이지 www.sangsangsquare.com

ISBN 979-11-92389-38-7 03180